悪用禁止！

悪魔の心理操作術

監修 齊藤 勇

はじめに

人の心というものには、大別して2つのファクターがある。1つは「意識」、もう1つは「無意識」だ。私たちが通常、自分で認識可能な意識のことを心理学では、「顕在意識」と言い、無意識のことを「潜在意識」と言う。

この顕在意識と潜在意識の割合は1対9と言われており、顕在意識はたったの1割しか使われておらず、残りの9割は潜在意識、つまり無意識の世界が占めていることになる。私たちが日常生活を送っている中で、この9割の世界にあえて意識を向けることはほとんどない。

しかし、実は自分でも知らないところでこの9割の潜在意識は作用している。朝起きて服を選ぶ時の傾向、仕事中にとりがちな態度、食事の時の食べる順番、すべての事柄に潜在意識の何かが作用している。

心理学というのは、この潜在意識で何が起こっているかを知るということである。さまざまな実験やデータを繰り返しとり、無意識化の傾向を知り、摩訶不思議な9割の世界をひも解くのだ。

私たちが生きているたった1割の顕在意識の世界でできることはとても限られている。しかし、9割もの潜在意識のほんの少しでも知ることができれば、人生は遥かにラクになるはずだ。

人とトラブルなく対話し、良い関係性を築く。見た目や印象を変えてより良いイメージを持ってもらう。恋愛で成功する。これらすべてのことが、無意識を操ることで可能になる。

まるで裏で操るかのようで聞こえは悪いかもしれないが、悪用しない限りは、ひとつも犯罪ではない。ただ、普通の人が意識しないことを、きちんと意識してやろうとするだけのことだ。むしろ、もっと人生をうまく運ぶためには、本当は誰もが知るべき正しいことだと私は思っている。

ただし、今一度言っておこう。絶対悪用禁止。

齊藤勇

目次

第二章　上司と部下の心理操作術

第四章　男と女　恋愛における　心理テクニック 169

第六章　危ない!!を回避　長生き心理学

第一章

効きすぎて心理学者も隠したがる!!

劇薬・交渉術

最初から全部売ろうとしたって誰も買わない！

心を操るキーワード

マクドナルド法

交渉や営業を行う多くの場合、「こちらを買って頂けないでしょうか」ということで交渉に行くものだ。しかし大抵の場合、いきなり「買ってください」と言われても買わないものだ。

そこである私たちに大変親しみのあるマクドナルドの手法で、上手い交渉術を教えようと思う。

マクドナルドに行くと、ハンバーガーを頼ん

イメージ操作

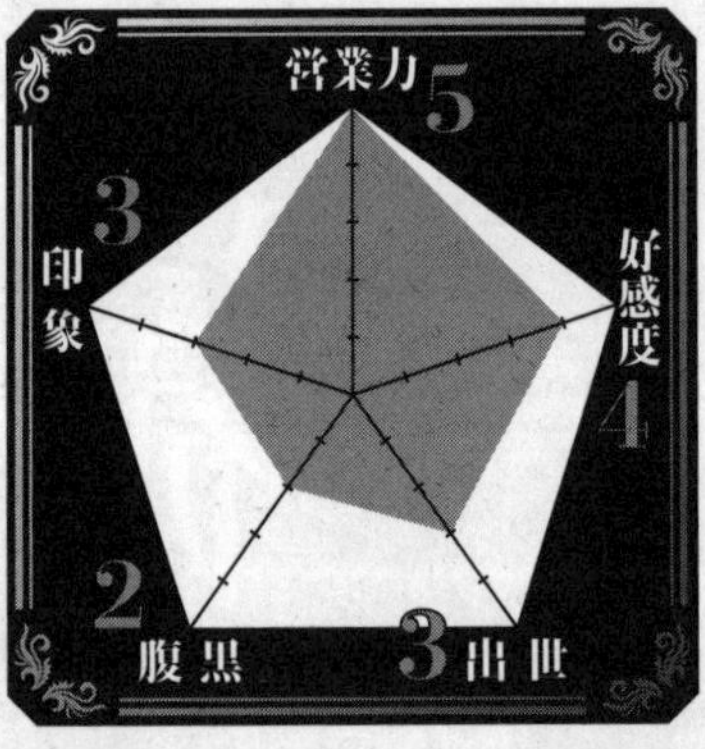

だあとに必ず「ご一緒にドリンクはいかがですか？」とすすめられる。いきなりセットで買うと高い気がするが、追加注文でちょっとずつ言われると、お得な気がしてしまう。

この手法を真似て交渉を行うと非常に成功率が高いという。これはアメリカの説得研究者ケビン・ホーガンによって「マクドナルド法」と名付けられた手法である。

最低条件を最低価格で設定し、客の「安い！」という購買意欲をそそり、その上で「こちら追加オプションでこんなものもありますが？」と交渉を進めると、うまく成立しやすいのだ。

悪魔の名言

商品をバラ売りにして足し算で稼げ

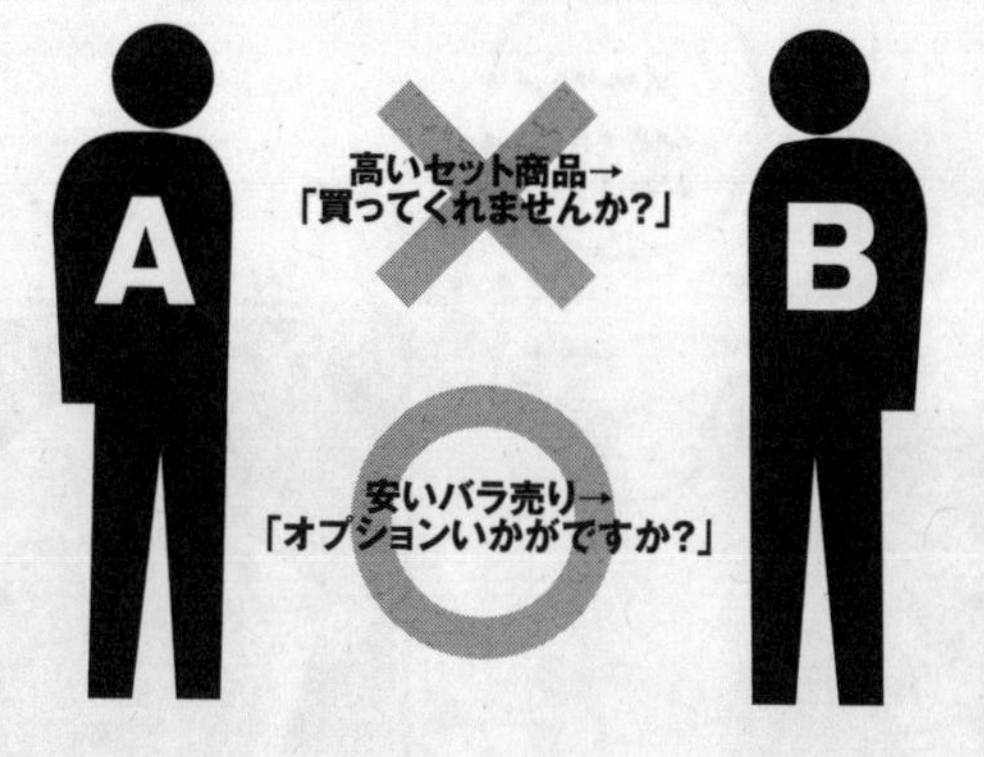
A
B
高いセット商品→
「買ってくれませんか?」
安いバラ売り→
「オプションいかがですか?」

マクドナルドの商売テクの応用

個人ではなく多数意見であることを強調して客を取り込め！

心を操るキーワード　**同調効果**

交渉を行う際、主語をいかに使い分けるかということも大事なこと。通常は「わたし」という1人称を使うのが普通だが、これを「みなさま」や「他の多くのお客様」など3人称に変えてみるだけで、説得力が向上するもの。

相手も「わたし」という1個人の意見だと一考してしまうものだが「みんな」という多数意見だと「乗っからなきゃ損かもしれない」とい

イメージ操作

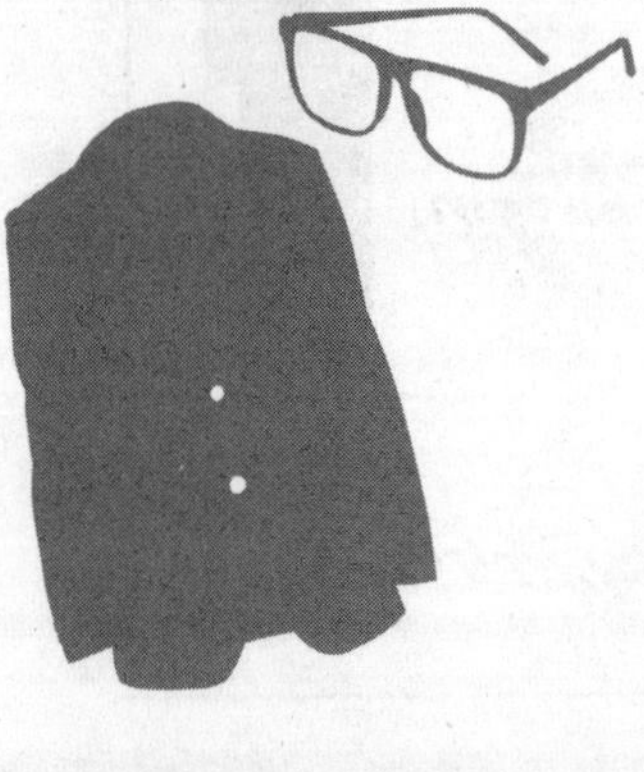

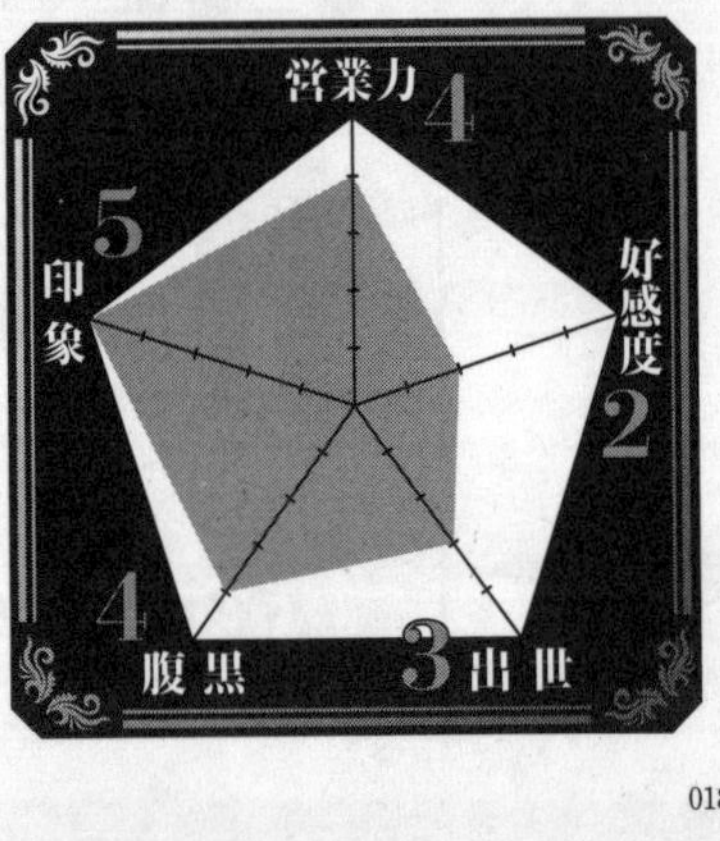

う考えが働き、意外と簡単にうまくいってしまうことがある。

これは「同調効果」と言われ、フロリダ・アトランティック大学のビブ・ラタネという心理学者によって実験・立証されている。

ラタネは、被験者744人に1つだけ好きな色を選ばせるというゲームを行った。この時ダミーの参加者を仕込み、同じ色を選ぶように指定した。すると約31％の参加者がダミーが選ぶ色と同じ色に同調したのだ。

31％というのは、心理学的に言うとかなり高い値である。これは、多くの人が多数意見に同調する傾向があるということを示している。

イベントなどにサクラを動員して同調を促すのは、このためなのだ。同じように、多数意見をでっちあげると多くの人が同調しやすいということが言える。

「みなさま」のみならず、政治においては「国民」、学校においては「生徒のほとんど」、顧客対応においては「多くの会員様」「多くの企業」など言い方はさまざまである。

悪魔の名言

みんなの意見と聞くと人は「損するかも」と考える

ヘタな理屈屋より愛嬌いっぱいの営業マンの方が強い!!

心を操るキーワード

ノンバーバルコミュニケーション

人が人と会話をする時、言葉の内容だけでコミュニケーションを交わしていると思っているかもしれないが、それは大間違いである。

人は人と会話を交わす時、表情や仕草、服装などの視覚的情報を含めた印象も付加されて相手の言葉を認識しているのだ。

だから「わたしとあの人は同じ話をしているのにどうして…」という場合、表情やリアクショ

イメージ操作

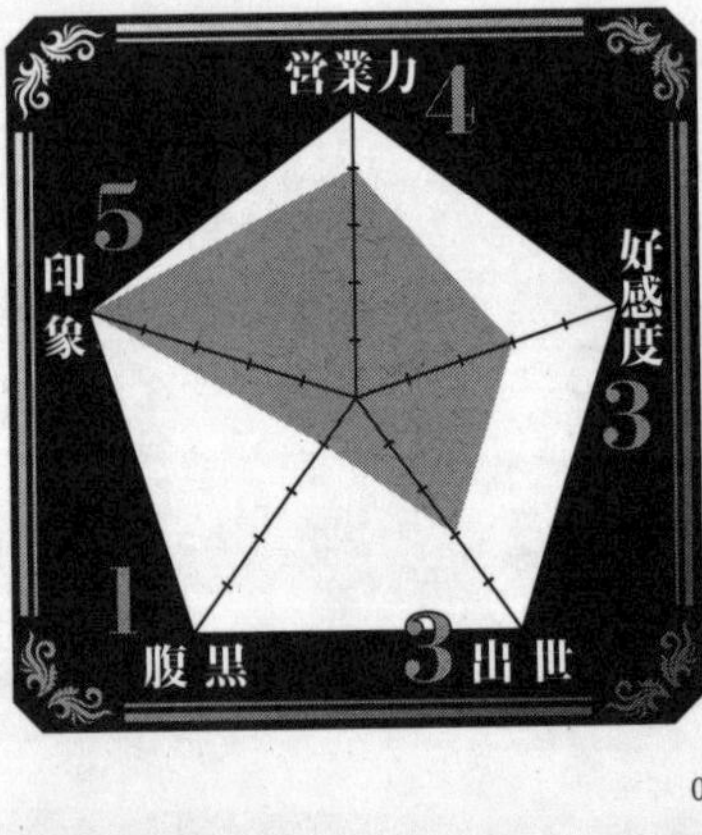

ンに差があるということに気づいてほしい。

この非言語のコミュニケーションを「ノンバーバルコミュニケーション」と言う。言語コミュニケーションが左脳に働きかけるのに対し、ノンバーバルコミュニケーションは右脳に働きかける。右脳に働きかけられるということは潜在意識に働きかけられるということなので、通常の言語でのやりとり以上に深層意識に残りやすいのだ。

潜在意識は左脳の顕在意識の５０００倍の効力があると言われているので、その効果は絶大だ。

表情、リアクション、衣服の３つを気にするようにするとノンバーバルコミュニケーションにおいて大きな効果を発揮する。

表情はなるだけ豊かに、リアクションは大きく、衣服は小綺麗にしてみよう。クライアントの対応が大きく変わることは間違いない。

そんなに営業能力が高くもないのに、愛嬌だけでバンバン仕事をとってくる人がいるが、それはノンバーバルコミュニケーション力に長けているということだ。

悪魔の名言

言葉だけじゃない仕草と表情のコミュニケーションで差をつけろ

具体的なデータを示すと どんな相手も信用する

心を操るキーワード

数字効果

交渉を行う際のキーポイントのひとつに、いかにして具体性を示すかということがある。多くの参考資料の中に「これで～％アップ」「たった5分でできる」「100人中～人が…」というような数字データを見たことがあるだろう。

この数字の効果は「たくさんの人」や「多くの場合」と言うよりはるかに具体的で信用につながるのだ。

交渉力アップ

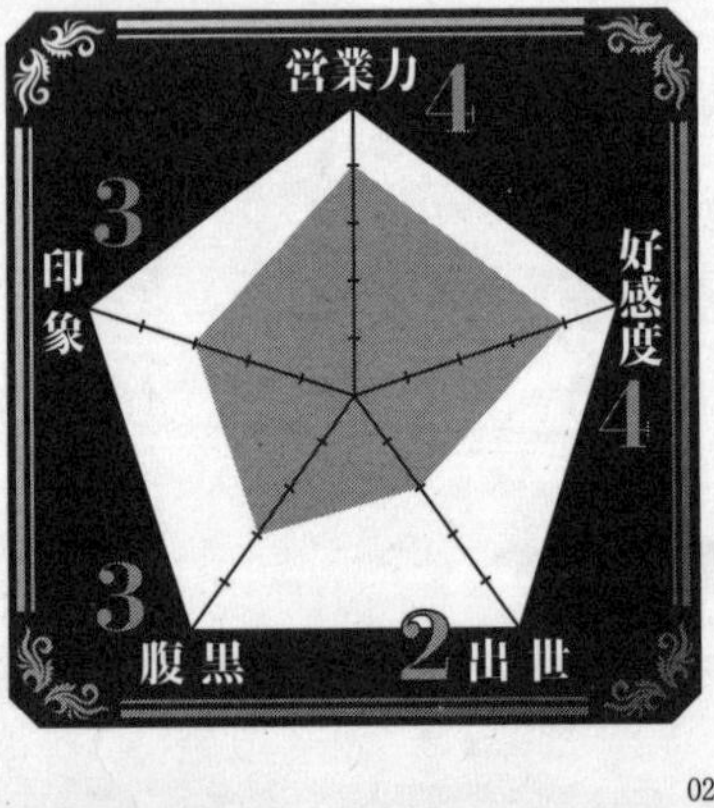

あるアメリカの心理学者がこの数字の効果の実験を行っている。「非行少年の多くは、大人になると犯罪者になる」という文と、この文の「多くは」を「80％」「10人中8人」に置き換えた文を300人の学生に読ませ、どちらが説得力があるかを聞いた。

すると、数字を入れた文の方が説得力があるとほとんどの学生が答えたのだ。

さらにその説得効果は、1週間後にも残っていたとのこと。これは数字による説得力に持続性があることを示していると言えるだろう。

悪魔の名言

~％ ~人 ~分など、具体的な数字で信用ゲット

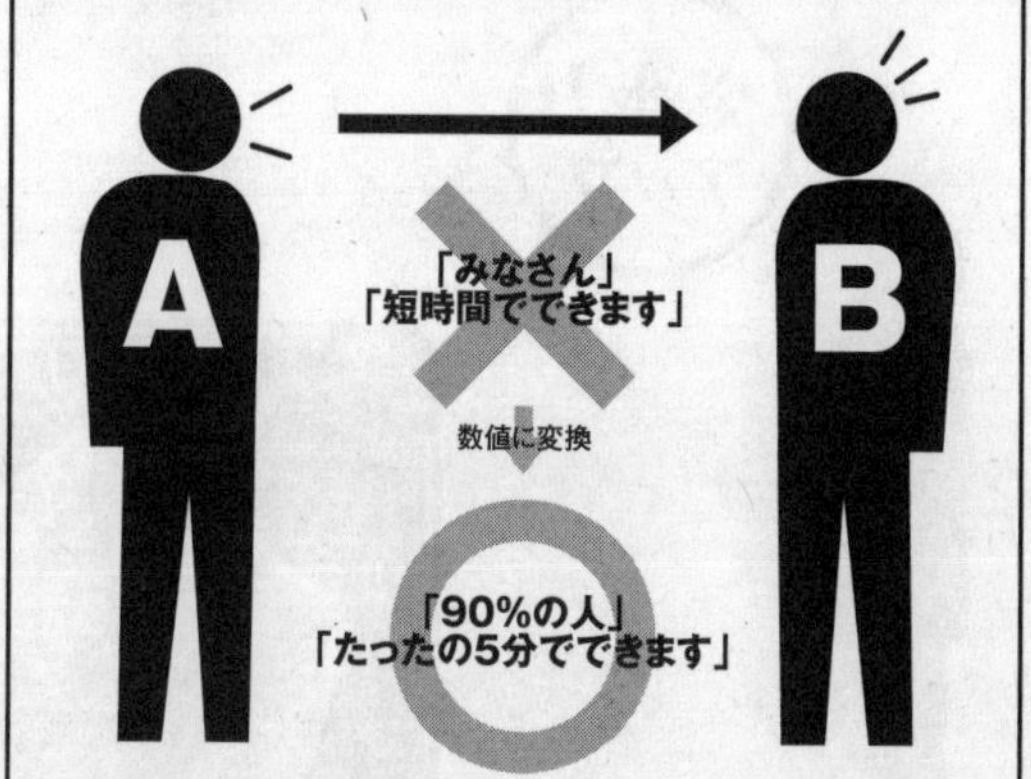
A
B
「みなさん」
「短時間でできます」
数値に変換
「90%の人」
「たったの5分でできます」

数字を使うと信頼×持続力アップ

「無料作戦」で最初損して後で得する信用商法

心を操るキーワード　仔犬契約法

よく化粧品なんかで「無料サンプルをお送りします」という広告を目にする。

企業の営業戦略として行われており、一体なぜ採算度外視で無料で使わせてしまうのだろう？　と不思議に思うかもしれない。

しかし、冷静に考えてみれば無料キャンペーンがあるとないとでは大きな違いがあることがわかる。無料キャンペーンがない場合、顧客は

交渉力アップ

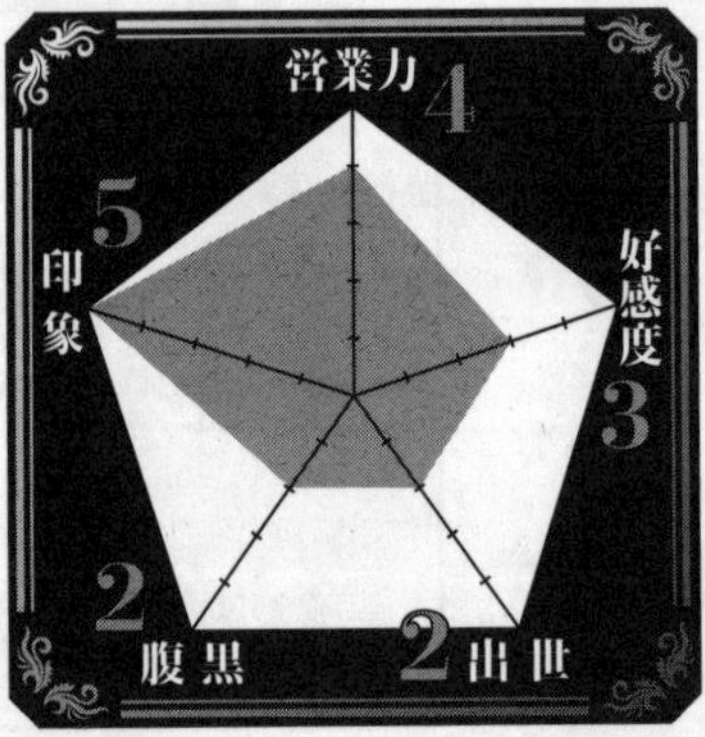

データのみで判断したり、場合によっては店舗に赴き、お金を払って確認しなければならなかったりして、はるかに購入までのプロセスが遠くなるのだ。３段階以上のプロセスを経て購入するのは、かなり良い噂を聞いてないかぎり容易ではない。

逆に無料キャンペーンを行った場合、サンプルを試して、良いと思えば即お買い上げという最短距離でのやりとりで済むのである。この最初は採算度外視で信頼を勝ち得てからビジネスとして成立させる方法を「仔犬契約法」と呼んでいる。

これはペットの商売において、まず１週間無料で仔犬を預かってもらい、愛着が湧いたら買ってもらうという販売法からそう呼ばれている。大抵の場合、１週間も預かっているうちに愛着が湧いてしまい買ってしまうそうだ。

無料キャンペーンを行えば、全国幅広くどんな場所にも商品の価値を伝えやすくなるうえ、実際に目で見て使ってみて、本当に良いものであれば、口コミも手伝って何十倍、何百倍にも膨れ上がって商売が成立する場合もある。

悪魔の名言

無料でひっかけてオプションで儲けろ！

商品の悪い所も話した方が長くつきあってくれる

心を操るキーワード

両面提示

交渉の際に人に信頼してもらうためには、なるべく自分や会社の良い所を知ってもらいたいというのは当然のことである。

「当社の商品はこんなに機能的で他社製品より段違いに高性能！」キャッチコピーをそのまま受け売りしたようなセールスは、一見すると効果的に思えるが、実際のところは誰もが「ホントかな？」と疑ってしまうものだ。

交渉力アップ

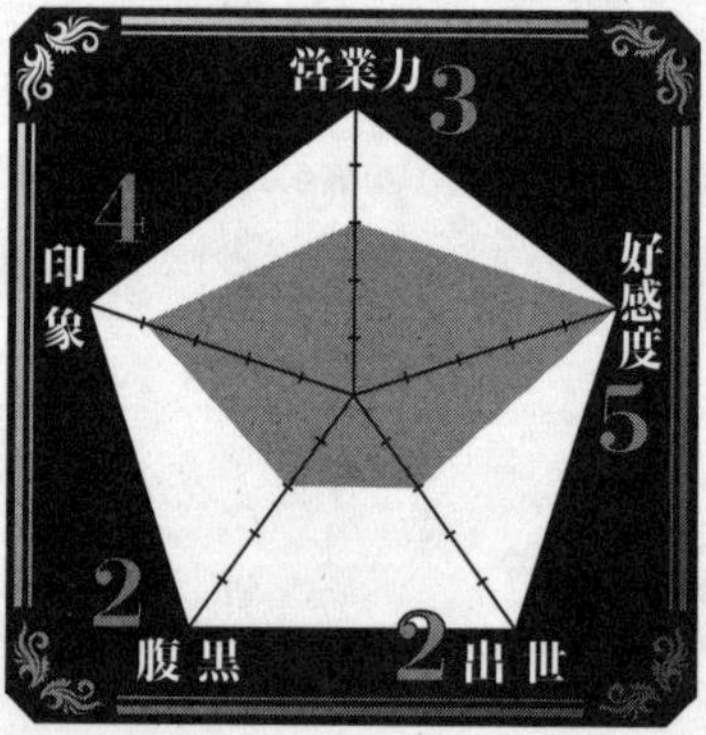

本当のところ負の要素がないものなどないし、プラスの要素ばかり言われても実際の商品に他社製品よりマイナスの要素もいくつかあるのは、よほどの単細胞でないかぎり経験上知っているものだ。だから、むしろ負の要素も先に示した上で、それを差し引いてもこんなに良いところがあると伝えた方が信頼されるというものだ。

南カリフォルニア大学のマイケル・カミンズ准教授は、ボールペンの特性を書いた2つの広告をつくり、その好感度を聞いた。

1つは5つの長所のみを書き、もう1つは2点の短所も書いた。結果、短所を書いた広告の方が5倍も好感度があると答えたのだ。

この長所と短所の両方を提示することを「両面提示」と言い、信頼や好感を得るためには欠かせない手法と言える。

確かに「すべてにおいて素晴らしい」と言われるより「この商品は、〜に関しては劣るが、〜と〜ができるという特性がある」という伝え方の方が信用されるというものだ。

悪魔の名言

良いも悪いも両方見せて本当の信頼を勝ち取れ

難しいクライアントには「恐怖」を植え付けろ!

心を操るキーワード　ネガティブ・フレーム

どんなに理詰めで攻めてもなかなかオチない人もいる。そんな時、一番効果的なのは「恐怖」を植えつけることだ。

例えば「タバコを止めると健康になりますよ」と言われた場合と「タバコを吸っているとガンになりますよ」と言われた場合、どちらが効果的に思えるだろう。

明らかに後者の方が、効果的と感じる。この

好感度アップ!

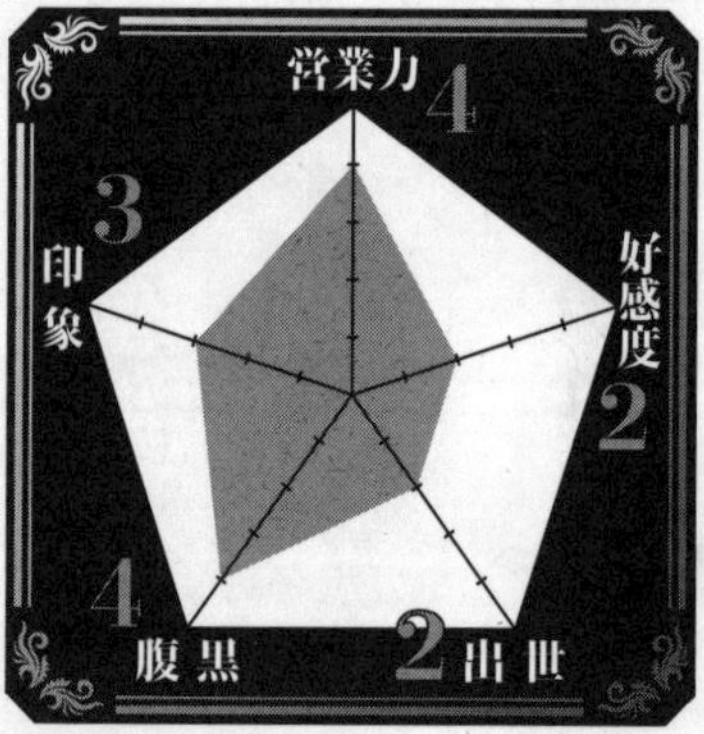

ようにネガティブな要素で相手に訴えることを「ネガティブ・フレーム」と言う。
この「ネガティブ・フレーム」についてペンシルバニア州の心理学者がある調査を行った。全米の人気雑誌24誌に掲載された3000以上の広告の中で最も多く使われていたのが恐怖心を煽る広告だったのだ。

つまり、人はポジティブな主張よりもネガティブな主張の方に目を向けやすいということが言える。実際、人はネガティブな情報を脳に受信するとストレス回路が働き、ノルアドレナリンが分泌されて興奮状態になる。ノルアドレナリンは集中力を促す回路でもあるので、そのネガティブ情報をスムーズに集中して取り込みやすいとも言える。だから、ネガティブ情報は効果的なのだ。

これを営業で使う場合「今契約しないと次からは高くなりますよ」とか「〜％の人が〜できないで悩んでいます。これを使うと絶対できるようになりますよ」などとネガティブ要素を先行させると交渉を成功させることができるかもしれない。

悪魔の名言

恐怖心を煽ると人は思い通りに動く！

クライアントは対等と思わず いつでも見上げるべし

心を操るキーワード
格下効果

対人でコミュニケーションを行う際、自分をよく見せようと思うばかりに、相手のことをないがしろにして、気づくと自分の自慢ばかりになってしまい、相手がまんじりともしない雰囲気になってしまった覚えはないだろうか。

おそらくほとんどの人が一度は経験したことがあるだろう。確かに自己アピールは大切なことだが、基本はお客様やクライアントありきで

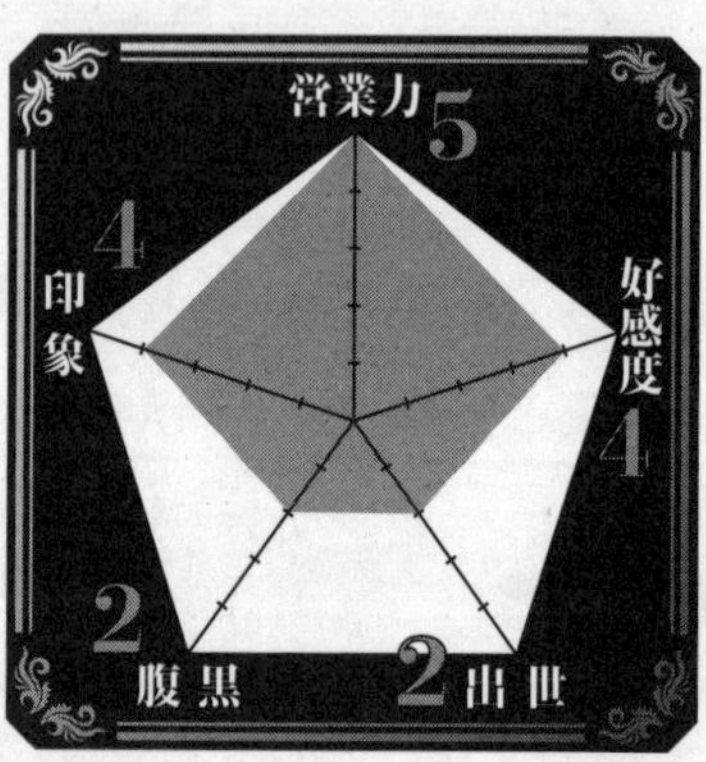

あることを忘れてはならない。

もちろん状況にもよるが、あまり繰り返し続けたり、相手が強気なタイプと思ったら適宜引くことを忘れないように。「それは凄いですね」「私にはとてもできない」とへりくだることも大切なのだ。

アメリカのある心理学者の研究によると「人は自分より弱いものを見ると無意識に安心できる」のだとか。

少なくとも初対面の相手には必ずへりくだるようにした方がいいだろう。

悪魔の名言

安心させたいならひざまずけ

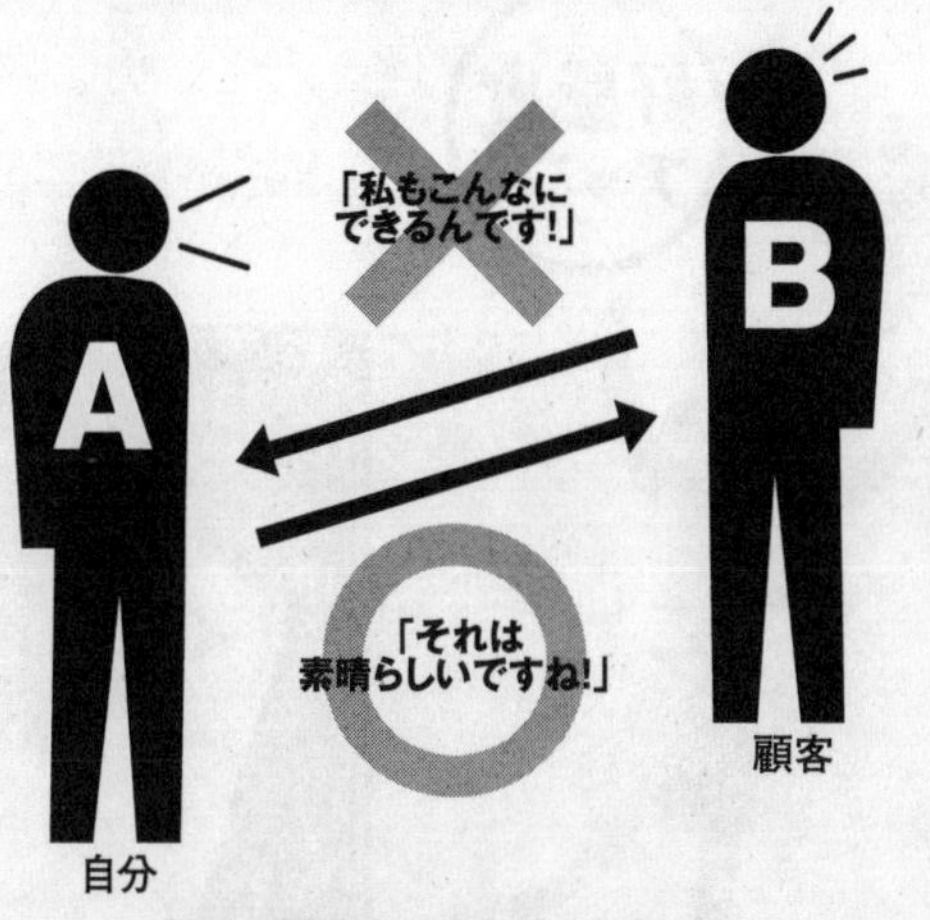

「私もこんなにできるんです！」
B
A
「それは素晴らしいですね！」
顧客
自分

格下効果で相手は喜ぶ

戦略もデータも「見て触る」ことには絶対勝てない

心を操るキーワード

行為の説得力

データやコミュニケーション手段で対象をオトす手法はいろいろあるが、実はそれら理屈や言い回しとは全然関係ないことが一番効果的なことがある。

それは資料や言葉ではなく実物を直に「見せる」ということだ。例えばあるひとつの商品を売ろうとする時、データを駆使した資料を見せるのと、実際に商品を使って利便性を見せるの

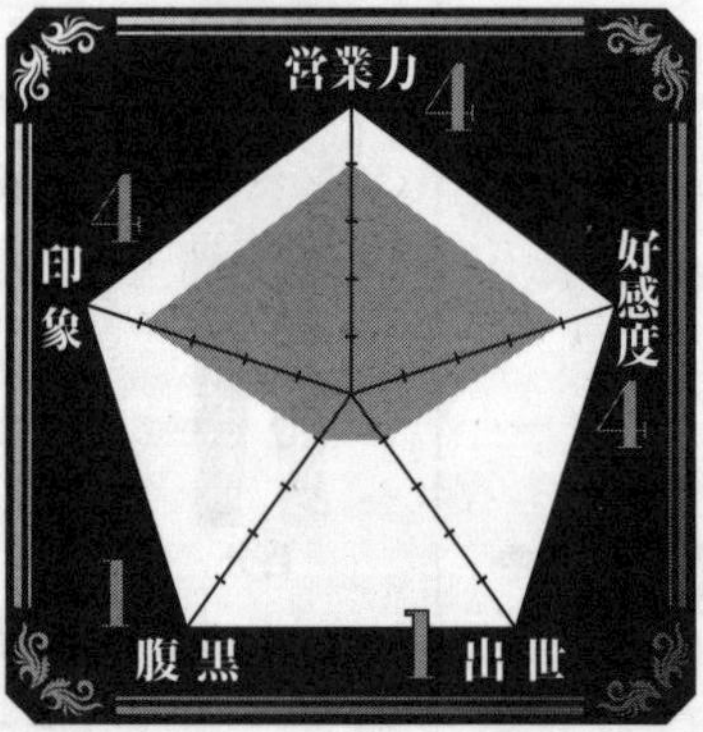

とどちらが効果的なのか？　実はその答えはただ商品の魅力をそのままに「見せる」ことなのである。

アムステルダム大学のバン・デン・プッテ博士はチョコレートのアピール広告を何パターンか作成し、一番好意的に反応する広告はどれかを調べた。

すると8％の人が「このチョコレートはみんなが食べている」という社会性に訴える広告を良しとし、19％の人が「このチョコレートはおいしい」という利益に訴える広告に好意的に反応。最も好意的に42％が反応したのは、ただチョコレートをおいしそうに食べているという広告だったのだ。

他の広告の実に2倍以上の人が好意的に反応するというのは、いかに「行為を見せる」ことが効果的かということを立証している。

これは商品販売や営業にもつながることだ。商品や媒体を売り込む時、資料をただ的確に提示し、話術を駆使するだけではなく、なるべく実物を見せることが大切ということにも関連づけることができる。

悪魔の名言

言葉や戦略よりも実物を「見せる」ことがイチバン

クレームが来たら大喜びで迅速丁寧に謝るべし！

心を操るキーワード

ジョン・グッドマンの法則

クレーム対応の第一人者ジョン・グッドマンは、クレーム処理に関するいくつかの調査を行い、それに基づくいくつかの法則をつくった。通称「ジョン・グッドマンの法則」と言われるこのデータはクレーム処理の定義として多くの企業で重宝されている。

その中でも特に印象深いのが「クレーマーが対応に満足すると82％の割合で再購入する」と

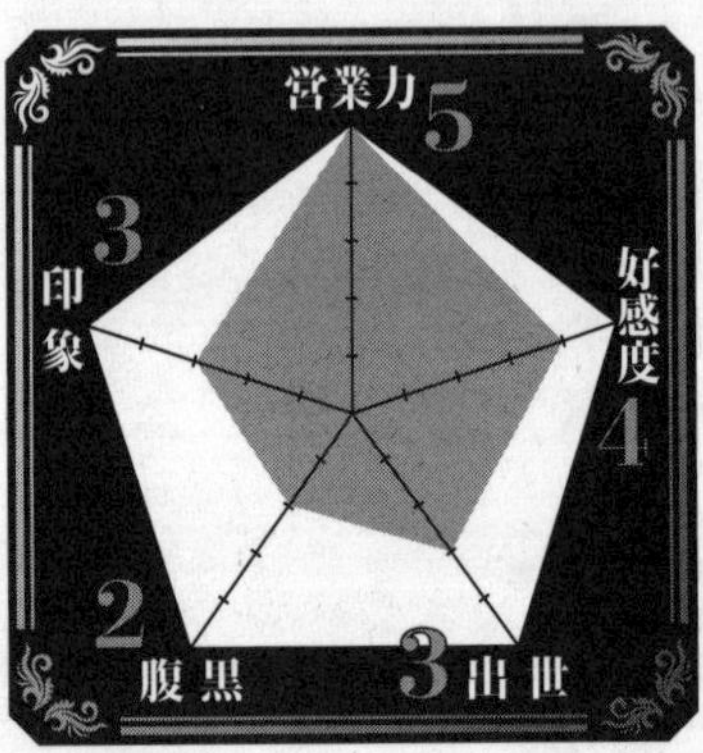

いうものだ。この割合は、満足した客の再購入率60%よりもはるかに高いというのだ。

この法則に基づくならば、クレーム処理がいかに大切かがわかるというものだ。しかも迅速に対応した場合と迅速に対応しなかった場合とでも、かなりの差が出ることがわかっている。迅速に対応した場合の再購入率82%に対し、迅速に対応しなかった場合は50%と格段に低くなるのだ。もちろん対応に不満だった場合はもれなく再購入率0%である。

つまり、クレームが来たら迅速かつ真摯に謝罪すれば、むしろ売り上げにつながると考えた方がいいということだ。このことは何も商品に対するクレーマーだけに当てはまることではない。営業先のクライアントにクレームをかけられた時にも同じことが言える。「文句を言われたら、なるべく早くきちんと謝る」ということを心に刻んでおくべし。

クレームは嫌で面倒なものなので、何かと後回しにしてしまい、気づくと大けがになっているなんていうのはよくあるパターン。

むしろ早め早めに対応するほどに逆に印象が良くなるのだと思えば、喜んで謝罪もできるだろう。

悪魔の名言

クレーマーが来たらリピーターだと思え

怒りを沈めるには「沈黙」が最大の決め手

心を操るキーワード ジェファーソン効果

交渉を行う相手とのコミュニケーションにおいて、喧嘩はつきものである。時に大きな企業であったり、位の高い相手であるほど高圧的で怒りっぽいことが多い。

そんな時、どんな対応をするのがベストなのか？「ふざけるな！」と逆上してキレるか、「申し訳ございませんでした！」と平身低頭してひたすら謝るか。実はそのどちらでもないのであ

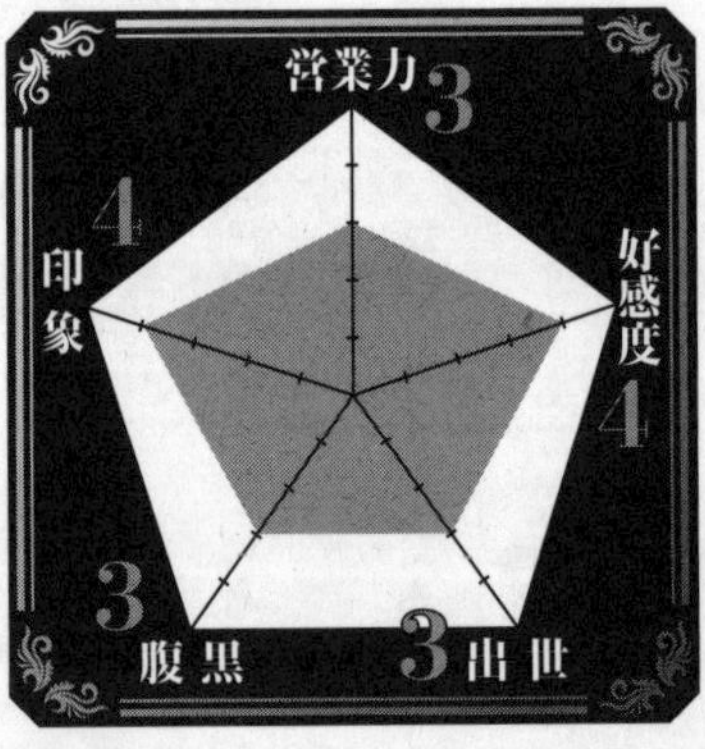

る。

最も効果的な手段は押し黙ることなのだ。逆上してしまうと余計に泥仕合になるだろうし、謝罪してしまうと相手もつけあがって余計に怒りを増幅させてしまうのだ。

それでもずっと黙っているというわけにもいかない。相手の感情に合わせて同じようにキレてしまう前に黙って10まで数えてみるといい。そして何が問題でこのような事態になったのか冷静に考えてみる。相手の勢いに同調して、感情的にならないように、怒っても無闇にへりくだってもダメ。相手の言葉に相づちを打ちながら、きちんと理由と状況を言葉の間をとって説明し、必要なら適度に謝ってから出直させてもらうのがベスト。

この怒りに対して押し黙るという行為は通称「ジェファーソン効果」と言われている。それは第3代アメリカ大統領トーマス・ジェファーソンの名言から来ている。「怒りを感じた時は、口を開く前に1から10まで数えよ。怒りが激しい時は１００までだ」怒りに対して同じように怒っていては破綻や決裂しか招かない。

悪魔の名言

怒りの感情につきあうと× むしろ沈黙を使え!!

目的＋理由っぽい表現で相手を丸め込め

心を操るキーワード
循環論法

人を説得するためには通常、説得力のある理由がないといけないものだ。しかし、その理由を明確に導き出すのは時に困難な場合がある。

では、大した説得力がないので理由を説明せずに何かを依頼するのと、どうでもいい理由をつけて依頼するのと、どちらが効果的なのだろう？　答えは後者である。人は大した理由などなくても「理由のようなもの」に弱い生き物の

出世間違いなし！

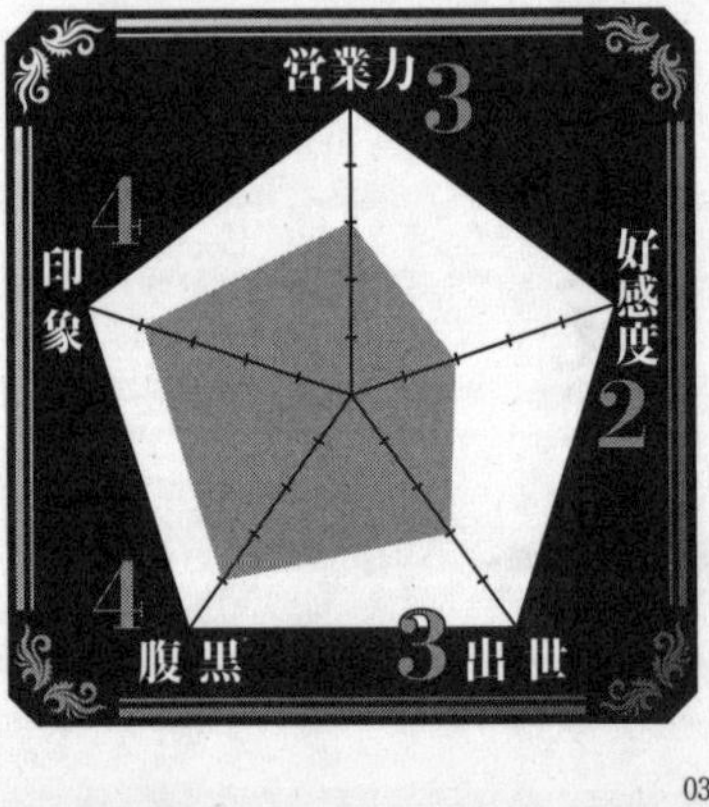

ようである。ハーバード大学のエレン・ランガー教授がある有名な実験を行っている。

コピー機のコピーをとろうという時に、コピー機の前にいる人に2つの質問を投げかける。

A「すみませんが、先にコピーをとらせてくれませんか」B「すみませんが、コピーをとらないといけないので、先にコピーをとらせてくれませんか」Aにはまったく理由がなく、Bはなんとなく理由を説明しているようだが、実は同じことを繰り返し言っているだけで理由にはなっていない。ところが結果はAの場合が60％、Bの場合は93％という高確率で先にコピーをとらせてもらえたのだ。

この結果によれば、人は明確な理由などなくても「理由のようなもの」に思わず反応して従ってしまう傾向がある。この同じことを繰り返し言うだけの話法を「循環論法」という。急いでる時、パッと理由が出て来なくてもこの循環論法を使うと、人は勢いに負けて相手に従ってしまうのだ。例えば「ここを通りたいので通してください」「やらなきゃいけないからやらなきゃだめだ」などよく考えると何も理由になってないけれど、何か緊急に迫られている言い回しで切り抜けることができる。

悪魔の名言
急いでいる時は「理由のようなもの」を用意しろ

シンプルがベスト！長話にはアクセントを

心を操るキーワード

アクセントの話法

スピーチやプレゼンなどで話をする際、どうしても単調で面白みのないトークになってしまう場合がある。すべてを丁寧に説明しようとして一言が長くなってしまい、結局言わんとしていることが少しも伝わらないからである。

誰かに何かを伝えようと思ったら、一番言いたいことをかいつまんでシンプルにまとめてしまうのがベストである。

腹黒
テクニック

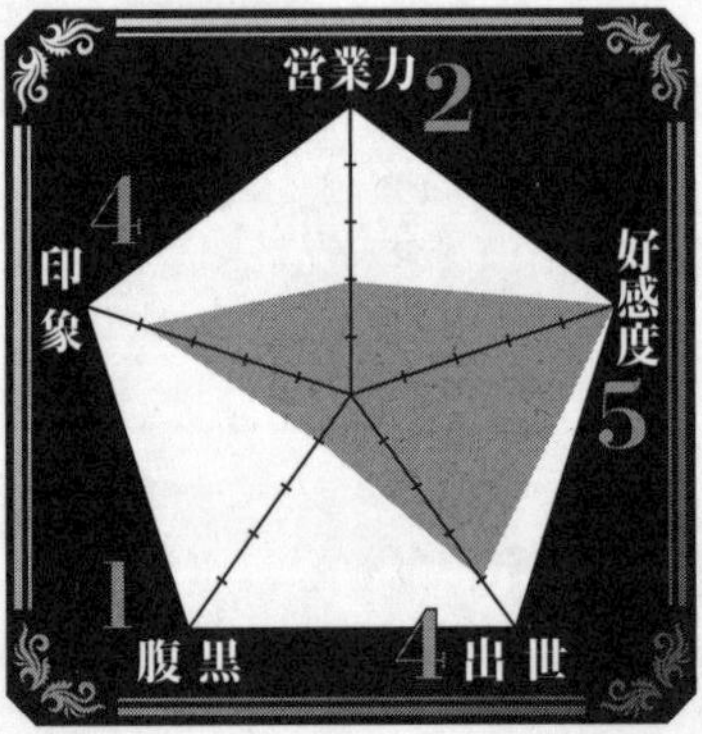
営業力 2
好感度 5
出世 4
腹黒 1
印象 4

ブランダイス大学の心理学者ノラ・マーフィー博士は、会話における好感度を調査する実験を行った。博士は学生が会話している様子をビデオに撮り、その映像を別の判定者に見てもらい、誰が一番ＩＱが高そうかを判定してもらった。

結果は一番シンプルに要点をまとめる人がＩＱが高く見え、主張も正当だと判断したのだ。

つまり、賢く思われ、高い評価を得るためにはシンプルな主張が一番いいということだ。

どうしても長話になってしまう場合は、適度にアクセントを交えて飽きさせない工夫をするのも効果的だ。例えば自分の代名詞をつくって多用するのも1つの手法である。

政治家がキャッチコピーをつくって選挙活動をするのにはそんな理由もある。「国民の生活が第一」「自民党をぶっ壊す」「Yes, we Can!」などパンチのある言葉をいつも片手に携え、無駄なく要点を的確に伝え、時にキャッチーなアクセントを交えて強いイメージを記憶させるのだ。

悪魔の名言

長話の前にはキャッチフレーズを考えて飽きさせるな

奥手なクライアントは プライベートトークから切り崩せ

心を操るキーワード

文脈効果

関係性の浅いクライアントとより強い関係性を築くための最短距離。それは、非常に個人的なプライベートの話を共有することである。

ニューヨーク大学のグレーニーフィッツサイモンズは、被験者にある2つの質問をする実験をした。

半分の人には「あなたの友達について聞かせてください」と聞き、もう半分の人には「あな

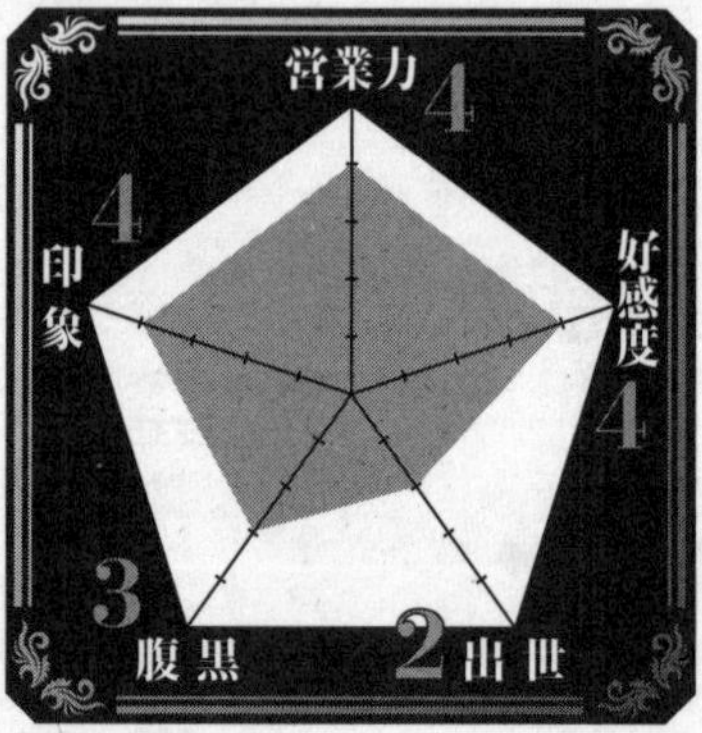

たの同僚について聞かせてください」と聞く。その後「もう少し時間をかけて聞きたいことがあるのですが、答えてくれますか？」と尋ねたところ、友達について聞いた方は52％がＯＫしたのに対し、同僚について聞いた方はたったの18％しかＯＫしなかったのだ。

これは自分にとって親しみやすい事柄が前後にあると、積極的に関わりたいという願望が強くなることを証明している。これは「文脈効果」と言われ、趣味から仕事へと段階的につなげる手法として知られている。

悪魔の名言

仕事が欲しいなら、まず趣味の話から入れ

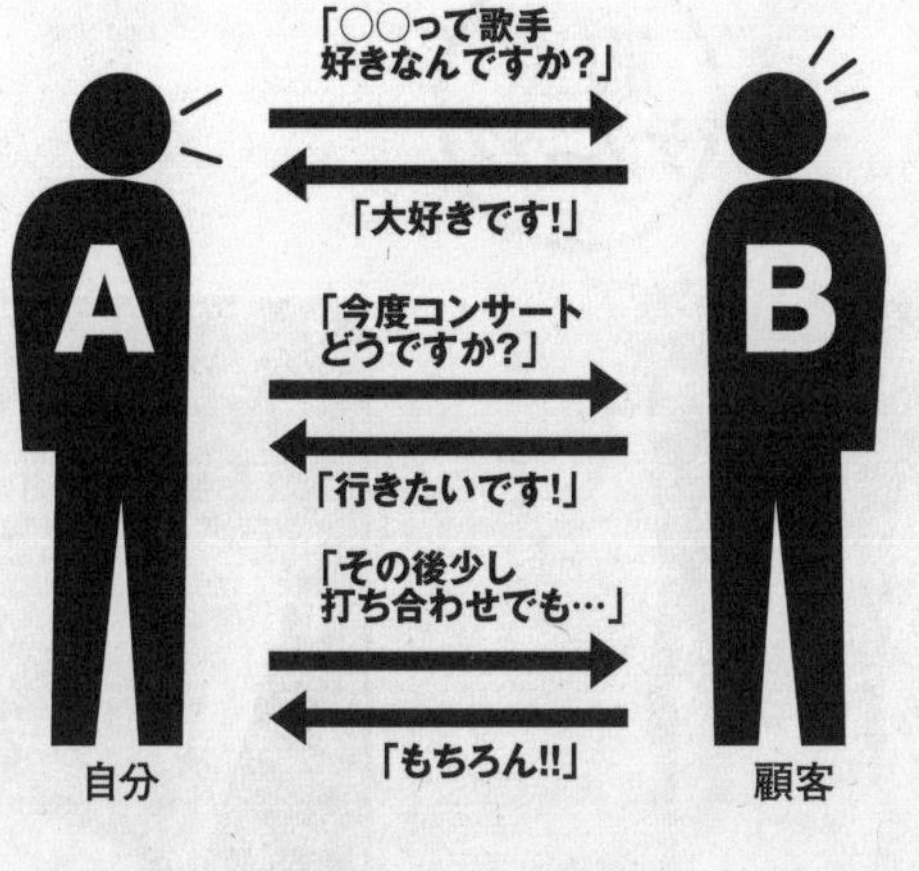
「○○って歌手
好きなんですか？」
「大好きです！」
「今度コンサート
どうですか？」
「行きたいです！」
「その後少し
打ち合わせでも…」
「もちろん‼」
A
B
自分
顧客

文脈効果で段階的に口説くべし

相手の性格をテキトーに指摘するだけで信頼される

心を操るキーワード　**バーナム効果**

腹黒テクニック

クライアントと懇意になる方法はさまざまあるが、強い信頼関係をつくるためには相手と信頼を結ぶコミュニケーションを行わなければならない。食事をしたりすることもひとつの方法だが、どんな人にも簡単にできる信頼関係のつくり方がある。

それは、「性格占い」だ。占いと言ってもタロットやら星座占いではない。とても簡単な性格診

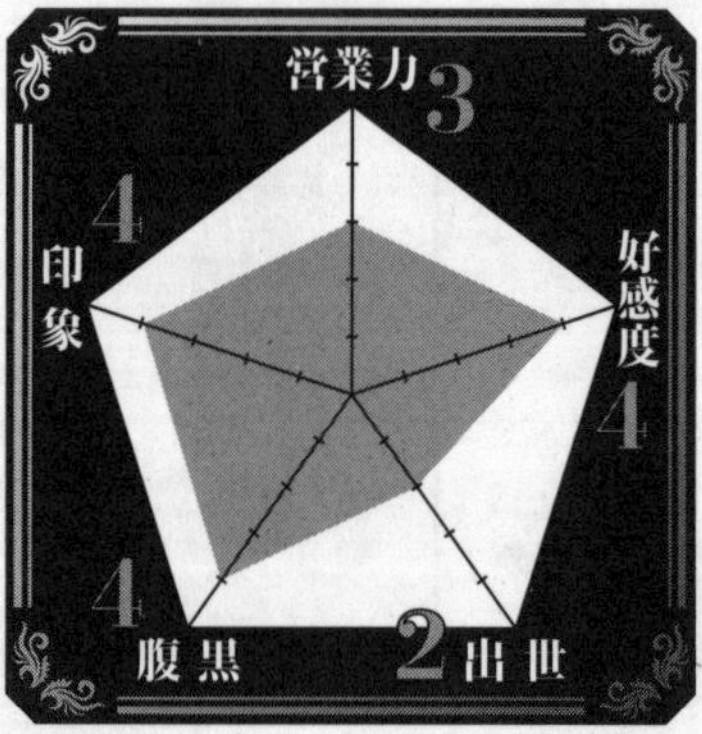

断のことだ。「いつもはつらつとしていますけど、実は繊細なところがありますよね」など、当たり障りのない誰にでも当てはまりそうなものでいいのだ。この性格占いは、実はほとんどどんなものでも相手に「当たってるかも」と思わせるようにできている。

通称「バーナム効果」と呼ばれている。性格を言い当てられると相手は「この人は本当の自分を理解してくれている人だ」と錯覚して絶大な信頼を寄せてしまうこともある。

ノルウェーの企業研究員ポーリン・アンダーセンは75名の大学生に対してある実験をした。デタラメな性格診断テストを行い、分析結果を渡したところ、ほとんど全員が「当たっている」と答えたのだ。

向があるようだ。特に見かけの性格とは裏腹の内容を指摘されるとドキッとするもの。「のんきそうだけど実は真面目」など、自分の心の中を見透かされたような指摘はかなり効果的だ。その他「仕事のことで悩んでいることがあるでしょ」とか「プライベートで問題を抱えている」などよく考えると誰にでも当てはまる言い回しで、言い当てたかのように指摘するのも効果がある。

悪魔の名言

手相や血液型も信頼関係を築くのに使える

手に入れるのが難しいものほど人は欲しくて仕方がなくなる

心を操るキーワード

ハード・トゥ・ゲット・テクニック

忙しいということは、労働という意味では非常に喜ばしいことだが、家庭や友人関係においてはあまり好印象を与えるものではない。

「いつも仕事ばかりでつきあいが悪い」と思われて印象を悪くすることもある。

しかし、ビジネスという場面においては、忙しいことがプラスに働くことがある。限定発売の稀少品のように多忙でなかなか会うことがで

イメージ操作

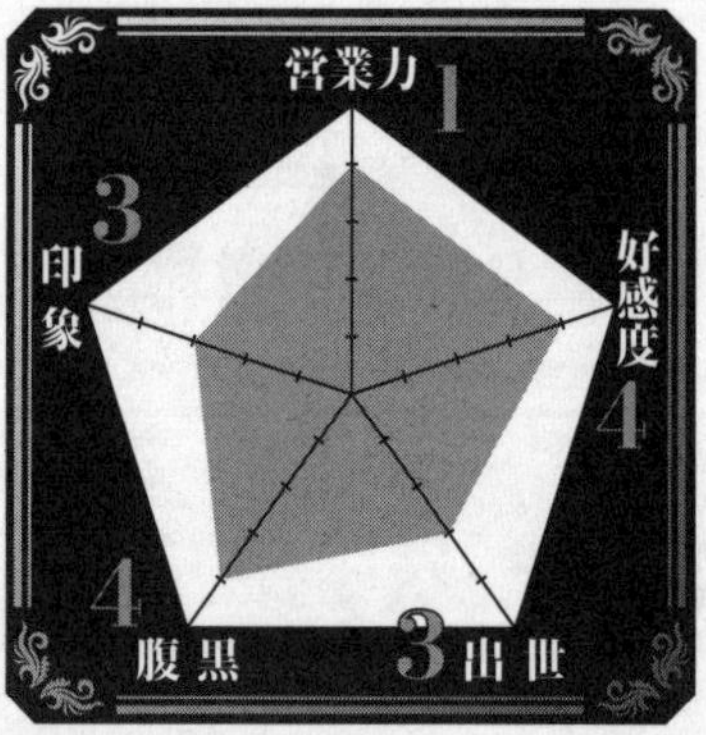

きないと、忙しいということは能力が高く、人気があるということだと判断して好印象になるのだ。

これは「ハード・トゥ・ゲット・テクニック」と言われ、手に入れるのが難しいほど価値が高いという認識をする傾向があることを心理学的に指摘しているのだ。

この希少価値の法則は、さまざまな方法で利用することができる。打ち合わせなどで直ぐに簡単に会わないようにすることもその1つ。「ちょっとその時間は、別件が入っているので数時間あとにできませんか？」とか「今週はもう埋まっちゃってるので、来週はいかがでしょう」など、まったくスケジュールが空いていても忙しそうに振る舞うことで、相手は勝手にそこに希少価値を見いだすのだ。

ただし、無闇にじらしすぎると、逆に「忙しい人には頼んでもすぐにやってくれない」とあきらめられてしまうので注意しなければならない。

このハード・トゥ・ゲット・テクニックは、自分の希少価値のみならず、会社や商品の宣伝においても活用できる。「限定10個が月末まで！」や「すぐに売り切れてしまうのでお早めに」など手に入れるのが難しいと思うと、ほとんどの人が一度は試してみたくなってしまうものである。

悪魔の名言

「割と忙しい」で、あなたの希少価値を上げる

なかなか「うん」と言わない相手にはうまい飯を食わせろ！

心を操るキーワード
ランチョン・テクニック

「ランチョン・テクニック」という言葉をご存知だろうか。心理学者のグレゴリー・ラズランが研究したビジネステクニックで、普通に打ち合わせや会議をするより、食事をとりながら行った方が交渉がうまくいくというのである。

日本においては、接待などある意味その手法のひとつであろう。これはつまり、美味しい食事を食べて「快」を満たすことによって心地よ

イメージ操作

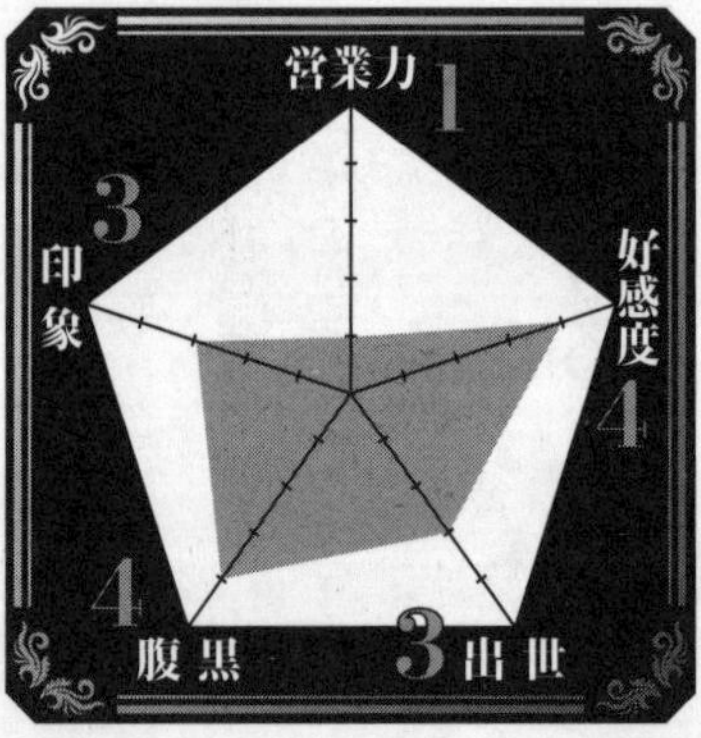

い気分にさせて交渉をうまく運ぶ手法なのだ。

確かに美味しいごはんを食べると気分が高揚して、ちょっと難しく考えていたことも、気づくとポジティブに変換されてしまっていることもある。また、美味しいものを食べていた時にした話は、何故か同調して良い話になってしまうことも多いのだ。これも「連合の原理」という心理学のひとつのテクニックだ。

ポイントは心地よい雰囲気をつくること。せっかくランチョン・テクニックを使おうとしてもまずいごはんを食べさせられたのでは、うまくいくはずもない。

悪魔の名言

商談ごはんで決まらない仕事もゲットできる

緊張
ストレス
快
リラックス
会議室で商談→
悩み中
美味しいカフェで商談→
美味しい「快」商談成立!

「快」のランチョン会議が◎

ちょっと声を大きくするだけで不思議と説得力アップ

心を操るキーワード

声量の力

アメリカのブランダイス大学の心理学者ジャネット・ロビンソンは、2人の男が会話している音声をテープにとり，再生音量を少しだけ変えて被験者に聞かせる実験を行った。

再生音量は70デシベルと75デシベル。普通に聞く分にはほとんど違いなどわからないレベルである。しかし、結果は驚くべきことに、75デシベルの方が倫理的で説得力があると被験者た

イメージ操作

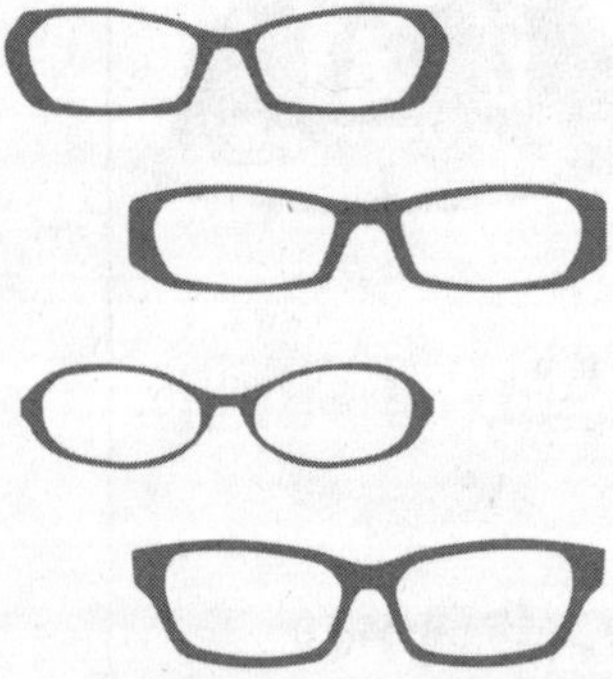

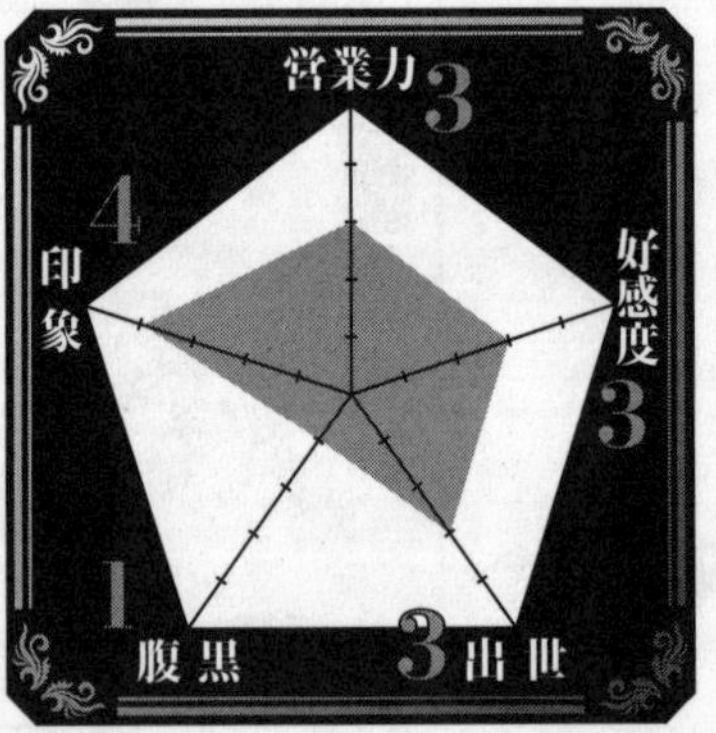

ちは答えたのである。

この実験結果は、ただ声を大きくするというだけで、人の印象は賢く、信頼に足るものに変貌してしまうということを証明している。

確かに小さな声の人は自信なさげで、何を言いたいのかわかりにくく、大きな声の方がなんとなく快活で良い印象を与えるものだ。話の内容など大したものではなくても、大きな声で話されるとそれだけで頼もしく、何かお願いしたい気分にさえなってしまうこともある。

また、声を大きく張りあげるというのは自分の精神状態を元気にし、活力のある生活をおくるためには良いものだというデータもある。

声を張り上げるという行為はお腹の筋肉「横隔膜」を使ったリズム運動なので、ストレスを解消する脳内物質を分泌する効果があり、心を元気にする作用もあるとか。

交渉という場面に限らず、心も肉体も疲弊してしまった時、少し声を張りあげて話すようにすれば印象もあがる上に、自分も元気にしてくれる、というわけだ。

悪魔の名言　声を2割増しにして自分も印象もアップ

ドラマ性のあるトークに人は引き込まれる

心を操るキーワード **ドラマ効果**

ここまでさまざまな話術について説明してきたが、ほとんどが話の内容をないがしろにしたテクニックばかりで、まるで中身など意味をなさないように説いているが、まったくそんなことはない。基本的には話が面白ければ相手は袖を振ってくれるものだ。

トークを面白くするポイントは、そこにドラマ性を持たせるか持たせないかである。トーク

交渉力アップ

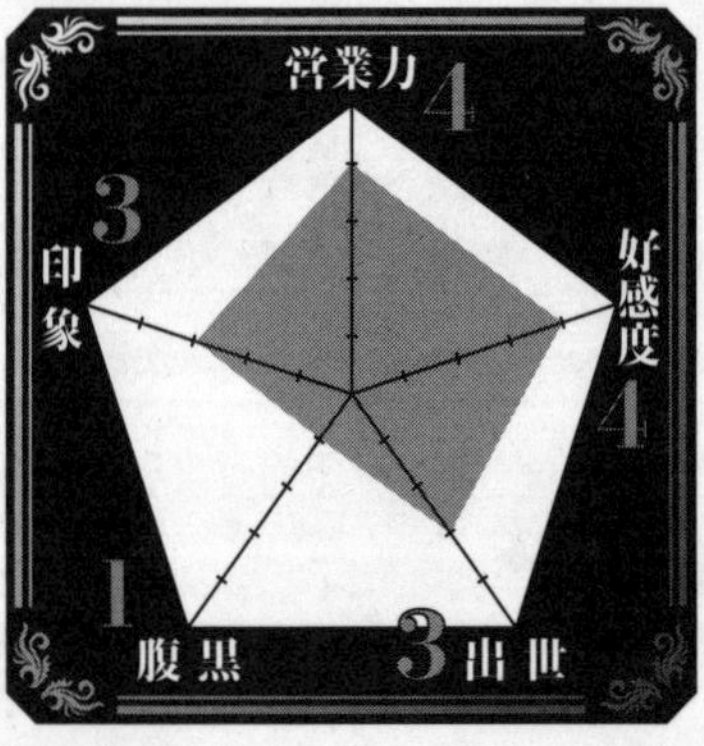

が面白い人は、話の展開がドラマチックで情熱的だったり、ストーリー展開に抑揚があるものだ。

このドラマチックな話術の効力を心理学では「ドラマ効果」と言う。例えばある商品のデータを説明するにしても「この商品は通常よりも2割方お安くなっております」と言われる場合と「この商品はなんと！　ご奉仕価格で2割安！　今が買い時です！」と言われた方が強いインパクトが残る。

カナダのモントリオール・マネージメントスクールのシェバット博士は、学生に対してエイズ予防とマラリア予防に関する説得を2パターンで行った。

ひとつは通常の講義形式、もうひとつはクマを主人公にしたドラマ仕立てにしたのである。結果、ドラマ仕立ての方が学生の共感を得て説得効果があがったのだ。

深夜によくテレビでやっている人気の通販番組でもさまざまな例をあげたり、実際の使い方を見せたりと創意工夫をしてドラマチックに見せている。

ドラマ効果という意味では、通販番組は理想的な手法を使っているのだ。くだらないとバカにしないで、たまには勉強のつもりでその手法をきちんと勉強してみてもいいかもしれない。

悪魔の名言

ドラマチックな話法は通販番組で勉強しろ！

粘り過ぎは嫌われるだけ‼ 潔く出直しが成功の元

心を操るキーワード 単純接触法

「仕事は粘りが大事」とよく言うが、交渉の際には必ずしも食い下がるのだけがいいとは限らない。まず、自分を顧客に置き換えた時、一度やってくると長くつらつらと粘っていつまでもいるタイプの営業は、二度と来て欲しくないと思うものだが、サラリと言葉だけ交わして帰ってくれる人は非常に好感が持てるものだ。

一時期ブーメラン法という手法が流行り、誰

交渉力アップ

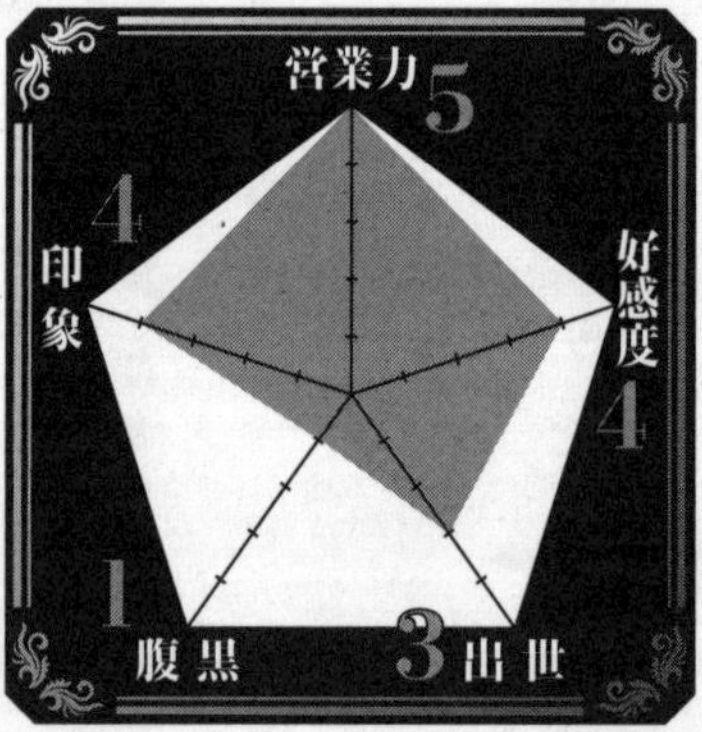

もがブーメラン法を多用する時があった。「ちょっと大きすぎじゃない」「そう！　この大きいのには理由があるんです！」と、ネガティブな意見をひっくり返して食い下がるというテクニックだ。

ところがこのブーメラン法はむしろマイナスに働くというデータが最近になって出て来たのだ。イースト・キャロライナ大学のレイド・クラクストン博士は流通・製造業のバイヤー242名にその交渉テクニックと効果について聞いた。結果、ブーメラン法が売り上げにつながらないことが証明されたのである。

悪魔の名言

1回の営業で粘るより、回数を重ねろ！

相手が嫌悪感を示したら直ぐに潔く引き下がり「また、改めてお伺いさせてもらってもよろしいですか？」と、次の来訪だけ匂わせて立ち去るのがいい。

人は一度に長く関わるよりも、何度も繰り返し関わる方が好意的になるという心理が働く。これは、心理学では「単純接触法」と呼ばれており、昨今の最も効果的な交渉術のひとつと考えられている。

1回で相手を口説き落とそうと思わず、何度も何度も会うことによって相手に親近感を持たせ、相手の都合が良いタイミングできちんとした交渉に臨むとうまくいくということだ。

ゆっくり丁寧に話すより早口の方が信頼されやすい

心を操るキーワード
早口の効果

人とコミュニケーションをとる時、ゆっくり丁寧に話す方がいいのか、それとも矢継ぎ早に早口で話す方がいいのか、どちらなのだろう。

南ジョージア大学のステファン・スミス博士は1分間に１８０ワードで話すより２２０ワードで話した方が相手に信頼されやすいというデータを得たのだ。

何故早口が信頼されやすいのだろうか。それ

交渉力アップ

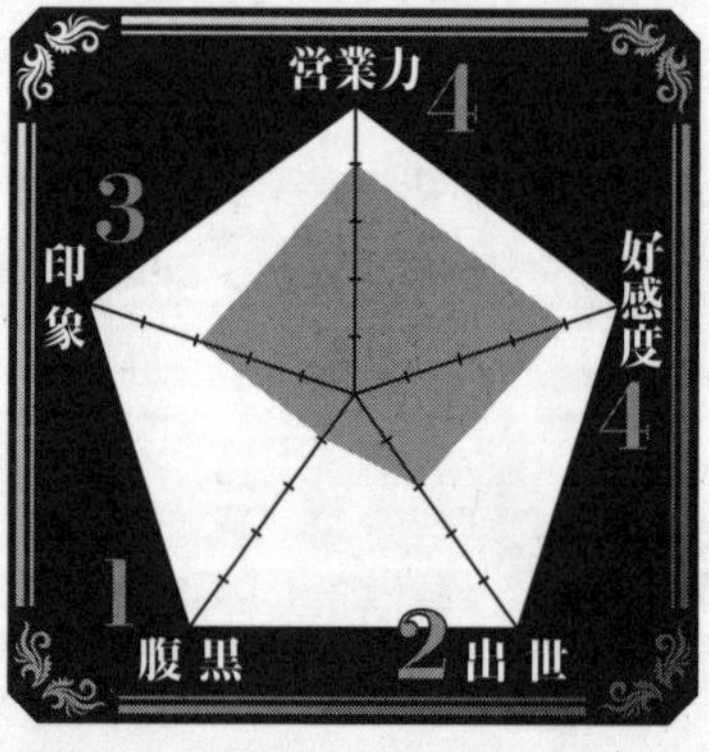

は、早口には「熱意」がこもっているからである。自分が話す内容を本気で信じ、相手を説得しようとすると口先はなめらかに回るものである。熱意をこめて相手に伝えようとすると自然に早口になってしまうものなのだ。

相手は早口だから信頼したのではなく、熱意を感じたからこそ信頼できると思ったのである。

だからと言って、今までと同じ内容をただ早く話せばいいというものではない。それでは聞き取りづらいだけで何も変わらないかもしれない。まずは、自分が相手に訴えかけたい事柄をきちんと理解し、その魅力を情熱的に伝えようと思えばいいだけである。

もしかしたら今まで説いてきたテクニックより何よりこの「情熱」が一番大切なのかもしれない。情熱を燃やせば自然と声は大きく早口になっていく。理屈はあとから勝手についてくる。とにかく相手に自分の情熱を伝える、その上でさまざまな技法を駆使するという思考回路を忘れないようにしてほしい。そうしないと根本的なところで勘違いして大きく踏み外してしまうこともあるということだ。

悪魔の名言

熱意さえあれば勝手に早口になってしまうものだ

COLUMN

ワンポイント

世界のいろいろな交渉テクニック

日本人には、日本特有の和を重んじる気風があります。常に相手の立場に立ち、思いやりの精神で物事を中道に落とし込むことを良しとする文化がある。

これは、禅や仏教からくる精神だ。例え無宗教とはいえ、国の風土に根ざした心意気は、自然と個々人の中に染み付くもの。

だから、交渉の際も相手の状況や自分の状況を加味して中間地点の落としどころをみつけようとする。このことを「推定合意」と言うが、実は欧米ではあまり行わないようだ。値引き交渉などは大体お互いが自分側の損得勘定を考慮して行うことが多い。これは、交渉の技術というよりも文化の違いそのものだろう。欧米人の多くはキリスト教徒。イエスかノーの二元論の考え方が認知されているので、間に落とし込むという考え方が理解しにくい。

自分の考えに合わせてもらうか、相手の要求に答えるか、そのどちらかという考え方をするのである。

また、日本人特有の返事の仕方でいうと「検討しておきます」や「上司と相談して改めてお伺いします」という返事だ。これもまた欧米人からすると意味がわからないそうだ。

我々からすると熟考して答えを出すというのは当たり前のことだと思うが、彼らからすると、「その時に答えが出ないなら何のための交渉なんだ？」という考えなのだ。

深層心理を見破る心理テスト 交渉術編

問題1

会社のイメージアップのために花を飾ることにしました。あなたならどこに飾る？

A トイレ	B 自分のデスク
C 入り口	D 食堂

交渉の際の基本対処の心理

花を飾る場所は、人と関わる時に自分が思わずこだわってしまう場所を示している。自分のこだわりのせいで起きてしまう問題点を知ることができる。

A トイレ　完璧主義者タイプ

トイレなどのあまり頻繁に出入りしない場所を飾ろうとする人は完璧主義者タイプ。隅々まで完璧を目指そうとしますが、その潔癖すぎる性格に嫌悪感を示されることも。

B 自分のデスク　自己中心タイプ

自分のいる場所に飾ろうとする人は、自己中心的なケチタイプ。自分をよく見せようとするのは得意ですが、相手を気遣うのは上手ではありません。

C 入り口　八方美人タイプ

入り口に飾ろうと考える人は、外面がいいタイプ。どんな人にも当たりのよい八方美人。一度本音が出ると嫌われてしまうので注意。

D 食堂　リーダータイプ

食堂を優位に考えるタイプは、人を誘導して動かすリーダータイプ。人にあるべき姿を指示するのを好む傾向があります。

深層心理を見破る心理テスト 交渉術編

問題2

新しい家に引っ越してきました。隣の家との間に生け垣をつくろうと思います。どんな生け垣にしますか？

A 塀のように高い生け垣	B 簡単な柵の生け垣
C 柵と壁の二重の生け垣	D 柵のある高い生け垣

人見知り度がわかります。

あなたの人見知り度がわかります。生け垣は自分と他者との境界線を表しています。

A 塀のように高い生け垣 人見知り度 80%

高い壁のような生け垣は人との関係性に大きな隔たりをつくることを示しています。もう少し他者に自分を開く傾向をつくりましょう。

B 簡単な柵の生け垣 人見知り度 0%

簡単な柵程度でいいと考えるあなたは、人とかかわり合うのが大好きです。営業や交渉に向いているタイプと言えるでしょう。

C 柵と壁の二重の生け垣 人見知り度 100%

二重の生け垣をつくる人は相当な偏屈でしょう。人とかかわり合いを持つが嫌いなタイプです。人を好きになるのにはどうしたらいいか考えてみましょう。

D 柵のある高い生け垣 人見知り度 60%

透けて見える柵ですが、高い生け垣の場合は、さほど人付き合いが悪いわけではないのだが、割と本当の自分より過大に自分を演出するようなところがあるかもしれません。

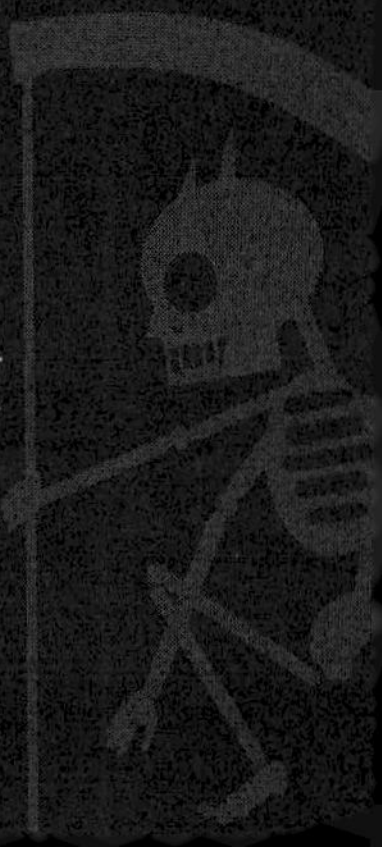

深層心理を見破る心理テスト 交渉術編

問題3

あなたは夢の中でアリの集団を発見しました。このアリの集団は何をしているところでしょうか？

A エサをとりに行くところ	B 天敵にやられたので仕返しに行くところ
C 迷子になった仲間を探しに行くところ	D 巣の引越中

あなたの社交性がわかります。

夢の中のアリは組織における社交性を意味しています。アリの行動によってあなたの社交性を知ることができます。

A エサをとりに行くところ　社交性抜群

集団の利益を優先して動こうと思うあなたは、大変社交性に富んでいます。積極的に人と関わり、良い結果を残すタイプでしょう。

B 天敵にやられたので仕返しに行くところ　社交性○

適度に社交的だと思います。ただ、何かと敵味方で判断することもあるので、ライバルをつくりやすいタイプです。人は仲間にした方が得することが多いと考えましょう。

C 迷子になった仲間を探しに行くところ　社交性×

社交性が高い方ではないようです。どちらかというとマイノリティもケアする奉仕の精神が強いタイプです。

D 巣の引越中　社交性　△

割と社交的な方ではありますが、浅く広くいろんなタイプとつきあう方のようです。大切な人と深くつきあうことも意識してみましょう。

第二章

上司と部下の心理操作術

相づちは「うん」よりも「いいね」「なるほど」に

心を操るキーワード

相づちの手法

聞き上手な人ほど相づちがうまいというのは、数多の会話術の本でも必ずと言っていいほど書いてある最重要事項である。つまり、相づちさえマスターしておけば、それだけで相手を気持ち良くさせ、なおかつ相手に好印象を与えられる魔法の会話術なのだ。

それを裏付けるような実験を行ったのが、ノース・キャロライナ大学のチェスター・イン

イメージ操作

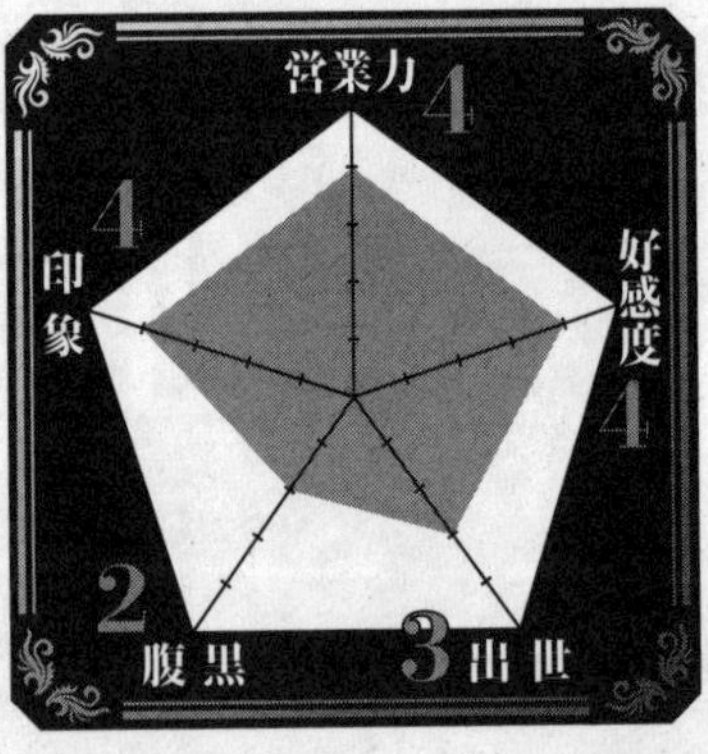

スコ博士だ。彼は学生名簿からランダムに選んだ175名を対象にして、相づちに関する実験を行った。実験ではサクラの人物と2人1組になって、有料テレビについて話し合ってもらった。そしてサクラ側の相づちを変化させ、どんな印象を抱くのか調べたのだ。

その結果、サクラが「ふーん」と気のない相づちを打つよりも、「いいね」と好意的な相づちを打つほうが、サクラに対して好印象を持つことがわかった。

確かに、話し手の心理として、相手が「なるほど」「すごいですね」「おもしろい！」など、変化に富んだ相づちを返してくれると、それだけで話し手冥利に尽きるもの。一方、「う～ん」「はぁ」など、気のない相づちを返されると「おもしろくないのかな…」と不安になってくるものだ。

自分に苦手意識を持っている上司や部下には、積極的に話しかけていろいろと話を聞き出すといいだろう。もちろん、そのときには肯定的な相づちを意識して会話をすることが肝要である。そうすれば相手の苦手意識も薄れ、なおかつ好印象を持ってくれるのだ。たかが相づちと侮るなかれ。相づちの一言であなたの印象は格段にアップするのだ。

悪魔の名言

相づちだけで人は上機嫌になる

どんな難問も「他の人はできてる」と焚きつければ、正解する確率が上がる

心を操るキーワード　プラスの暗示

難問を前にすると「できるのかな……」とマイナスの自己暗示をかけることがままある。自信のないまま挑戦し、結果を残せなかったという経験は誰しもがあることだろう。

アリゾナ州立大学のスーザン・ピーターソンが212名の学生に、バラバラのアルファベットを見せて、意味のある単語を作らせる実験を行った。例えば、「C、A、T」というアルファ

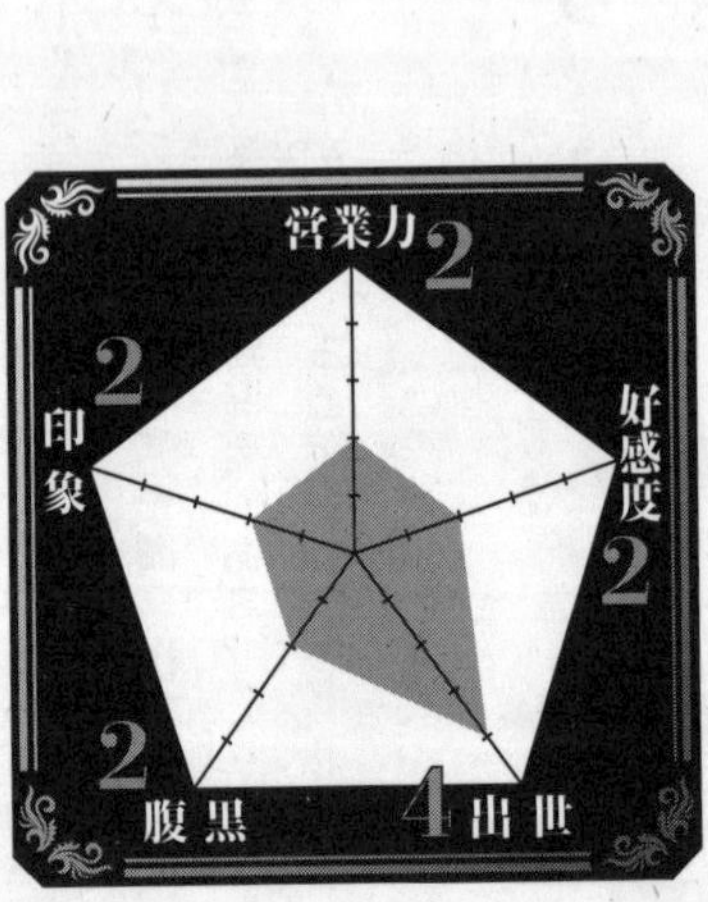

ベットを見せて「CAT」という単語を作るといった具合に。ただし実際は、14文字のアルファベットで単語を作らねばならず、学生にはかなりの難問だった。そのときピーターソンは学生たちに「同じ問題を別の人にやらせてみたところ、ほとんどの人が正解を見つけることができた。だから君たちもうまく解くことができるよ」と、プラスの暗示をかけたのだ。

すると本当に正解者が続出することがわかった。さらにピーターソンは、逆にこんな暗示もかけてみた。「同じ問題を別の人にやらせてみたところ、ほとんどの人ができなかった。君たちもきっとできないと思うが、とりあえずやってみてくれ」。

こうしてマイナスの暗示をかけられた場合、大半の人が解けなかったという。つまり、プラスの暗示によって「自分にもできそうだ」という希望から実際にできてしまう確率が高くなるというのだ。

これはビジネスにも応用できる。失敗が多く、自信の持てない部下は自分自身でマイナスの暗示をかけてしまっている。そこで「みんなできているし、君にもできるよ」とプラスの暗示を与えるだけで、能力以上の力を発揮してくれるはずだ。

悪魔の名言

プラスの暗示で部下の能力を倍増させろ

「最悪いつになる？」で本当のスケジュールが分かる

心を操るキーワード
期限の本質

仕事に慣れていない新人や、仕事が遅い部下のスケジュールを読むのは難しいことだ。

こうした問題に、カナダのサイモンフレーザー大学の心理学者、ロジャー・ビューラーはこんな実験を行った。大学生たちに「あるテーマの論文を君なら何日で提出できるか」を予測させた。すると学生の回答は、平均で33.9日だった。ところが、実際に論文を書かせてみ

交渉力アップ

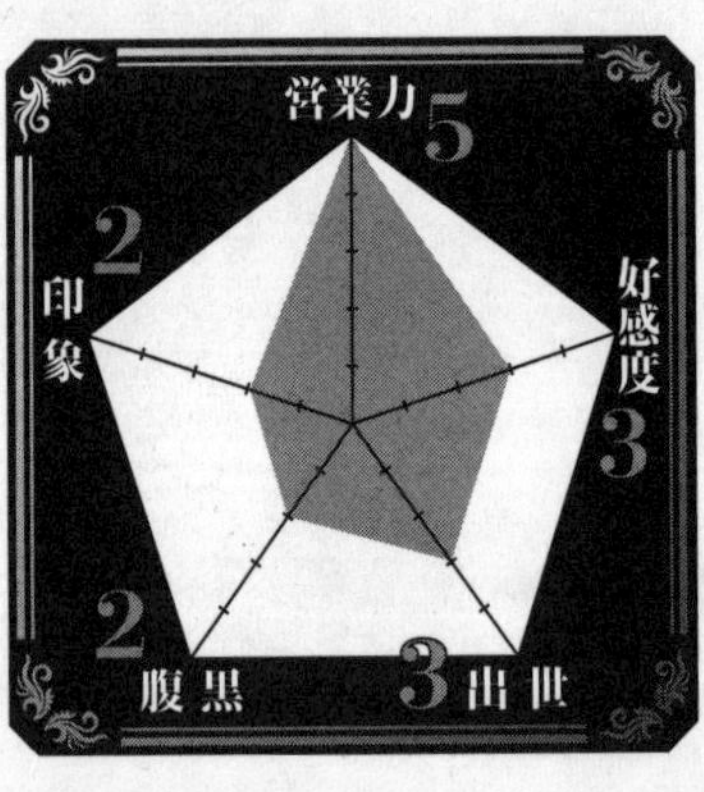

ると、提出までに平均で55.5日もかかった。実に20日以上のオーバー。

しかしこの実験でビューラーは、あらかじめ「最悪の事態が起こったら、どれくらいで仕上がるか」と質問していた。こちらの回答は平均で48.6日。実際の提出期間はこれを約1週間オーバーしているが、誤差はかなり縮まっている。

つまり、新人だろうと部下だろうと、重要な仕事の納期をあらかじめ聞き出すときは、最悪のパターンを聞き出しておくことが大切なのである。

悪魔の名言

スケジュールは「最悪の場合」を聞き出して、本当の期日を知れ！

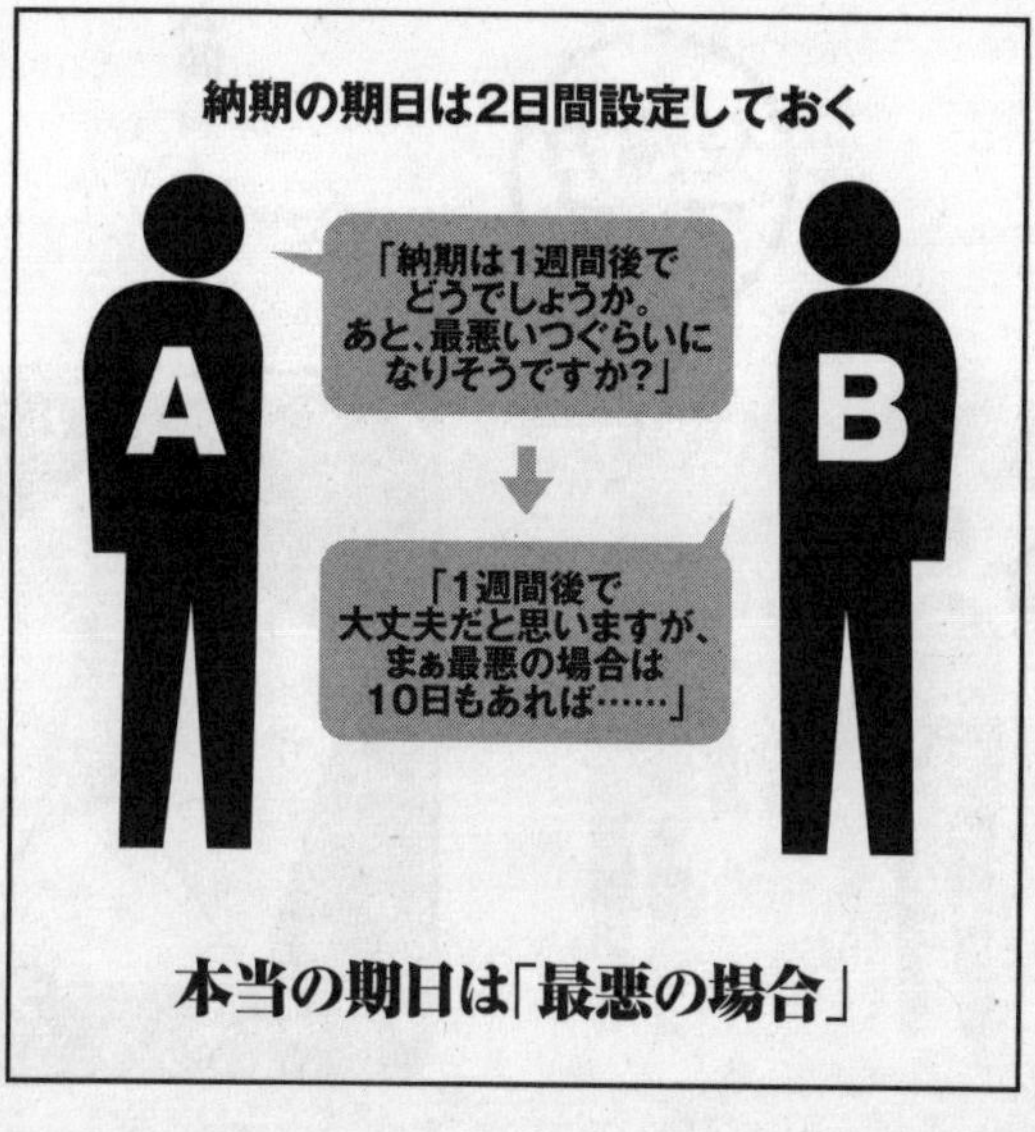
納期の期日は2日間設定しておく
A
B
「納期は1週間後でどうでしょうか。あと、最悪いつぐらいになりそうですか?」
「1週間後で大丈夫だと思いますが、まぁ最悪の場合は10日もあれば……」
本当の期日は「最悪の場合」

リズムを同調させて上司の警戒心を解け

心を操るキーワード

リズム同調

交渉力アップ

年齢も育ちも違う上司とコミュニケーションを図っているとき、雑談とはいえお互いを仕事以外でほとんど知らない場合、なにを話していいかわからずギクシャクしているときがないだろうか。逆に、同じ趣味を持ち、その趣味の話で上司と話しているときはどうだろうか。後者では安心感が得られ、もっと積極的に話をしてみようという気にならないだろうか。

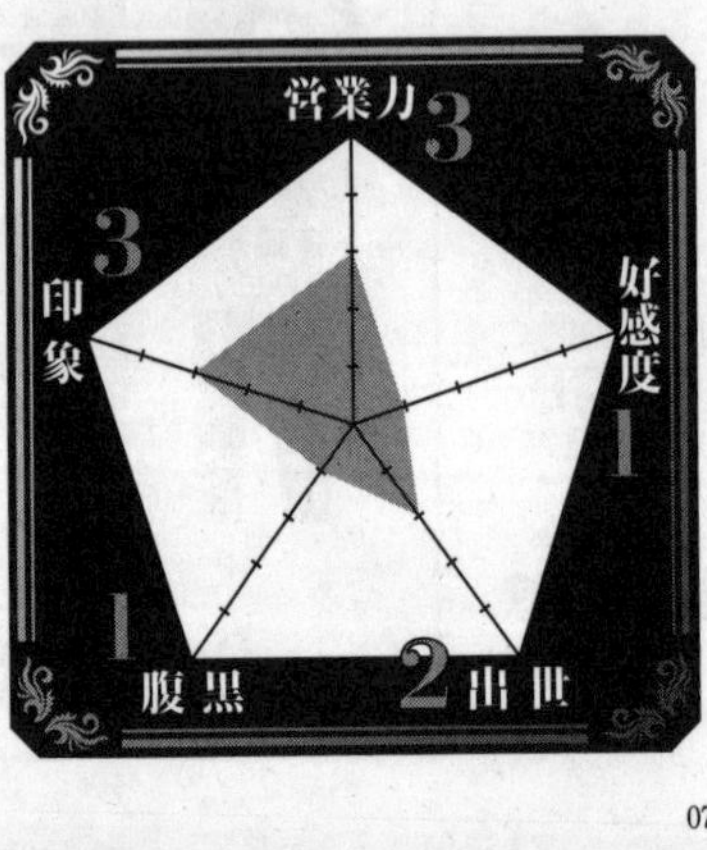

こういった、趣味などのきっかけがあれば円滑なコミュニケーションが図れるものだが、まだお互いに距離がある場合には「ペーシング」と呼ばれるコミュニケーション技法を使うといいだろう。

ペーシングとは、話し方や身振りなどを相手に合わせることで、ゆっくり喋る人にはこちらの口調もゆっくりにしたり、相手が驚いているときは一緒に驚いてみせたり、その他、表情から身振り手振りなどを合わせていくものである。ただ、相手の一挙手一投足すべてに合わせることができるのはプロのカウンセラーくらいのもので、下手に全部のペースを合わせすぎたりすると、かえって不快感をもたれる恐れがあるので注意が必要だ。

そこで、たったひとつ、相手にも気づかれず簡単に合わせられるのが「呼吸」である。相手の胸元を見て呼吸のペースを探り、相手が息を吸うときに自分も吸い、息を吐くときに自分も吐く……と呼吸のペースを合わせていくだけで簡単に体のリズムを同調させることができるのだ。

こうして、相手は同調されているとは気づかず、ただなんとなく「この人とは肌が合うなぁ」と思わせたらこちらのもの。相手の警戒心も薄れ、本音を引き出しやすい環境が整うのである。

悪魔の名言

呼吸のペースを同調させれば、相手の警戒心がゼロになる！

後光がさしてるとすごい人に思われる!!

心を操るキーワード
後光効果

「後光がさすと好印象」……一体なにを言っているのか、と感じる人も多いだろうが、まずはじめにブランダイス大学の心理学者、レスリー・マッカーサーの実験をお話ししよう。

マッカーサーは被験者にグループを組ませ、ディスカッションさせる実験を行った。そしてディスカッション終了後、「グループの中で誰が最もリーダー的だったか」と質問していった。

イメージ操作

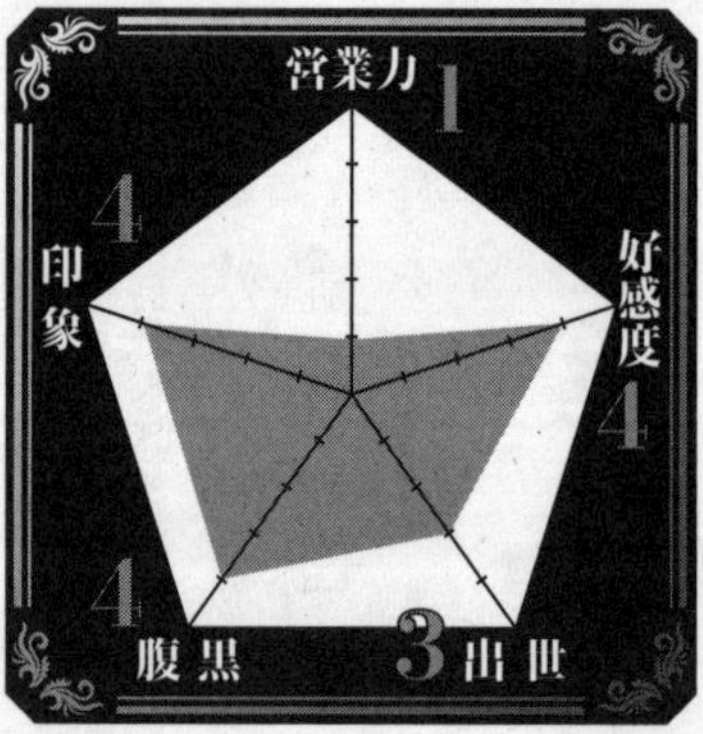

すると、最もリーダーらしく見えたのは照明が一番当たる席に座る人だった。

これは、ある対象を評価するときに、目立ちやすい特徴に引きずられて他の特徴についての評価が歪められる「後光効果」によって起こる現象だ。もちろん、照明がよく当たっているからといって、発言内容がより高尚になるわけではなく、その人の印象が視覚から入る「映像」によって、より記憶に残ったということである。

後光とはまさしく、宗教画でお釈迦様やキリストなどの背後に差しているあの光だ。後ろから光が差していると、その人が大物に見える効果があるというのだ。

部屋の構造上、後光のように光を背負うことが難しければ、とりあえず照明の真下に行けばいい。光がよく当たって、それだけで見栄えがよくなりポジティブな印象を与えることができるのだ。初対面のイメージ付け、というシチュエーションにはもってこいの後光効果。あとは周りが勝手に「できる男」と思い込んでくれるというわけだ。一度いい印象さえ与えてしまえば、さまざまなビジネスの場面でなにかと有利になることは間違いない。椅子ひとつ確保することにも大きな意味があるのだ。

悪魔の名言

照明が一番明るい席は椅子取りゲームの要領で真っ先に確保せよ

「監視」をすると効率ダウン 部下は放置しろ

心を操るキーワード **他者の視線**

日本とアメリカの企業文化を比較するとき、真っ先にあげられるのは職場のレイアウトの違いである。日本は直属の上司が部下全員を見渡せる場所に座って、部署全体の監視ができる大部屋制であることに対して、個人主義の根付いたアメリカでは、それぞれの机がパーテーションで区切られた半個室の状態が多い。

大部屋制のメリットは、上司・部下・同僚が

イメージ操作

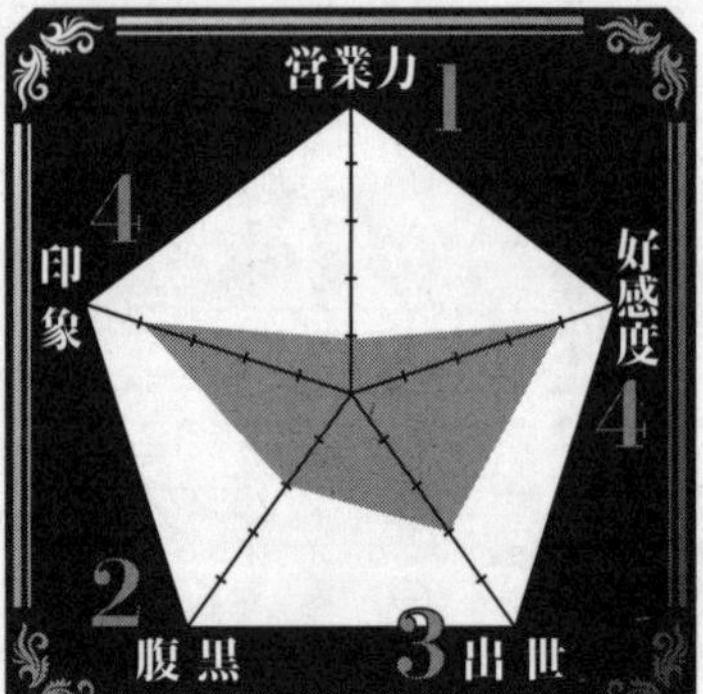

それぞれ電話で話しているのまで聞こえたりと、コミュニケーションの取りやすさから、他人が今どんな仕事をしているのか、どう仕事が回っているのかがわかりやすいということだが、集中力や効率性を考えると、大部屋制は適さないという。

ペンシルバニア州立大学のR・バリーが「他者の視線」について行った調査を紹介しよう。彼はショッピングモールの駐車場から出ようとしている車200台のドライバーたちを観察した。すると、自分が出て行ったあと、そのスペースに入れようとしている車がうしろで待っている場合、出発までの時間が長く、誰も待っていないときには出発までの時間が短かった。

つまり、他者からジロジロ見られていると、それに抵抗するかのようにわざとゆっくり動いたり、逆にそのことにストレスを感じ、普段通りに動けなかったりしてしまうという。

あなたが上司の立場で、部署全体の効率や生産性をあげたいと感じているなら、部下たちの仕事ぶりを監視するかのようにジロジロと見るのはやめるべきである。部下たちにも自由を与え、放置することで彼らの効率や生産性は格段にあがるだろう。

悪魔の名言

部下を放置することで部署全体の効率や生産性はあがる

男は励まされて伸びる。女は気遣われて伸びる　それぞれに合わせてかける言葉を変えろ

心を操るキーワード　**男女の差異**

出世間違いなし！

女性の社会進出が顕著になっている現代、女性の部下を持つ上司の方々も多いだろう。同じ部下とはいえ男性と女性では、上司に求めるものが大きく違うのである。

インディアナ州にあるビンセンズ大学の心理学者、チャールズ・マクマハンは、男女複数の被験者を集め、自分がどれくらい励ましの言葉や温かい言葉を求めているのか答えてもらっ

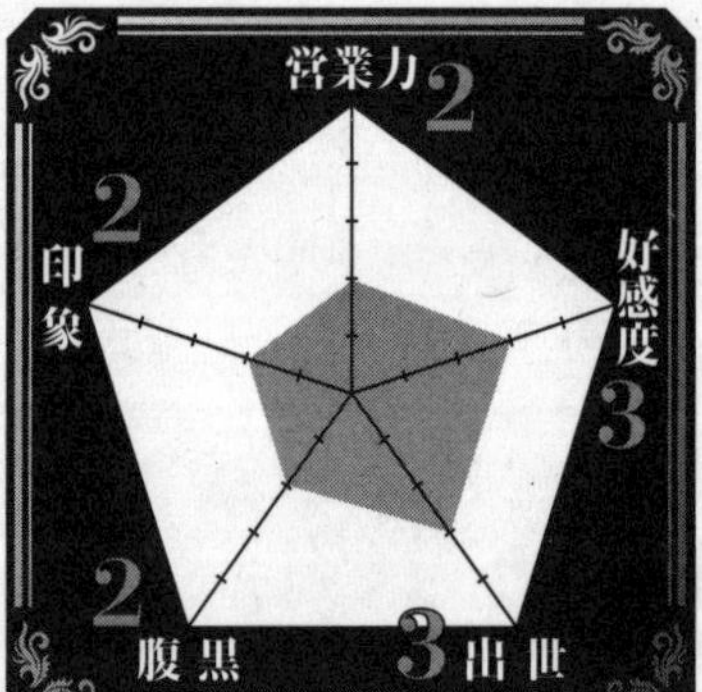

た。すると、男性は80点満点中39・2点も励ましや温かい言葉を欲しているのに対し、女性は33・2点であることがわかった。

また、カリフォルニア大学のグレッチェン・リーヴィの研究によると、女性的な人ほど社会的なサポートを求めるのに対して、男性的な人ほどサポートを嫌うことがわかっている。

このように、同じ部下でも男女の性差で大きな違いがあることがわかっただろう。多少面倒ではあるが、男女ごとに指導を変えれば、あなたを見る部下の目も変わってくるはずだ。

悪魔の名言

男には励ましの言葉を。女には気遣いの言葉を

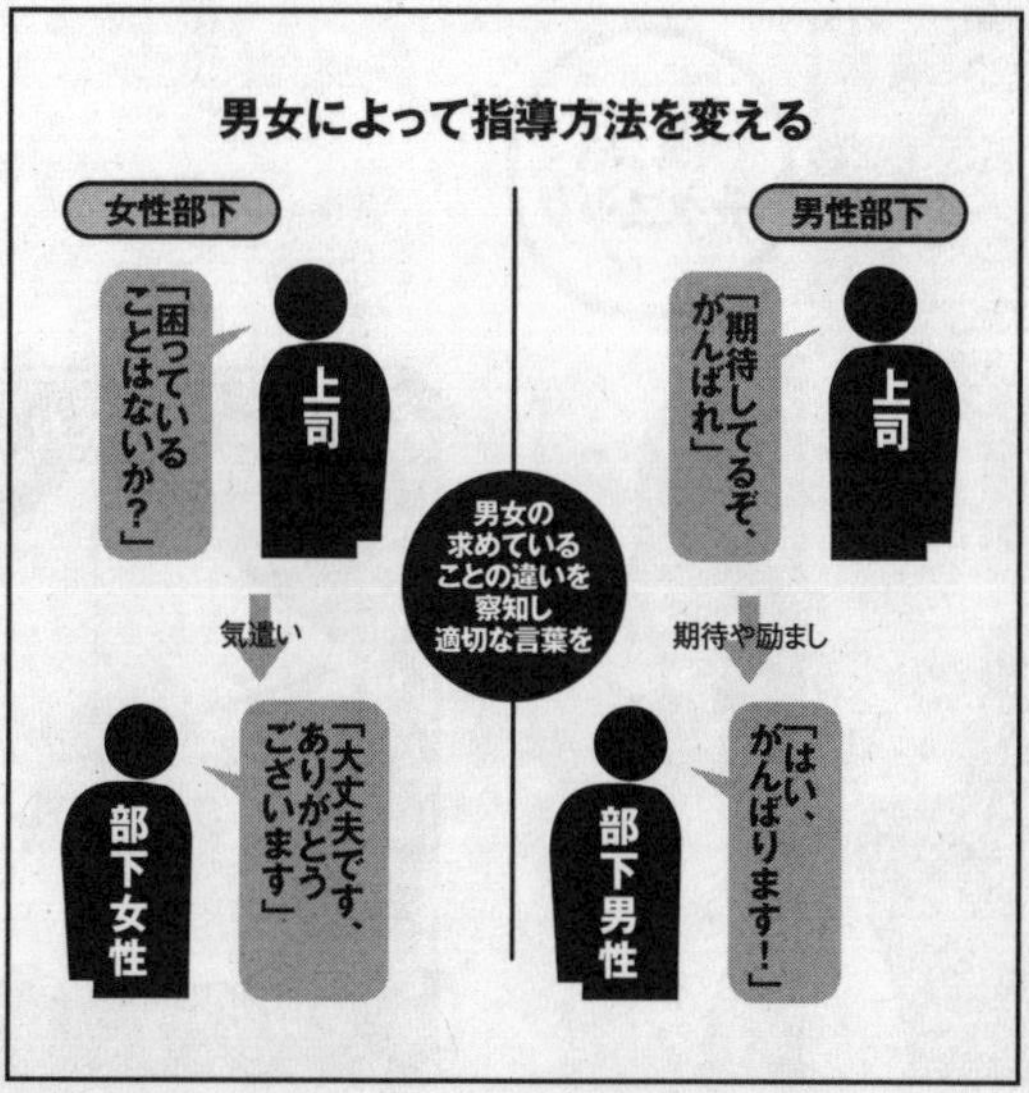
男女によって指導方法を変える
男性部下
上司
「期待してるぞ、がんばれ」
期待や励まし
部下男性
「はい、がんばります！」
男女の求めていることの違いを察知し適切な言葉を
女性部下
上司
「困っていることはないか？」
気遣い
部下女性
「大丈夫です、ありがとうございます」

マジギレして「怒ると怖い」と思わせろ

心を操るキーワード　怒りの優位性

上司としては、会社で部下に嫌われることだけは避けたいところ。ましてやバカにされたりナメられたら目も当てられない。

上司と部下という関係は、学校の教師と生徒の関係と同じで、少しでもナメられてしまうと、その評価を挽回するのはかなり難しくなるものである。もちろん、いつも怒鳴ってばかりの雷オヤジというのも嫌われてしまい、部下はつい

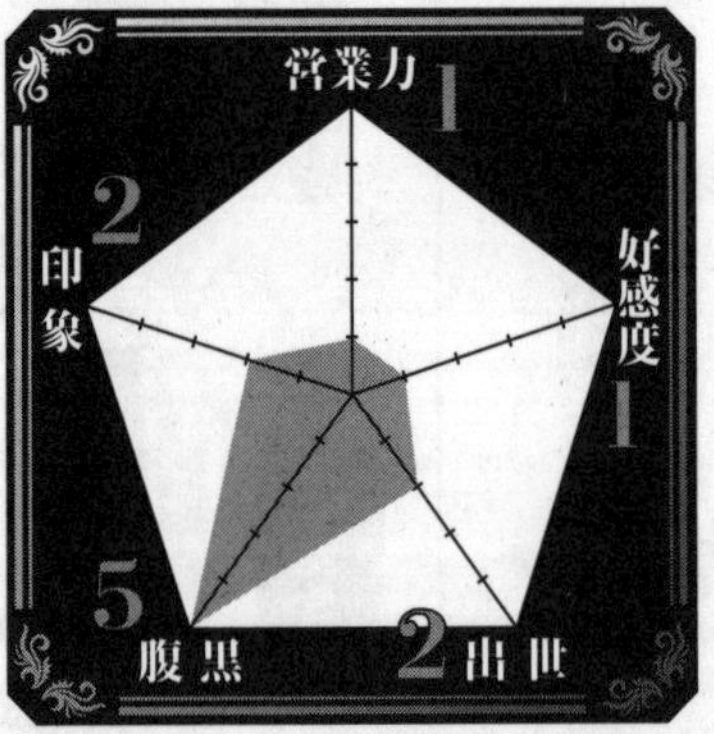

てこなくなる。ここでは「普段は優しいけれど、怒らせると怖い」というスタンスが望ましいだろう。

アムステルダム大学の心理学者、ゲアベン・ヴァンクリフは、携帯電話の「売り手」と「買い手」に分かれて価格や保証期間などを交渉してもらうという実験を行った。このとき、買い手役を演じるのはサクラの被験者で、彼らには「怒る人」と「怒らない人」とを演じてもらった。その結果、怒る演技を取り入れたほうがずっと交渉を有利に進められることがわかった。

つまり、一度くらいは部下の前でキレておくのも、優位な関係を作るうえで有効な手段であると言えるのだ。

怒り慣れていない人には難しく感じるかもしれないが、滅多に怒らない人が急に怒り出すのだから、その効果は絶大だ。どんなに小さいことでも（例えば仕事中の私語など、大げさにキレてみせるといいだろう。部下にいい顔をしようとするあまり、怒ることをせずにいると部下を図に乗らせることになり、結局上司であるあなたの評価が下がってしまうのだ。部下の抑止力を働かせるために「怒らせると怖い」をあなたも実践してみては？

悪魔の名言

優しいだけじゃダメ。キレる上司に部下は従う

部下に「命令」するな！「確認」で動かせ

心を操るキーワード　**指導の適正**

最近の若者は、命令されることに慣れていないので、上司からなにか命令されると反発するタイプが多いらしい。他にも、ちょっと怒ったらふてくされて仕事をしなくなるとか、ひどいと平気で辞表を叩きつけたりするのだという。そんな命令慣れしていない部下に仕事を頼むときは、「命令」よりも「確認」するほうが、反発もなく素直に動いてくれるのだという。

好感度アップ!

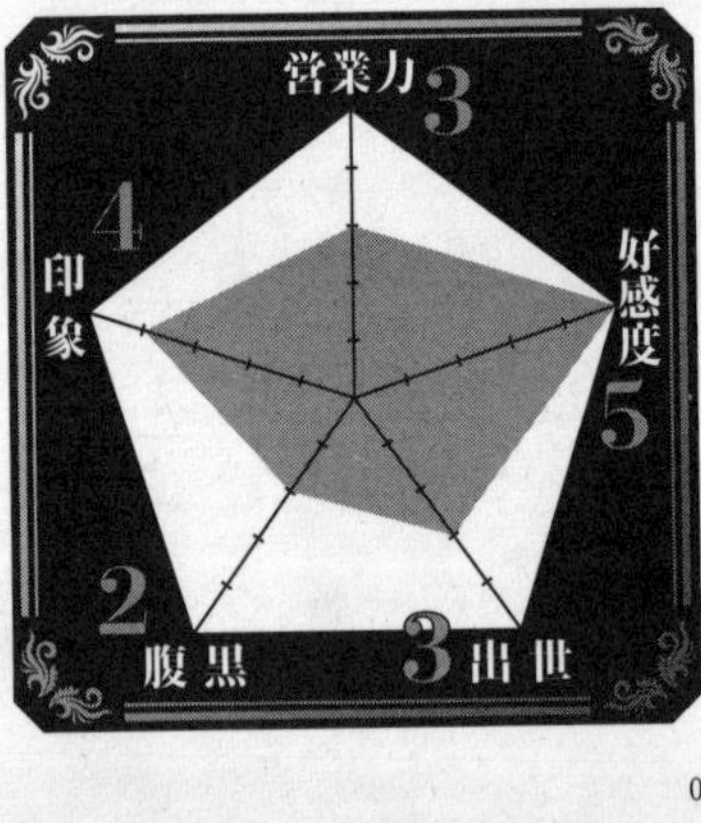

例えば、「明日までに例の企画書を仕上げるんだぞ！」と命令するのではなく、「明日までに例の企画書は仕上がるよな？」と確認してみるのだ。わずかな言葉の違いではあるが、言われた方にはかなり印象が柔らかく伝わるはずだ。

人は誰しも、自分を大切にしてくれる人の意見を快く受け入れるものだ。仕事ひとつとってみても、「こんな仕事さっさと終わらせろ！」と命令するのではなく、「これくらい、君ならすぐにできるだろう？」と言った方が、相手にとっても自身の重要感が満たされ、「ああ言ってくれているのだからがんばろう！」という気になるものだ。

また、命令よりも確認する上司は第三者から尊敬されることも多い。上司が部下に命令している光景はそこかしこで見かけるが、部下と対等の目線に立って確認や提案をしていれば「きちんと部下の意見も尊重するなんて」と周りの人は感心するものだ。

ただ、あまりしつこく確認を繰り返していると、うざったい過干渉な上司になってしまうので注意が必要だ。

悪魔の名言　命令して部下を動かすのではなく、確認して誘導せよ

上司が期待をかけると部下はできる奴になる

心を操るキーワード

ピグマリオン効果

世間でよく言われている「いい上司」「理想の上司」というのは具体的にはどんな人なのだろうか。仕事ができる、尊敬できるなど、いろいろあるが、部下のモチベーションを高めることができる上司は「いい上司」と言える。

つまり、部下に自分は期待されていると思わせることができる上司のことだ。人は期待されるとその期待に応えようとするものだ。これは

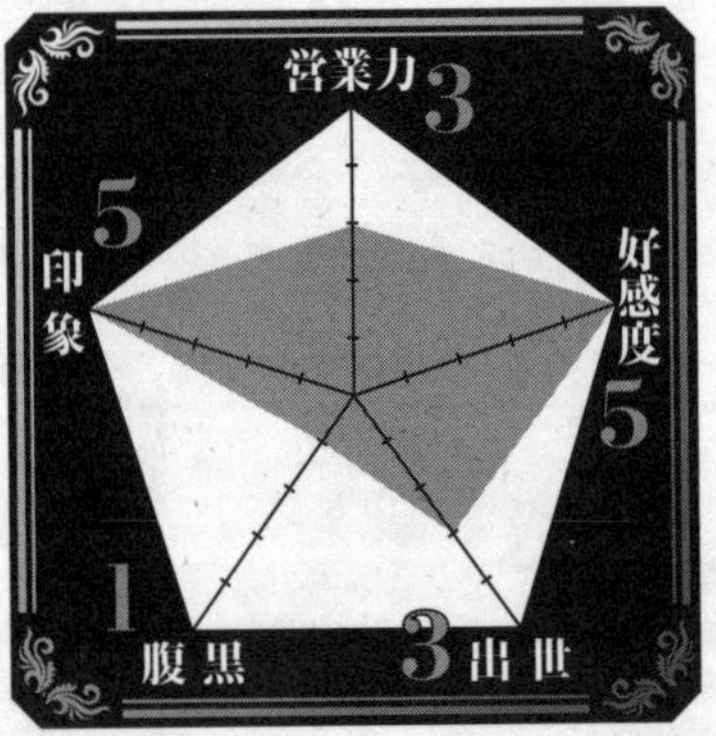

「ピグマリオン効果」といい、アメリカの心理学者、ローゼンタールによって付けられた心理用語である。

部下にとってなによりうれしいのは、期待されていることを感じたり、褒められたりするとき。「やる気を出せ！」とハッパをかけるのではなく、「期待しているよ」と言葉をかけるのも、モチベーションを高める方法である。

人との付き合いの基本はやはり信頼。部下に「この人の下で仕事ができてよかった」と思わせることができたら、あなたも立派な「いい上司」の仲間入りである。

悪魔の名言
期待していることを伝えれば部下のモチベーションは上がる

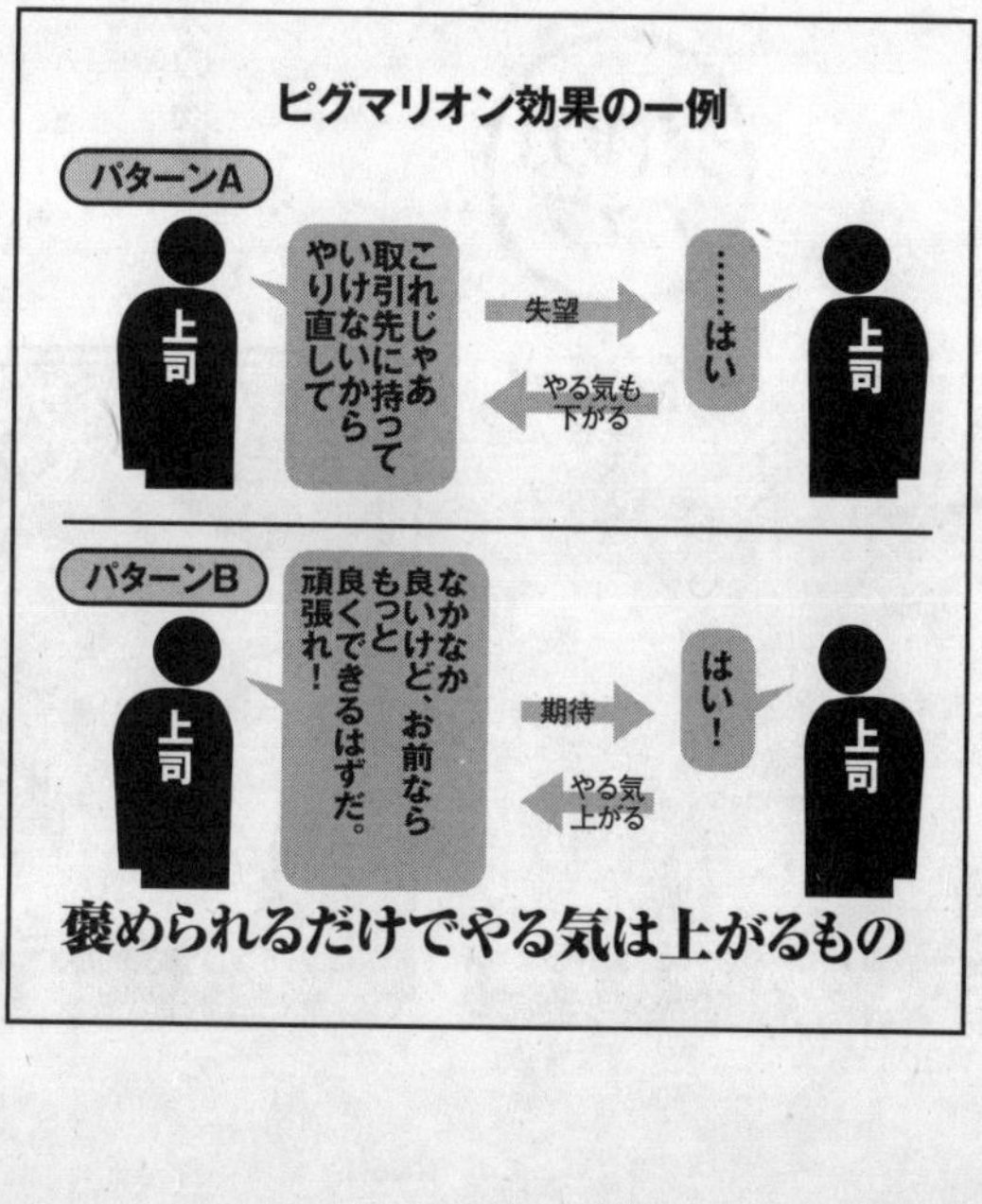
ピグマリオン効果の一例
パターンA
上司
これじゃあ取引先に持っていけないからやり直して
失望
やる気も下がる
……はい
上司
パターンB
上司
なかなか良いけど、お前ならもっと良くできるはずだ。頑張れ！
期待
やる気上がる
はい！
上司
褒められるだけでやる気は上がるもの

1回の結果をホメるより努力している姿勢をホメろ

心を操るキーワード　**プロセスの価値**

面と向かって人をホメるということに気恥ずかしさを感じる人は多いだろう。その結果、なかなか人をホメることができずに、ホメ下手になってはいないだろうか。ここではワシントン大学の心理学者、フランク・スモールが行った実験をもとに、効果的なホメ方を紹介しよう。

リトルリーグの子どもたちを8人のコーチが指導し、シーズン終了後の試合の勝率を測定

交渉力アップ

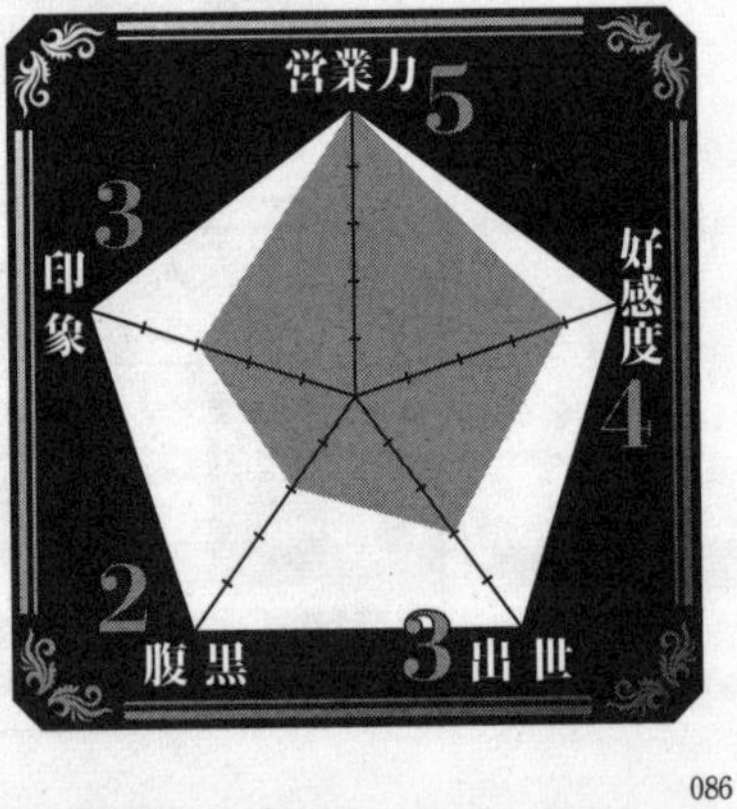

した。子どもたちの努力をホメつつ指導したコーチのチームは勝率が52.2％だった。これに対し、ホメずに指導するコーチのチームでは勝率が46.2％にとどまった。しかも努力をホメられた子どもたちは「野球が楽しく、コーチが好きで、自分に自信がある」と答えたのだ。

ポイントは結果をホメるのではなく、「努力」をホメることだ。結果が出てからホメるのではホメられる回数が限られてしまうが、努力している姿をホメるのであれば、何回でもホメられるのだ。

職場でも仕事の結果をホメず、その人の結果に至るまでのプロセスや努力をホメよう。これならどんなに成績の悪い部下でも、なにかしらはホメるところが出てくるし、何度でもホメることができる。

また、特に努力をしていない部下でも「がんばってるな」とホメることで、本人に「ああ言われてるのだからがんばらなくては！」と、やる気を起こさせる効果もあるのだ。

とはいえ、相手もホメられ慣れてないと「そんなことないですよ」と謙遜されることもあるだろうが、「でもやっぱりこれはすごいことだよ」とゴリ押しでもう一度ホメておけばいい。ホメられてイヤな気になる人はいないのだから、どんどん努力をホメてあげればいいのだ。

悪魔の名言

努力をホメれば「誰にでも」「いつでも」ホメることができる！

話に例えを取り入れると相手の理解が早くなる

心を操るキーワード

サンプルの効果

プレゼンや営業などで、相手にしっかりと伝えているはずなのにいまいち耳に届いてないような気がする、どうも相手が理解してない気がする、と不安になったことはないだろうか。

正しい情報、伝えたいことを言っているからといって、それが聞き手に受け入れられなくては不十分であると言わざるを得ない。とにかく相手に「わかった気」になってもらうためには、

交渉力アップ

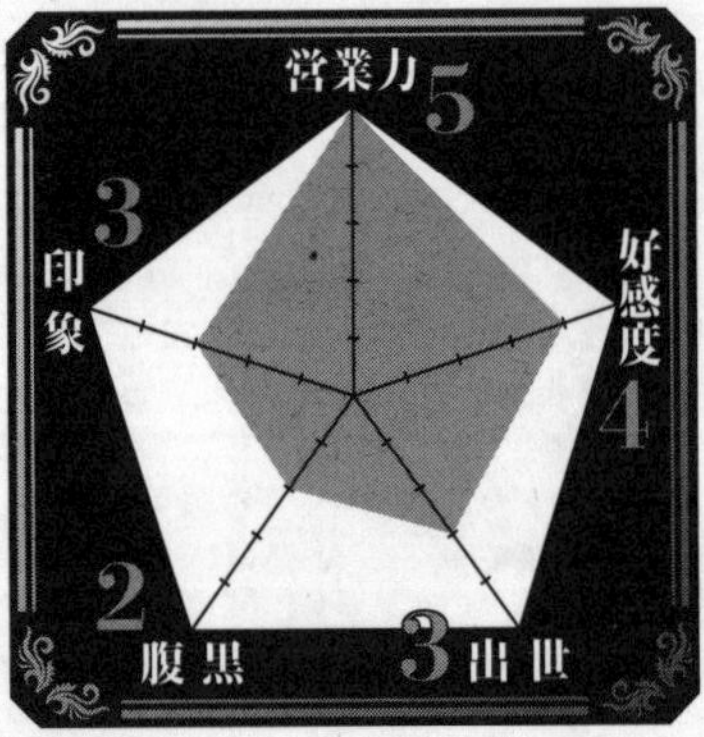

例えを用いるといいだろう。

例えば、今年の10月にノーベル医学生理学賞を受賞した山中伸弥教授が研究している「iPS細胞」も、ニュースでは一般的に「万能細胞」と呼んでいる。「iPS細胞」では伝わりにくかったことも、「万能細胞」と例えることで相手をわかった気にさせ、理解を早めるのだ。

イリノイ州立大学の心理学者、ジェームズ・マクロスキーは、ある講演を録音したテープを528名の被験者に聞かせた。用意されたテープは2種類でどちらも同じテーマのものだが、一方は例えを多く使い、もう一方は例えを使わずに語られた講演だった。すると、前者の方がその内容を受け入れやすいことがわかった。

この結果からもわかるように、例えを使いこなすことができれば、相手の理解がよりいっそう深くなるのだ。そのためには話の途中で「例えばさ」と具体例を挙げるようにすればいい。また、比喩も有効な手段だ。「要するに○○のことで」「まるで○○のように」など、物事を言い換える習慣をつけるのもいいだろう。言い換えることで、普通の説明よりずっとわかりやすくなるはずだ。

悪魔の名言　例え話だと伝わりやすくなる

うつっぽい部下に「がんばれ」は厳禁

心を操るキーワード　**うつの対処法**

ストレス社会の現代日本ではうつの患者が増えており、「うつ100万人」という言葉も存在するくらい、うつは身近な病になっている。

うつは心の病だからといって、元気を出してもらおうと「がんばれ！」と本人を応援したりするのは逆効果である。症状が悪化したり、自殺の引き金にもなりかねないので、応援だけは絶対に避けるべきである。

交渉力アップ

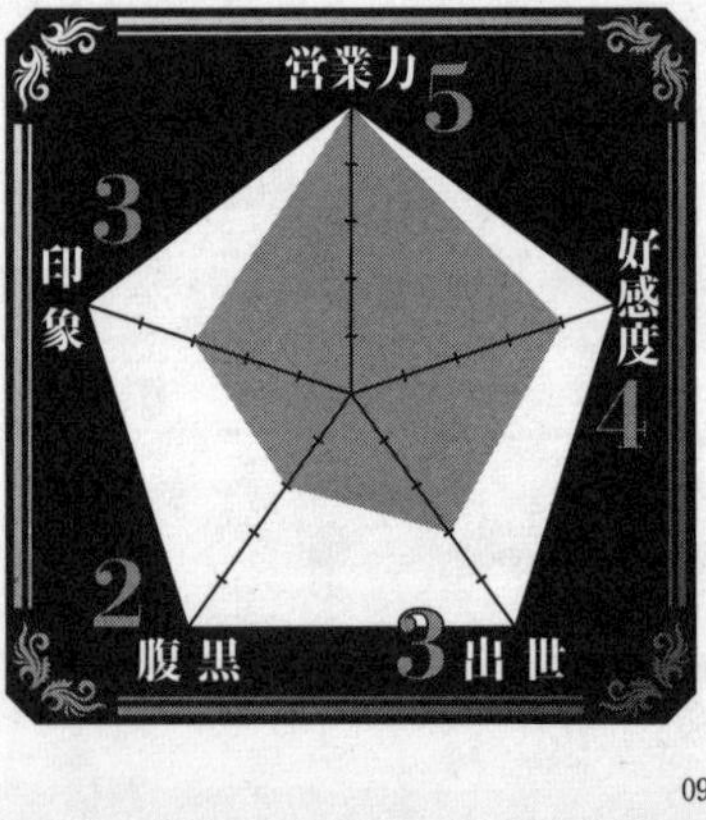

ではなぜ、うつの人に「がんばれ」と応援するのは禁句なのか。それは本人の性格が大きく関わってくる。そもそもうつになりやすい人は努力家が多い。その努力家が極限まで追い詰められてうつになっているのだから、応援された本人にしてみれば「がんばれ」という何気ない一言ですら、「お前の努力はまだ足りない」と言われているのに等しい。ここは応援したい気持ちをぐっと堪えて、温かく見守りながらたまに愚痴を聞いてあげたり、ゆっくり休養をとらせたりするのが、周囲ができる最善策なのである。

また近年は、うつよりも症状の軽い「軽度うつ病」の患者も増えている。軽度のうつとはいえ、薬を飲んで2～3日ゆっくりしていれば治るという単純なものではないので、甘く見てはいけない。そしてなかなか治らないからといって、本人を責めたりすることはもっと良くないことである。

いずれにしても、うつになるまでひとりで仕事と向き合ってきた努力家である。これまでがんばってきたのだから、と快く休ませてあげるのが肝要だ。復帰してからもしばらくは、あまりがんばらせないよう、見守っていく配慮も忘れてはならないことである。

悪魔の名言

善意で応援したつもりでも、知らずに追い詰めていることがある

細部をリアルに語ることで相手は勝手に信頼してくれる

心を操るキーワード

具体性の力

どんなに耳触りのいい言葉を並べてプレゼンしたところで、なんの具体例もなく信ぴょう性も感じられなければ、それはいいプレゼンとはいえない。逆に、話を盛ったプレゼンでも、具体例満載でもっともらしく語れば、相手はそのプレゼンに真実味を見出してしまうものだ。

暗示コミュニケーションには、「詳細に語れ」という法則がある。できるだけ具体的に、すぐ

交渉力アップ

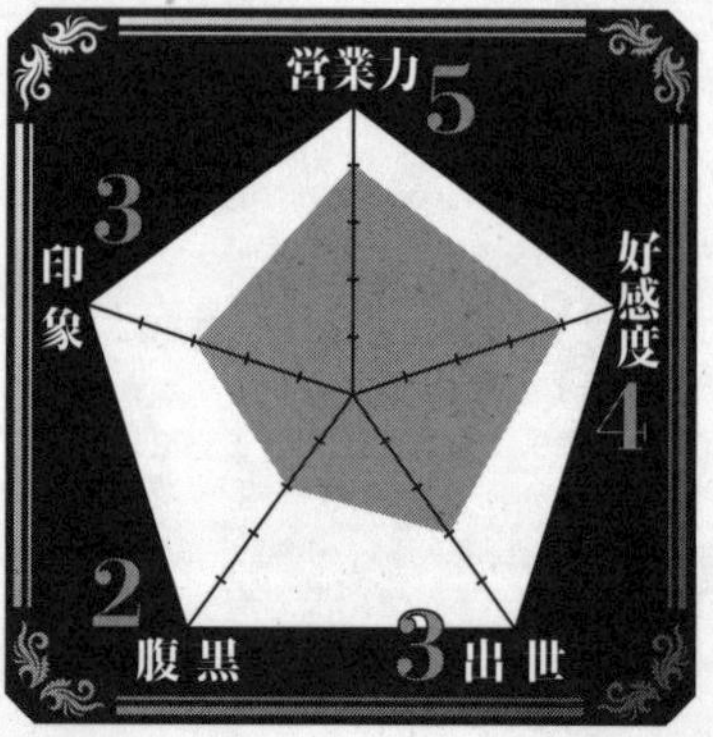

頭にイメージが浮かぶような話をすればするほど聞き手は暗示にかかって、言うことを聞いてくれやすくなるのだ。

ワシントン大学の心理学者、ブラッド・ベルは、詳しく話をすると信ぴょう性が32％も高まることを実験によって確認している。詳しく、具体例を織り交ぜて話をしていると、「この人の言っていることは本当に違いない」と思わせることも簡単なのだという。

例えば、取引先へのプレゼンで「私が担当すれば利益が上げられます」とアピールしたところで、あまりにも漠然としすぎていて説得力がなく、大して高い評価は受けないものだ。しかし、「以前、バイヤーの仕事をしていてその業界と流行には詳しいです。それを今回のプロジェクトに活かせば、利益を30％上げる商品を20点は買い付けてこれます」と述べたらどうか。自分ができることについて詳しく語った結果、はるかに説得力が生まれる。

どんな話でも、それが言い過ぎていても、具体例を出して詳しく語れば語るほど「信頼できる話なのだな」と暗示をかけることができるのだ。

悪魔の名言

相手を落とすには具体例が必要

失敗をアピールして評価を逆転させる方法

心を操るキーワード

失態の魅力

多かれ少なかれ、人間というものは誰しも失敗する。ここで肝心なのは、失敗したときにどう「アピール」するか、ということである。失敗したとき、全身で悲壮感を演出し、実に申し訳なさそうに「すみません……」と謝るだけでは不十分と言わざるを得ない。見事な負けっぷりを見せつけることが大切なのだ。では、見事な負けっぷりとはどういうものなのだろうか。

交渉力アップ

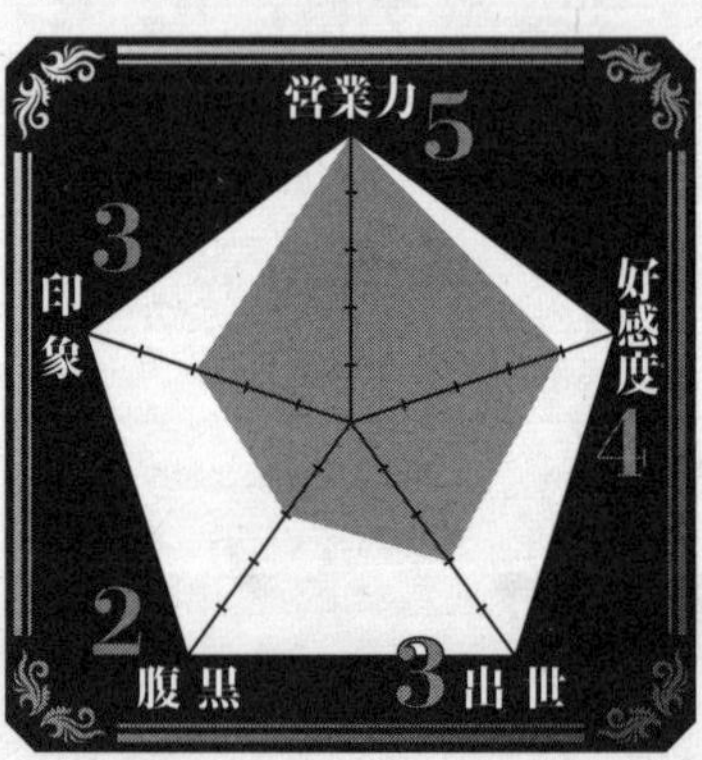

ミスタープロ野球、長嶋茂雄は堅実なミート打法でヒットを飛ばす一方、豪快な空振りでヘルメットをふっ飛ばして客を沸かせたのだ。普段から客を魅了することを前提にマウンドに立ち、空振りだろうが負けようが、球場に足を運んだファンを楽しませようと、わざわざアメリカから取り寄せた楕円形のヘルメットをかぶり、豪快に飛ばす練習をしていたという。

これをビジネスにも当てはめることができる。失敗したときこそチャンスだと、自分の負けっぷりをアピールして、評価を逆転させることも重要な心理的作戦である。契約できなかった、契約が切れた、そんなときこそ、取引先の社長に直談判してみるのだ。当然断られるが、ここでは当たって砕けることで、社長をはじめ周囲の人に自分の存在を知らしめれば目的達成である。

特に若いうちは、自分の存在感や将来性を垣間見せることができるような、伝説の失敗をひとつくらい作っておくのがいいだろう。

悪魔の名言

失敗こそエンターテインメント。伝説の失敗で自分の魅力を引き上げろ！

直接叱りづらい相手は、第三者経由で叱れ

心を操るキーワード

間接暗示話法

交渉力アップ

重大なミスをしたＡ君にガツンと言いたいが、Ａ君は気が弱く、面と向かって叱り飛ばしたら、落ち込んで仕事が手につかなくなるかもしれない。だが、同じミスを繰り返さないためにも、ここでガツンと言っておきたい、としゅんじゅんしたことのある人も多いだろう。

そんなときは、無関係のＢ君を叱ってみるのである。なんとも理不尽だと感じるかもしれ

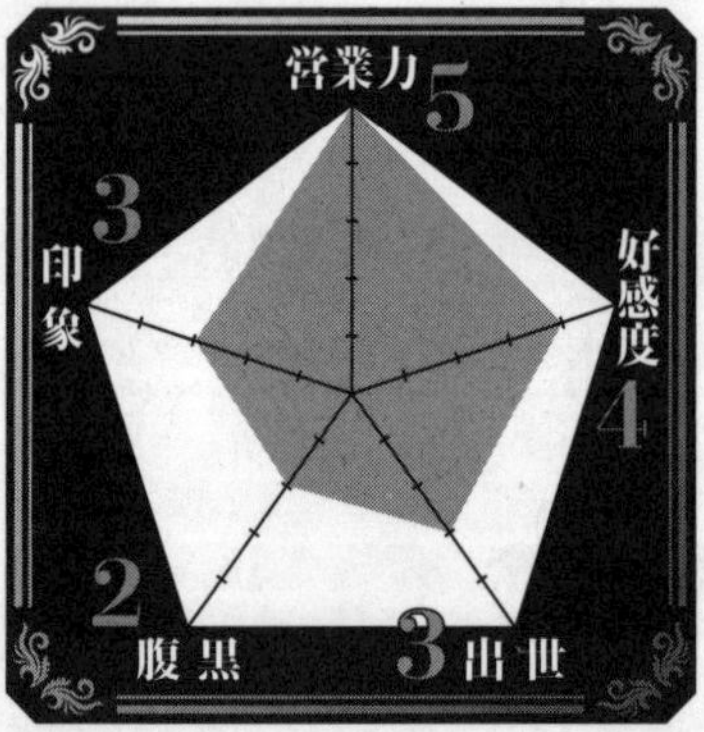

ないが、「間接暗示話法」と呼ばれるれっきとした心理学的手法なのである。つまり、第三者であるＢ君を経由して、ターゲットであるＡ君の心を動かすというものだ。

もしあなたが嫌いな人から叱られたら、それが正論だとしても、少なからず反発するだろう。しかし、第三者経由で怒りを伝えられると、直接自分に来ない分、それほど反発せず素直に受け入れられるというメリットもあるのだ。

しかし、何でもかんでも間接的に行っていては、全然効果がなくなってしまう場合もあるので注意されたい。

悪魔の名言

第三者経由で叱ると相手の心を動かせる

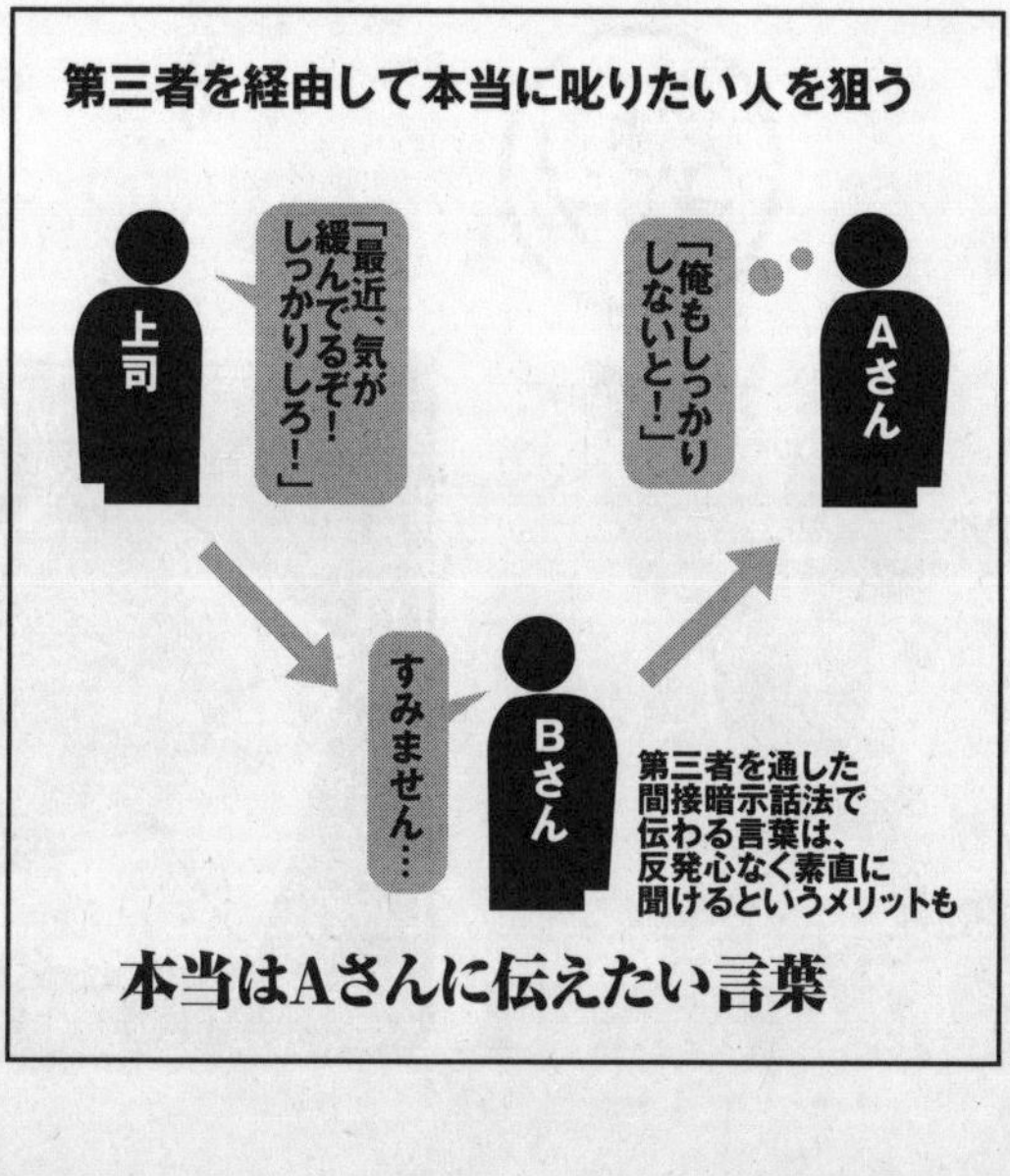
第三者を経由して本当に叱りたい人を狙う
上司
「最近、気が緩んでるぞ！しっかりしろ！」
Aさん
「俺もしっかりしないと！」
Bさん
すみません…
第三者を通した間接暗示話法で伝わる言葉は、反発心なく素直に聞けるというメリットも
本当はAさんに伝えたい言葉

相手のメンツをつぶさずに、先送りにすると角が立たない

心を操るキーワード
反論の先送り

人は誰しも、特に上司という生き物は「口答え」されるのが好きではない。そして、あなたも他人から意見を聞かれたりしたときは、頭から否定したり反論してはいけない。

他人に反論することは、自分ではそんなつもりがなくても、相手をバカにしているというメッセージを暗示してしまう。反対しているのは相手の意見に対してなのだが、相手は「自分

交渉力アップ

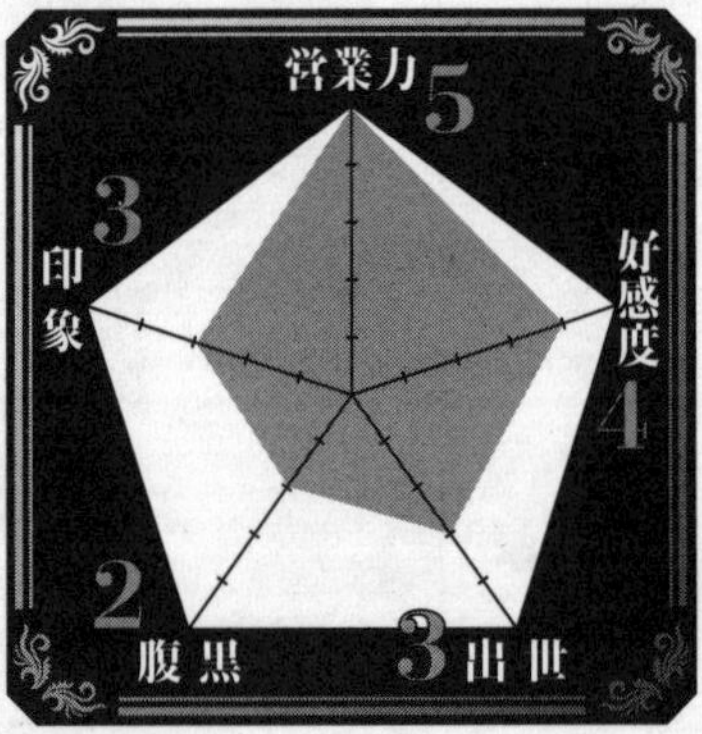

自身」を否定されているように感じてしまうのだ。

相手の意見に反論したいときは、やんわりと伝えることが鉄則。つまり、反論だと感じさせないようにうまく偽装するのだ。

例えば、あなたの上司が成功の見込みのない企画を立てたとする。当然、あなたは反論したい。そんなときに便利な言葉が「少し様子を見ませんか？」だ。相手の意見を肯定しつつも、今は時期が悪い、もう少し待ちましょうというスタンスでいると角が立たず、相手もすべてを否定されたわけではないから、まぁ少しくらい待ってもいいか、と余裕が生まれるのである。あなたが反論すればするほど相手は意固地になるのは明白。相手の意見を受け入れつつ、先送りを提案するほうがスマートだ。

無謀な上司の計画を見事先送りできて安心したのも束の間、1ヶ月後に「そろそろあの企画を始めてもいい時期じゃないか？」と言われたらどうするのか。そのときもまた、「あれからどんどん状況も動いてますからねぇ～。もう少し待つのが妥当かと……」とかわせばいい。相手の気が変わって、企画がお蔵入りになるまで、タイミングや時期を理由に先送りし続ければいいのだ。

悪魔の名言

上司に口答えはNG。先送りにして口説け

「忘れてくれ」と言ったら逆に記憶に残る

心を操るキーワード

リラックスの効力

部下がミスをしたときに「今回は仕方ないが、次はミスしないようにがんばれ」と上司が励ます光景をよく見かけるが、そうやってハッパをかけられても、たいていの部下は同じミスを繰り返してしまうものだ。

そんなときには「失敗してもいい。どんどん失敗して成長してくれ」と励ますといい。この方が部下は肩の力を抜いて仕事をしてくれる。

出世間違いなし!

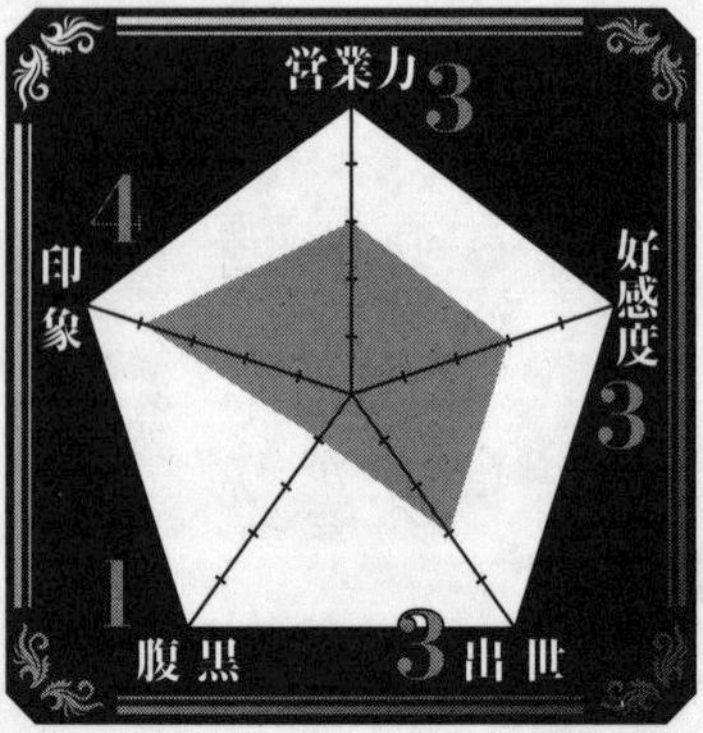

ディーメン・カレッジの心理学者、R・シンバロが、大学生に60の単語を記憶させるという実験をした。シンバロは半分の学生に向かって「忘れてくれていいから」と声をかけておいた。記憶の実験だからといって、ムキにならなくていいと念を押したのだ。残りの半分の学生には「きちんと覚えるように」とプレッシャーをかけた。すると、「きちんと覚えるように」と言われたグループの記憶した割合が60.6%に対して、「忘れてくれていい」と言われたグループが64.8%と、逆説的だが「忘れてくれていい」と言われた方がはるかに単語を記憶できることが判明した。

このように、部下を励ますときには「次はがんばれ」などとプレッシャーを与えるよりも、「何度でも失敗していいぞ」とリラックスさせるといいのだ。

部下になにか伝えたい、理解させたい、というときには「絶対に忘れるなよ」というのではなく、「まぁ、忘れてくれてもいいんだけど」くらいのラフさをもって伝える方が効果的だろう。

人間のやることに完璧なことはなく、成功することよりも失敗することの方が圧倒的に多いのだから、部下の肩の力を抜くためにも、プレッシャーを与えるだけではダメなのである。

悪魔の名言

ミスした部下には「失敗して成長してくれ」が効果大

少しは手抜きしろ 完璧な上司ほど嫌われる

心を操るキーワード 手抜きの意味

交渉力アップ

上司への気配りも部下の面倒見も十分、前向きな性格でチャレンジ精神も旺盛、奇抜な企画を通し成功させる……こういったできすぎた完璧人間は少なからず存在するが、実際に彼らを目の当たりにすると、周囲の人間から負の感情を集め、嫌われる傾向が高いのである。

周囲の人間は彼らを見て、自分もなにかしらの努力はするだろう。しかし「あれだけバリバ

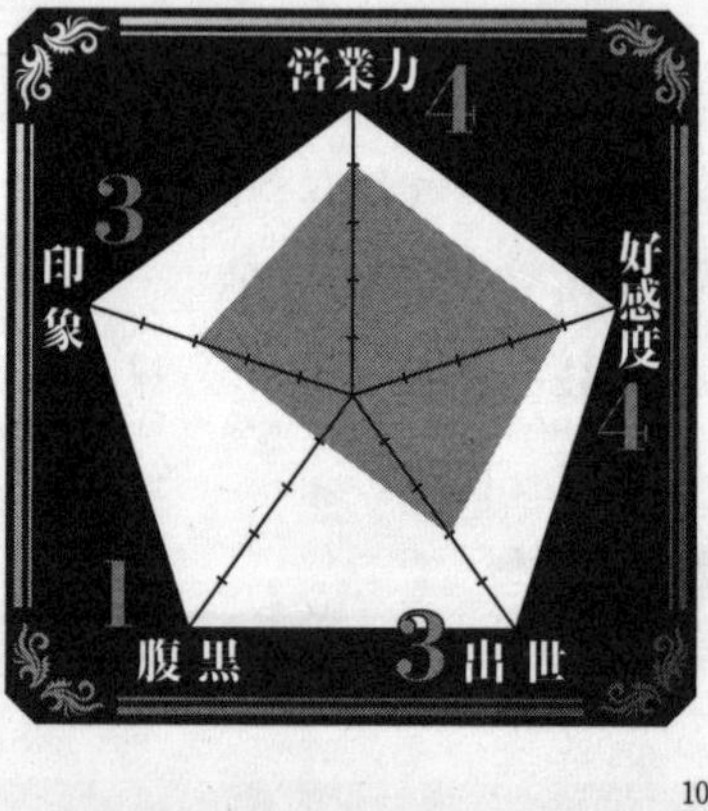

り仕事をやられたら自分もやらなきゃならない」、「自分の仕事は終わったけど、彼がまだがんばってるから先に帰るわけにはいかない」と、ストレスを感じてしまう場合もあるのだ。その結果、「できれば手を抜きたいけど完璧な彼は見逃してくれない」などと、心中で嫌ってしまうのだ。

誰からも嫌われずとにかく平穏無事にそこその仕事を好むのが凡人である。しかし、その凡人こそ真の上司とも言えるのだ。

確かにドラマやマンガの世界では、理想の上司像といえば完璧人間タイプだ。しかし、現実とドラマは違う。特に人から嫌われるわけでもなく、部署内にもピリピリした緊張感もさほどない。「時にはサボりや手抜きも必要！」と豪快に笑える上司が、現実の「愛される上司」というわけだ。

人にストレスを与えようが、陰口を叩かれようが、パーフェクトに仕事を遂行できるのが完璧人間だ。他人の目が少しでも気になるのなら、完璧は目指さずに平凡なままでも構わないだろう。

大勢の他人が集まり、結果を出さなければならない会社という組織では、完璧人間よりも平凡人間である方が、上司も部下もストレスを感じずに働けるのである。

悪魔の名言

完璧な上司は周りにとってはストレス！平凡がイチバン

多忙なときに違うことをする人はプライドの高い負けず嫌い

心を操るキーワード　自尊心の心理

交渉力アップ

チームで抱えている仕事の期限が刻一刻と近づいている。間に合うかと焦りながら懸命に仕事を続けている横で、なぜか別の資料の整理を始める上司に、翌日の会議のレジメに目を通している後輩……。この忙しいときになにやってるんだ、と言ってしまいたくなるような人に出会ったことはないだろうか。時間がないのに関係ないことを始めてしまう人は一見、図太い神

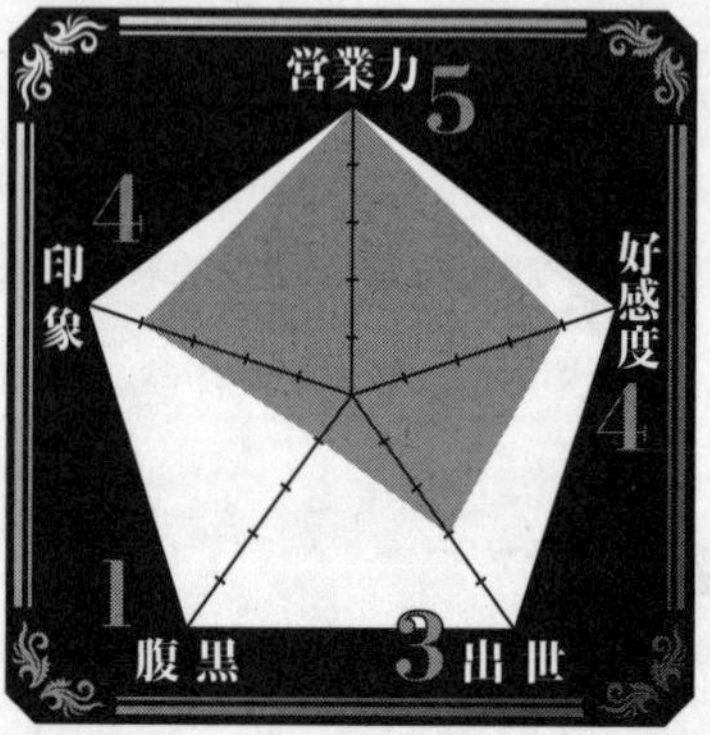

経の持ち主に感じるが実は逆で、繊細でありガラスの心の持ち主なのだ。

　追い詰められたときほど別のことをしてしまう。この現象を心理学では「セルフ・ハンディキャッピング」という。つまり、「気分転換に掃除をしたら締切に間に合わなくなった」、「別の案件と同時進行でやってたら期日を過ぎてしまった」など、わざと不利な状況を作り出し、あらかじめ言い訳を用意することだ。こうして「しょうがない」と自分を納得させ、プライドが傷つくことを回避するのだ。

　忙しいときほど別のことをしている人を見かけたら「プライドが高くて傷つきやすいタイプなんだな」と認識しておくことで、そのあとの被害を最小化することができる。

　あまりにも目に余るのであれば一言注意が必要だが、セルフ・ハンディキャッピングはもともと、心理的防衛システムの一種であるから、さらにプレッシャーをかける言い方ではなく、極力優しい口ぶりで角の立たない言い方を心がけるのがいいだろう。

　もし上司がこのタイプなら、「わかっててやっている」部分が大いにあるので、あまり気にせずそっとしておくのがベストであろう。

悪魔の名言

時間がないときに限って別のことをしてしまう人は、繊細でプライドの高い人！

COLUMN

ワンポイント

礼儀作法の現代

昨今は礼儀があまり重んじられない時代になった。自由な思想を良しとし始めた団塊の世代が親となり、今や孫を持つ世代になったのだ。

その子どもたちもすでに親となり、上司となる頃合い。故にあまり礼儀作法にうるさい上司も少なくなってきたようである。

しかし、一方で「ゆとり世代」と言われる自由な選択を良しとする考えの反動によって生まれた問題を抱えた世代も生まれた。彼らは、与えられたものに従事するというのではなく、自己選択の自由という考え方によって生きている傾向にある。この考え方には良し悪しがあり、問題がある点もある。

それまでの、ある意味の押しつけ教育によって育ってきた世代は「役立つかわからないものでも言われたらやらなければならない」という考えが染み付いている。だから、割と厳しく理不尽な環境にも胆力を持っていたりするが、ゆとり世代は自分で選択することを良しとしているので、意味のないことをやらなければならないとは考えられない。

「ゆとり世代」がゆるいと考えられるのはそのためだ。しかし、逆に彼らは理由さえ認知すれば積極的に動くことができる。若い世代にはきちんとした理由を説明しなければいけないのだ。逆に前者は、与えられないと何もできない傾向にあったりもするので一概にどちらが良いとは言えないのだ。

深層心理を見破る心理テスト 会社編

問題1

畑を荒らしていた凶暴なサルを捕まえました。助けが来るまでサルを縛っておかなければなりません。どのように縛りますか？

A 簡単な方法	B とにかく強く縛る
C 効果的な縛り方	D 手足をしっかり縛る

あなたの緊急対応能力がわかります。

あなたの緊急時の対応能力がわかるテストです。サルの縛り方で、急な事態へどのように対処するかがわかります。

A 簡単な方法 対応力 なし

簡単な方法で縛るあなたは、緊急時に落ち着いてしっかり対応することが困難になります。常に冷静な対応をするよう心がけましょう。

B とにかく強く縛る 対応力 全然なし

とにかく強く縛るというあなたは、何かと力んでしまって失敗するタイプです。物事は勢いだけでは解決しません。落ち着いて1つずつ対応しましょう。

C 効果的な縛り方 対応力 まぁまぁ

効果的な縛り方をするあなたは、適度な緊急対応力があります。頼りになる人として人気を集めるでしょう。

D 手足をしっかり縛る 対応力 かなりある

手足をしっかり縛るあなたは、どんな状況においても冷静沈着な人。有事は率先して動くと喜ばれます。

深層心理を見破る心理テスト　会社編

問題2

あなたは、社内イベントのためのお金を管理することになりました。そのお金をどこに隠しますか？

A　デスクの上	B　鍵のない引き出しの中
C　頑丈な金庫	D　あまり使用しない棚の奥

深層心理を見破る心理テスト 会社編

あなたの守秘能力がわかります。

あなたが預かったお金を隠す場所というのは、あなたと他者との信頼関係の度合いを示します。あなたがどれだけ秘密を守れるかわかります。

A デスクの上 守秘能力 0％

デスクの上を選んだあなたは、守秘能力がまったくありません。すぐに秘密をバラしてしまうタイプです。少しは自制するよう気をつけましょう。

B 鍵のない引き出しの中 守秘能力 40％

鍵のない引き出しはそれなりに隠そうという意思があることを示します。しかし、人から問いつめられると秘密をバラしてしまうタイプ。口は堅く結ぶ癖をつけましょう。

C 頑丈な金庫 守秘能力 100％

頑丈な金庫はそう簡単に開けられるものではありません。守秘能力はかなりある、口の固い人だと思われます。上司や部下にとっても印象に良いタイプです。

D あまり使用しない棚の奥 守秘能力 80％

ノーマルな守秘能力があります。誰かに言うなと言われたことは簡単には言いません。でも、何かのはずみで強制されたらバラしてしまうことも。

深層心理を見破る心理テスト 会社編

問題3

夢の中に机が現れました。その机の上がどんな状態か次の中から選んでください。

A 使ったものが出しっぱなし	B 机の上には何もない
C 必要なものがいくつかある	D よく見たら机ではない

あなたの不満度がわかります。

机の上の片付けられないものは、あなたの不満を表しています。不満が多い人は、社内でも良くない態度をとってしまいます。

A 使ったものが出しっぱなし 不満全開

机のものが出しっ放しに感じたなたは、非常に多くの不満を抱えています。その不満は自分が原因のこともあります。よく自問した反芻しましょう。

B 机の上には何もない 不満なし

机の上に何もない人はほとんど不満がありません。円滑な社会生活がおくれているといえます。今まで通り人生を邁進してください。

C 必要なものがいくつかある やや不満あり

必要なものがいくつかあるというタイプは、やはり不満も少しはあるようです。嫌なことにはあまりくよくよせず、前向きに生きていきましょう。

D よく見たら机ではない 不満を吐き出せない

よく見たら机ではなかったという人は、不満があってもどこにも吐き出すところがないタイプです。我慢しすぎるとよくないことも多いです。

第三章

見た目・印象のトリック操作

数値の見せ方ひとつで人は簡単に騙されてしまうのだ！

心を操るキーワード

数値の変換

パーセンテージや人数など具体的なデータを使うと効果的なことはすでに第一章で述べた通りだが、その数字をより効果的に見せる方法がある。それは数値をなるべく大きく見せること。

例えば1000mlと1ℓでは、1000mlの方がなんとなく数量が多いようなイメージがする。実際は同じ値でも見せ方を変えるだけで、これだけ印象も変化するのである。

イメージ操作

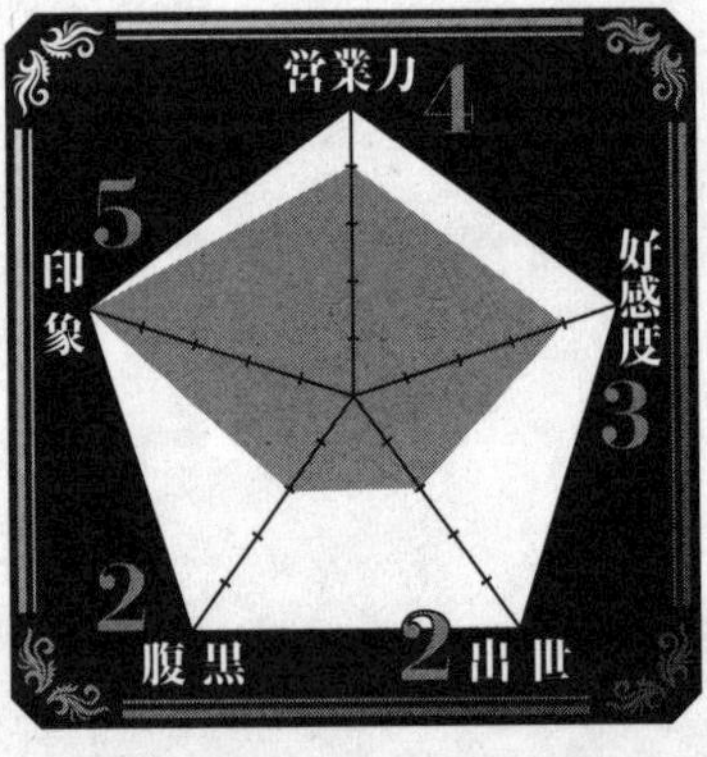

よく飲み物や食品のキャッチコピーで「レモン１００個分のビタミンＣ」と銘打っていることがあるが、通常レモン1個分のビタミンＣは約20㎎で換算している。そして実はアセロラに含まれるビタミンＣは１００ｇ中に１７００㎎と約90倍もの差がある。もし１００個分のレモンをアセロラで換算してしまうと２００ｇ分ということになる。レモン１００個とアセロラ２００ｇだと、どう考えてもレモン１００個の方が大量に感じる。

同じように食物繊維だとレタス～個分という表現を使うが、実はレタスは食物繊維を含む野菜としてワーストクラスに食物繊維が少ない。イメージ的には緑の野菜なので、食物繊維をふんだんに含んでいそうだが、実はみせかけなのだ。

これもまた数値とイメージのトリックと言えるだろう。数値の低いものを基準に換算して多く見せるというのも、単位を変えるのと同じくらい効果的なのだ。

単位を小さくすることで、値を大きく見せるという数字のテクニック、有効に利用してほしいものである。

悪魔の名言

数字は小さい単位にして大きな数値を使えば効果あり

何事も最初は大きめに言って下げていけ！

心を操るキーワード　**ギャップの効果**

人の心理というのは面白いもので、普通なら絶対にしないということもギャップによってしてしまう場合がある。「ドア・イン・ザ・フェイステクニック」というのも、まさにギャップを利用した心理操作だ。

例えば商品の販売時、最初に「この商品は定価3万円もするもの」と言われ、その後に「当社は8000円で提供している」と言われた

出世間違いなし！

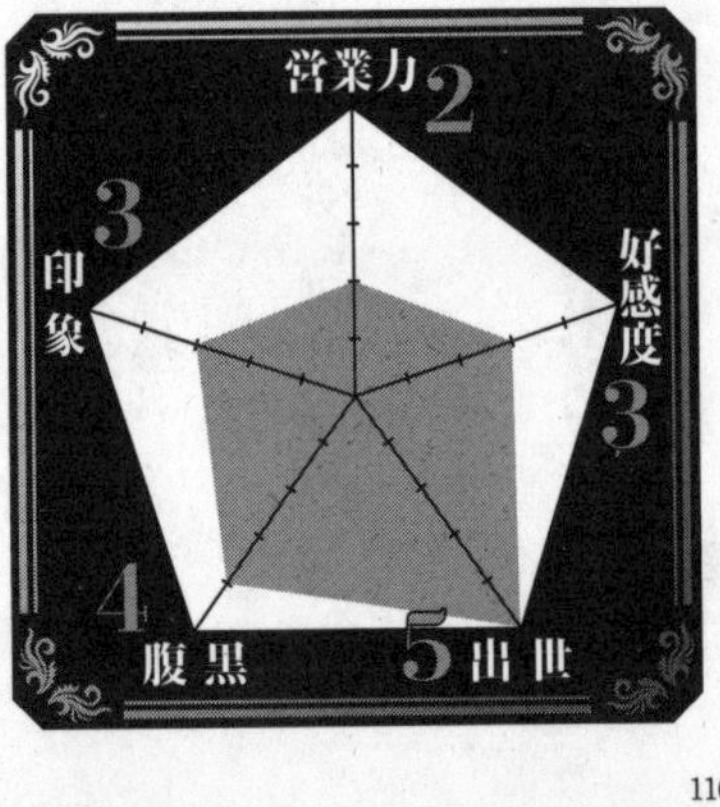

らお得な気がして思わず買ってしまう。

この手法を使われると、わかっていても「だいぶ得するんじゃないか」と思ってしまう不思議な仕掛けになっている。ポイントは最初の交渉のすぐ後に安値の交渉をすること。2回目の交渉が遅れれば遅れるほど効能は薄くなる。

この手法は商売のみならず、人に何かを依頼する時にも有効である。最初に頼みたい量より少し多めの依頼をし、断られたら本来のボリュームで頼むと「そのくらいなら」ということで引き受けてくれる。人に無理な頼み事をする時に便利なテクだ。

悪魔の名言

高めのセールスをしたあとの安値は買いたくなる

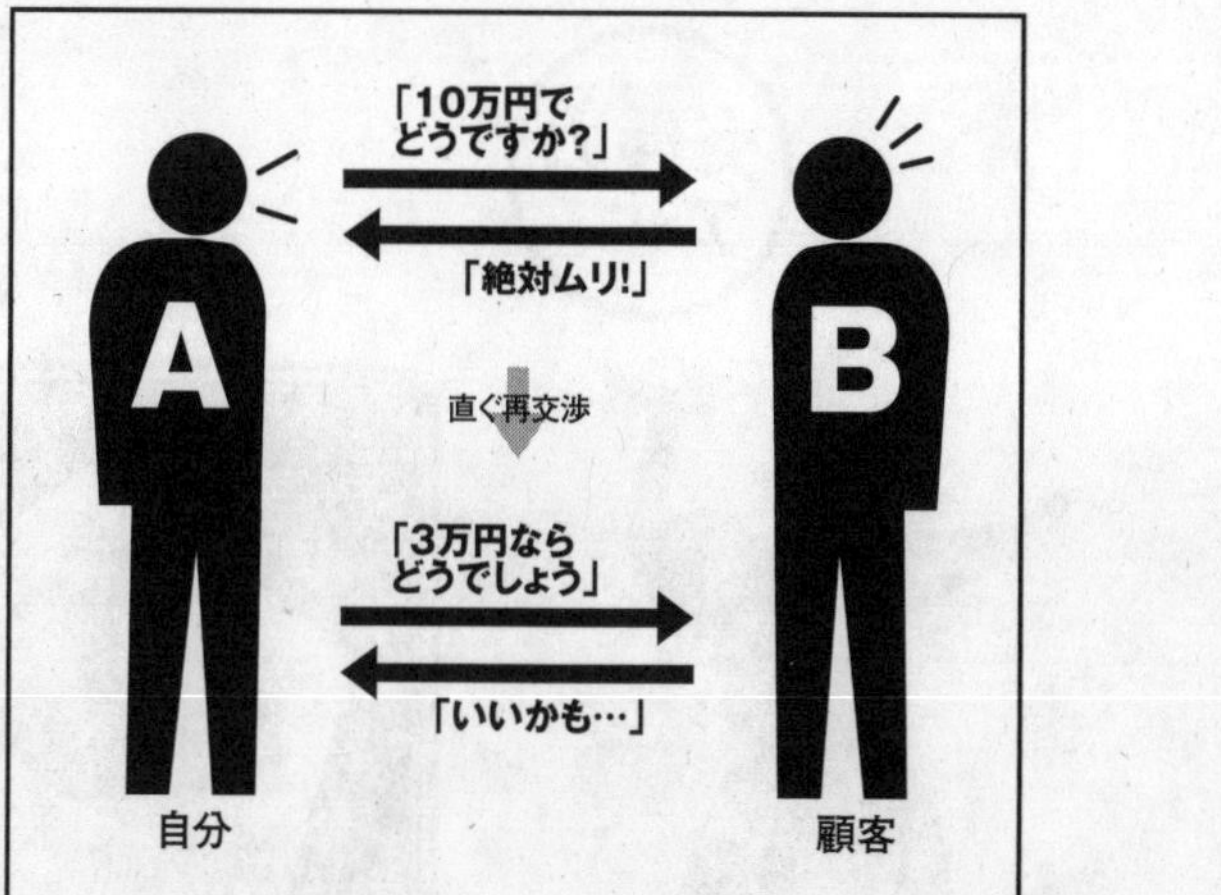
「10万円でどうですか?」
「絶対ムリ!」
A
B
直ぐ再交渉
「3万円ならどうでしょう」
「いいかも…」
自分
顧客

高めから下げられると買ってしまうテク

食・性・金・休
「欲」を絡めると人を惹き付けられる

心を操るキーワード　鉄板の基本欲求

人を惹き付ける魅力的なコンテンツとは何か？　急速に移り変わる流行を常に追いかけ、人より早くキャッチして発信するというのはとても容易ではない。ならば、流行とは関係ないところで探してみてはどうだろうか。

それが「基本欲求」を満たすコンテンツである。食べる・セックス・金を稼ぐ・寝るなど基本欲求はどんな人、どんな時代でも求められる

交渉力アップ

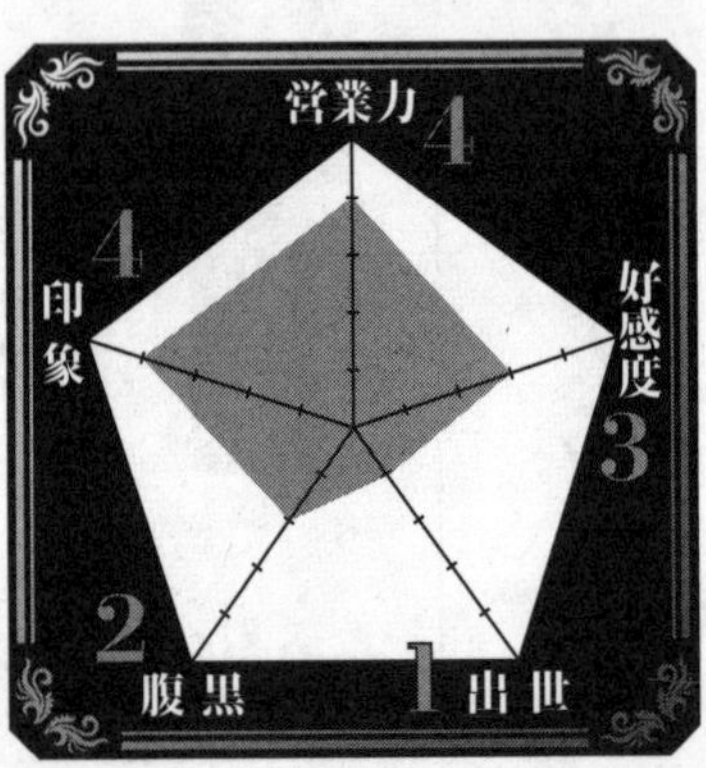

ものである。「グルメ」「美女（イケメン）」「金運」「快眠」「健康」などの言葉を何らかの形で絡めると多くの人が関心を持つ内容になる。

これら日々の生活に欠かせない事柄は、成果が芳しくない時にプラスアルファの要素として効果的だ。金券、健康グッズをサービス、綺麗な女性スタッフを投入など、困った時は基本欲求に基づく何かを付け加えてみるとうまくいく。

逆にこれらの基本欲求をいつの間にかないがしろにしたものは、徐々に消えていってしまっている。

昨今は高齢化やストレスの問題も大きいせいか、健康に関するコンテンツは特に多いように見受けられる。

スピーチの際なども、お金の簡単な儲け方や健康になるためのテクニックや色恋の話などを絡めると飽きずに聞いてくれるという。

人の日々の生活にこれらの欲求は欠かせないもの。毎日ごはんを食べ、お金を稼ぎ、セックスをして、健康のために運動をし、よく寝る。とてもシンプルなことなのだが、忘れがちだ。

悪魔の名言

人間が毎日欲するものをコンテンツに絡めろ！

アゴを20度上げるだけで見た目の好感度アップ

心を操るキーワード

美人効果

カナダのモントリオール、マギル大学のA、マイノルトは、アゴを10度きざみでCGを使って傾かせて変化させせることで印象の変化を検証した。

すると20度で非常に快活で好印象、30度で尊大な表情に見えるというデータを得た。

たったの10度の違いで、全然違った見え方をしてしまうという非常に興味深い結果となっ

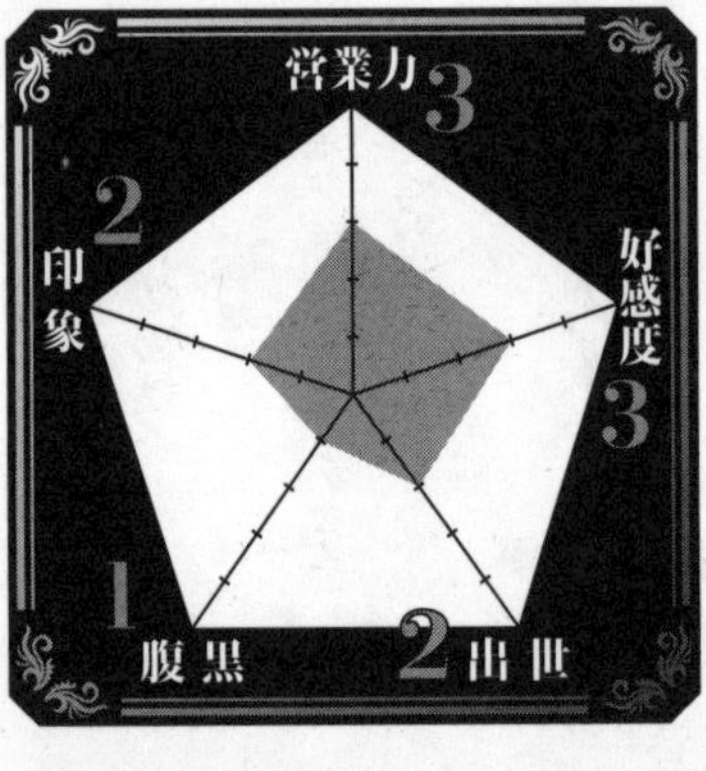

た。自分を元気よく見せたいときは、少しだけアゴを上げるようにしてみよう。それだけで快活に見えるようだ。くれぐれも突き出しすぎて尊大に感じさせないように。

もちろん顔の形によって見え方も違うので、自分の元気に見える表情を、鏡を見て研究してみるのもいいかもしれない。

一般的には45度うつむくとかっこ良く見えるというデータもある。典型的なモデルのプロフィール資料は、大体この45度のうつむきと少し斜に構えた角度が美しく見えるとされている。女性ならば対異性の交渉の時は、少し上目づかい気味の方が男性から好印象。正確に角度を維持するのは、少し不自然かもしれないが、ちょっと顔の角度をつけて自分の良い角度をつくっておくといいだろう。

また、なるべく笑顔を絶やさずにいることも大切。アメリカのある大学の別の実験では、「微笑んでいる人ほど経済的に豊かである」というデータもあるのだ。確かに笑顔が素敵な人は何かと裕福に見えるし、笑顔でいると気分もポジティブに変換されるので、良いこともいっぱいありそうだ。

人と目があったら口角を上げる癖をつけるのもいいだろう。

悪魔の名言

いつでも口角を上げて笑顔をつくる癖をつけろ！

赤は血の気を上げる色、勝負の時は赤パンをはけ！

心を操るキーワード　色の効力

色には心を刺激するさまざまな要素がある。特に「赤」はやる気を起こさせる色だ。ノルアドレナリンは、元気を司る脳内物質で血圧を上げたり、心拍数を上げて元気な覚醒状態を演出する交感神経を刺激する。

　赤はその交感神経を刺激し、アドレナリンを分泌させる働きがあるという。だから疲れて元気が出ないという時は、赤を着ることをおスス

イメージ操作

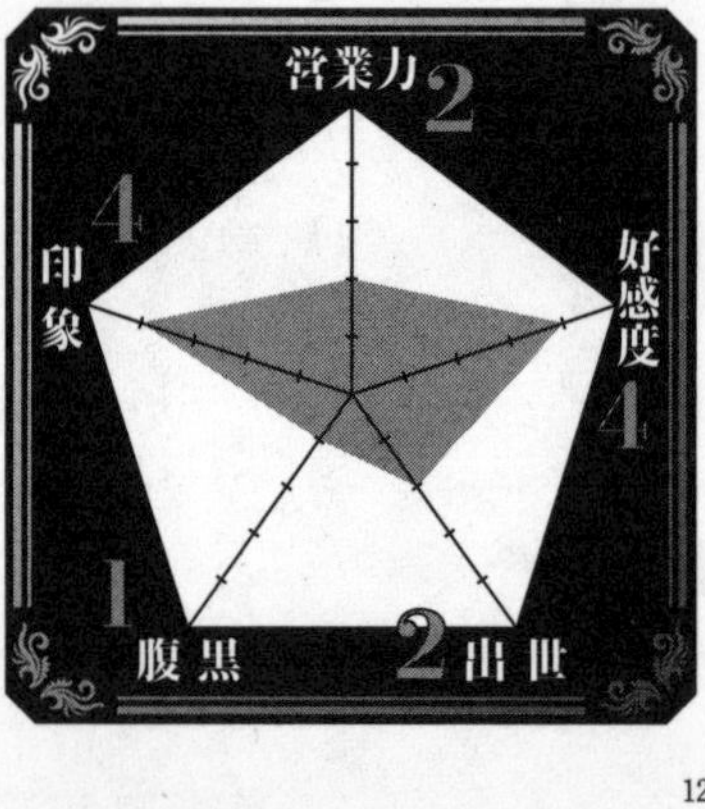

メしたい。

でも、全身赤一色というのも対外的にはよくないかもしれない。ましてやスーツ着用の仕事で赤はないだろう。それ故にパンツを赤くしてみるというのはいいかもしれない。

赤を身体にまとっているとイメージするだけで、だいぶ心のモチベーションも違うものだ。財布や携帯電話を赤くするというのも、やる気のモチベーションを維持するという意味では効果的だ。

大事なプレゼンやスピーチの時には、下着を赤にして気合いを入れるという人も少なくない。

赤は食欲を増進させる色とも言われ、飲食店でも頻繁に使用されているほか、一番目を引く色とも言われているので、広告でもメインカラーとしてよく使われている。

逆にインテリアや内装などに赤は使わない方がいいとされている。興奮を助長する色なので、落ち着きたい空間がせわしなく感じられてしまうのだ。

自分や会社の存在を際立たせたい時は赤を使い、オフにする時は白やグレー、茶色などの主張しない色を基調にするといい。

悪魔の名言
赤いパンツを穿くとやる気が出る

色の使いわけでイメージは操作できる

心を操るキーワード
色の効果

赤以外にも色が心に与える影響はさまざまだ。一般的に青は、沈静、抑制、緑は安定、調和、黄色は希望、光、紫は高貴、欲求不満とそれぞれイメージさせる色がある。

対人の場合でもこれらをうまく使いわければ、状況に適したイメージを相手に与えることができる。

第一印象は緑のシャツを来て安心感や安定感

イメージ操作

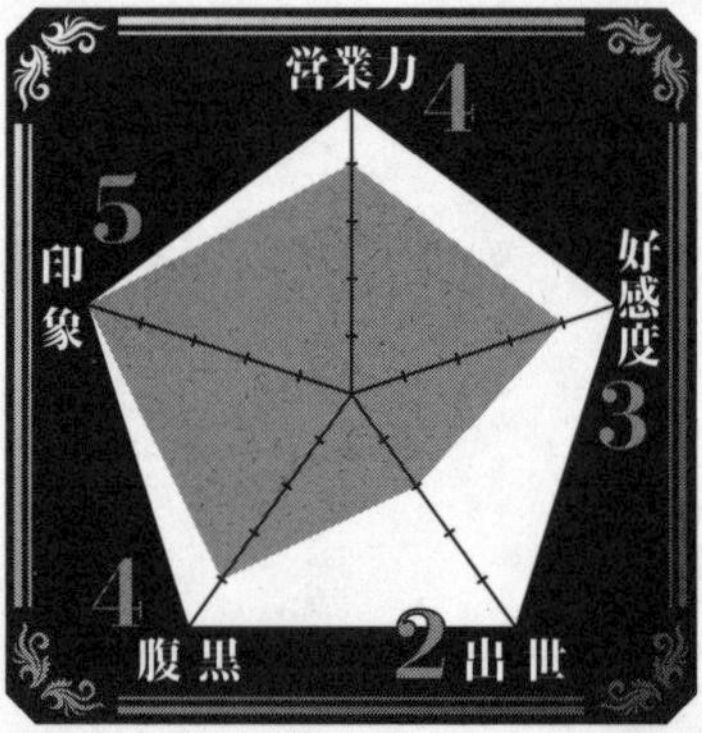

を与え、いざ仕事の時は赤のネクタイをしてやる気を主張し、何かの問題を起こして謝罪に行く時は青のネクタイを着けて沈静した演出をし、特別な席では高貴さを演出する紫でイメージを変換する。

このように色には特性があり、相手に良い印象を与えるため4の心理テクニックとして知っておくと便利だ。ある会社では、青系と赤系の2種類の会議室をつくり、怠慢になりがちな社内会議は赤い部屋で活気をつけるように誘導し、落ち着いてじっくり話したい社外の人との会議では青い部屋を使うようにして、部屋を使いわけているという。

また、自分が求める色は、逆にその色が与えるイメージを欲しているということなので、自分の心の状態を知るという意味ではわかりやすい。

赤を求めていれば、やる気を出したい、モチベーションを高めたい、青を求めていれば疲弊していて休みたい、静かな時間を過ごしたいということであり、緑を求めるならやはりストレスが多く、癒されたい願望があり、白を求める場合は、何か無心になってハマりたいなど自分の心の本当の状況を判断するのに適しているのである。

悪魔の名言

第一印象は緑、勝負所は赤、謝罪の時は青

「4割失敗」も「6割成功」と言えば良い印象に変えられる

心を操るキーワード　フレームの変換

数値のみならず、文章の見せ方でいかに心理操作できるかを説明しよう。

例えば「この意見には4割の人が反対しています」と言うのと「この意見には6割もの人が賛成しています」と言うのとでは、データとしては同じことなのだが、言い方ひとつで印象が随分違ってくる。

このように文章の枠組みを変えて伝えると全

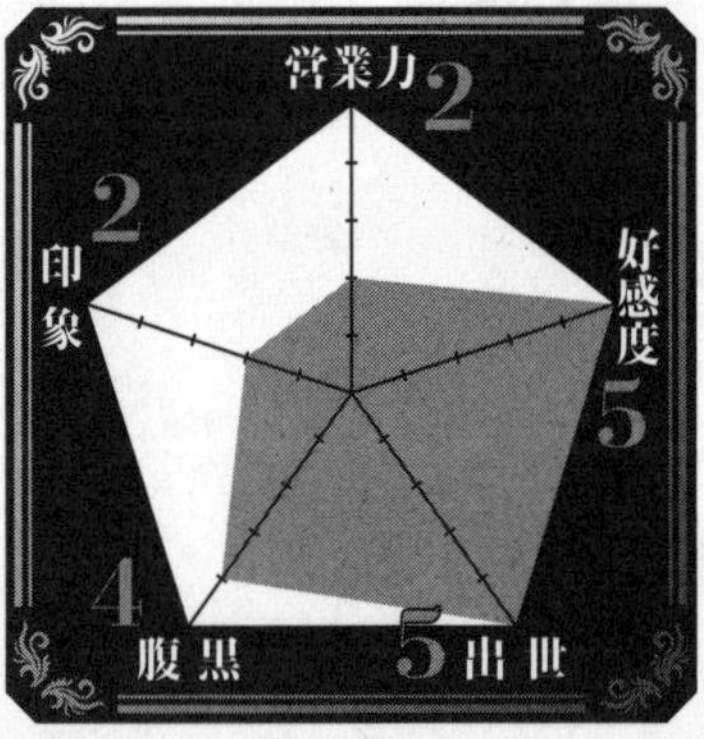

然見え方が変わるものだ。この枠組みのことを「フレーム」と言う。

このフレーム操作を巧みに行えば、ネガティブな情報もポジティブな情報に簡単に変換できてしまう。

ミラノ大学のＰ・ケルニー博士はイタリア人２２０人に対して次の２つのパンフレットを配り、実験を行った。「40歳を超えたらガン検診を受けましょう。検診を受けないとガンだけではなく、重大な病気の発生を見逃すことになり、大変な事態を招きます」という文言のパンフと「40歳を超えたらガン検診を受けましょう。検診を受ければガンだけではなく、重大な病気の発生を見つけることができ、安心できます」の２つだ。その後、それぞれの被験者に「ガン検診を受けたいですか？」と聞いたところ前者の方が検診を受けたいという人が多かったという結果になった。

前者の方が危機感を煽る内容になっているので、「受けなければあぶない」という気持ちにさせられるということだ。このようにフレームを使いわけることで、いかようにも表現を変えることができる。いつでも2種類以上の言い回しを考えて有効に使うべし。

悪魔の名言

見方を逆転させれば人はいいように錯覚する

人は実際の能力よりも数の多さに負けてしまう

心を操るキーワード

数は力

イスラエルのヘブライ大学の心理学者ヤコブ・スクルは52名の学生に模擬面接の実験を行った。学生には面接官になってもらい、評価してもらう。この時推薦状が1通の応募者と、2通の応募者について評価した。結果は、2通の推薦状をもった応募者の方が「適性」「正直さ」「チームワーク」すべてにおいて1通の推薦状の人より高く評価された。

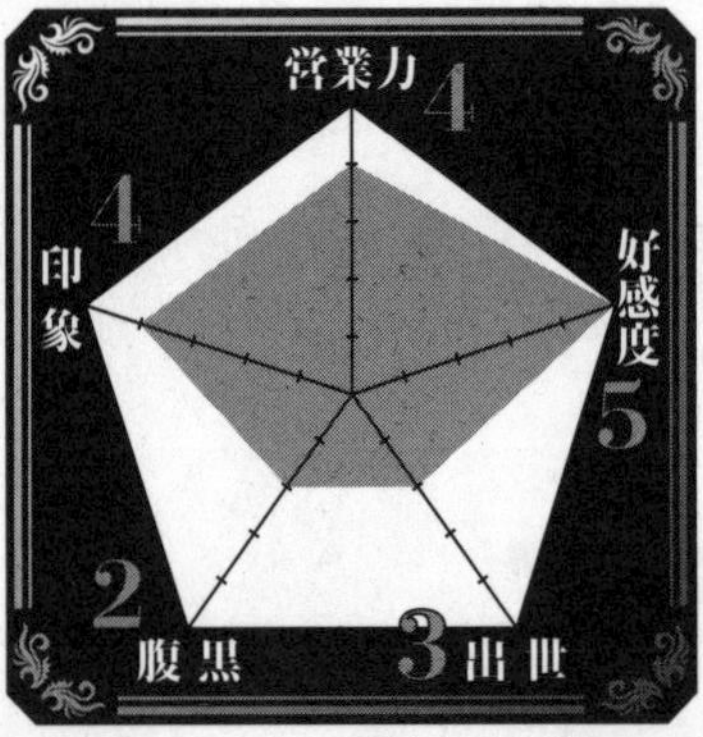

これは、「数は力」であることを証明する実験である。人は推薦状の中身より「2通」もの推薦状をもらっている人を評価したのである。

だから、何か大きな商談などに臨む際は、なるべくたくさんの数のものを用意するといいだろう。

なるべく部下は多く引き連れ、サンプル商品はなるべくたくさん持参することで、「多くの部下がいる優秀な上司」と思わせたり「他社よりサービスが良く、余裕があってモチベーションも高い会社」と思わせることができる。

悪魔の名言

内容よりも数を増やして見た目で勝て

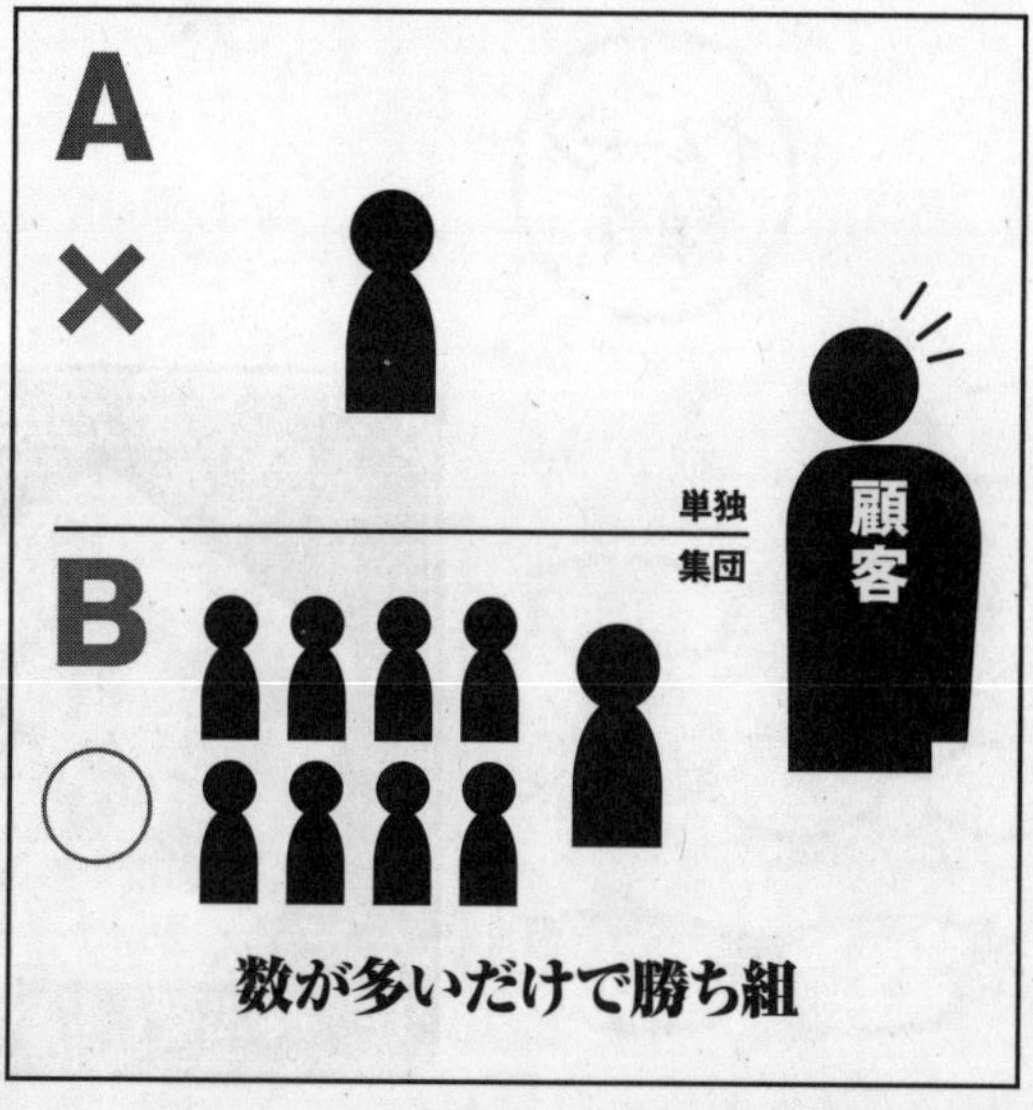

黒を着るだけで強く見えて威厳があがる

心を操るキーワード

威厳の黒

さまざまな色が心理に与える影響について説いてきたが、果たしてどんな場合でも効果的な色はあるのだろうか？　グレーや茶色は中間色なので当たりさわりがなく、どんな場合にも適応できる。だから中間色がベスト、と思うかもしれない。

しかし、よく考えてみて欲しい。顧客やクライアントに見て欲しいのは「よくも悪くもない」

イメージ操作

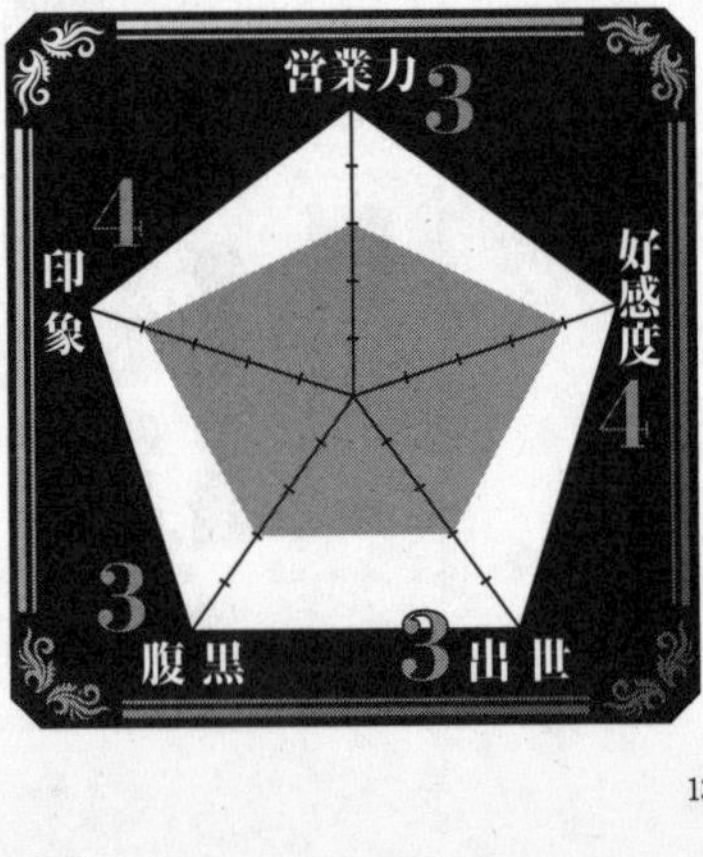

存在感ではない。それは別の見方をすると、どうでもいい存在になってしまう危険をはらんでいる。本当に望むのは「この人になら是非頼みたい」という確かな存在感なのである。

その視点で考えるなら「黒」が間違いない。黒は威厳や風格、重厚感を表現し、情感を伝えるものではないが、確かな存在感を体現してくれるものである。

パリッとキメた黒のスーツは誰が見ても威厳と風格を備えたやり手人間に見える。

ちょっとよく考えてみれば威厳のある立ち位置の人の多くは、やはり黒を着用している。首相、教授、裁判官、社長など、位が高く洗練された人をイメージすると黒が多いのだ。

黒は風格を表現すると同時にベーシックな色でもある。どんな場合においても黒のスーツが合わない場合はない。昔は葬式の色とされ、悲しみを象徴する色だったが、今では洗練された都会的イメージの方が強い。

だから、いろんな趣向を凝らして色とりどりの服に挑戦するより、ピタリとキマった黒のスーツを1着持っておく方が間違いない。

悪魔の名言
妙な小細工よりも威厳の黒でキメろ

威厳を保つためには、意地でもネクタイとスーツは脱ぐな

心を操るキーワード
厚着は上位

社内においても、社外においても自分をよく見せるための工夫はまだまだいっぱいある。今回は色ではなく形状について説いてみたい。

昨今は、クールビズやエコと称して夏は、ネクタイを外して半袖がいいと言われているが、一方で半袖のサラリーマンを見ると「少し締まりがない」と思ってしまうことはないだろうか。この評価、実は間違ってないのである。本来、

イメージ操作

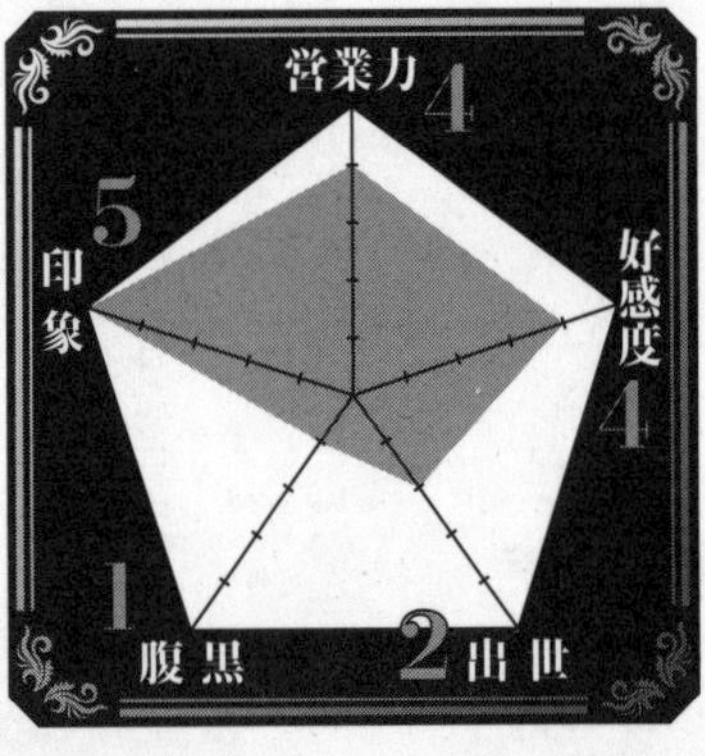

世界のどんな国でも厚着は「権威の象徴」だったのだ。平安貴族の礼服、西洋の王族の絢爛豪華な洋服、どれも長袖は気品があり、威厳のある存在に見せていた。

庶民はと言えば、薄手で生地面積の狭い薄手の半袖などで過ごすのが常だった。今や庶民や貴族という階級社会はなくなったものの、潜在意識の中で長袖は貴族的、半袖は庶民的というイメージがあることは否めない。

みずからを気高く品のある人に見せたいなら夏でも長袖で過ごすことをおススメしたい。

事実、クールビズが始まってから、若手の勤務怠慢や遅刻が増えてきているというデータもある。これは、上司の権威が失墜したことにより、部下がなめてかかっているせいもありそうだ。

上司であればみずからの威厳を主張し、部下であっても「真面目でしっかりしたやつなんだな」と評価をあげることができる。とはいえ、室温の高いオフィスでネクタイをして長袖のままでいることもなかなか厳しいもの。せめてネクタイをゆるめ、袖をまくる程度におさめて、ご自分の威厳を失わないようにご注意願いたい。

悪魔の名言

半袖は弱者。夏でも長袖は権威の象徴

どんなに時代が変わってもメガネは謹厳実直に見える

心を操るキーワード

生真面目メガネ

昔はメガネと言えば、ガリ勉でオタクのイメージが強く、マイノリティに捉えられがちなところがあったが、最近はオタクがメインストリーム化してきた影響もあるのか、メガネがカッコいいものとして認知されるようになってきた。視力が悪くなくとも伊達メガネで知的なイメージを演出し、自分をワンランク上に見せるテクニックにさえなっている。

交渉力アップ

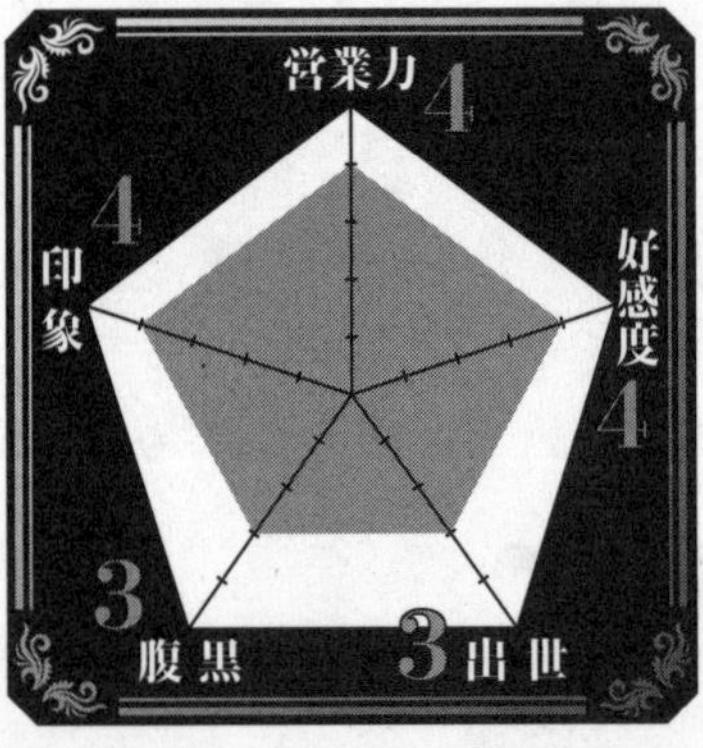

上司や部下からもマイノリティとして見られることはなくなったので、少なくとも視力が悪くてかけるべき人は、わざわざコンタクトに変える必要もなくなった。

逆に今は、視力に問題がなくとも、どちらかと言うと怠慢に思われがちな容姿をしている人も、伊達メガネで印象を変えてみるのもいいかもしれない。

また、場面に応じてつけるメガネを変えてみるという上級テクニックもある。メガネは顔の一部なので、表情や雰囲気を演出してくれる要素もある。

例えば、会議やプレゼンなど説得力を要する状況においては四角いメガネをかける。人は細い顔をしている人に信頼を寄せる性質があるので、角張ったメガネをかけると信頼感が増すのである。

そして、営業や打ち合わせなどのまず親近感を相手に持たせたい時には、丸いメガネ。細い顔が説得力を演出するのとは逆に、丸い顔は親近感を演出してくれます。丸メガネに変えるだけで、相手と打ち解けやすくなるわけです。謹厳実直の象徴であるメガネをうまく使い分けて、イメージをアップするべし。

悪魔の名言

メガネ＝謹厳実直。角メガネは説得力、丸メガネは親近感アップ

顔の右側は強さ 左側は優しさを魅せる

心を操るキーワード
左右のイメージ

人の顔は表情や角度の見せ方によってよくも悪くも変えられるもの。しかし、顔の向きに特別な違いがあることは意外と知られていない。

人は自分の顔を通常、中心から左右対称なものだと思っているが、実は全然違うのだ。自分の顔を鏡でよく見てみればわかるが、筋肉のつき方や張りが左右でだいぶ違うことに気づく。

しかもこの左右のイメージには傾向があるの

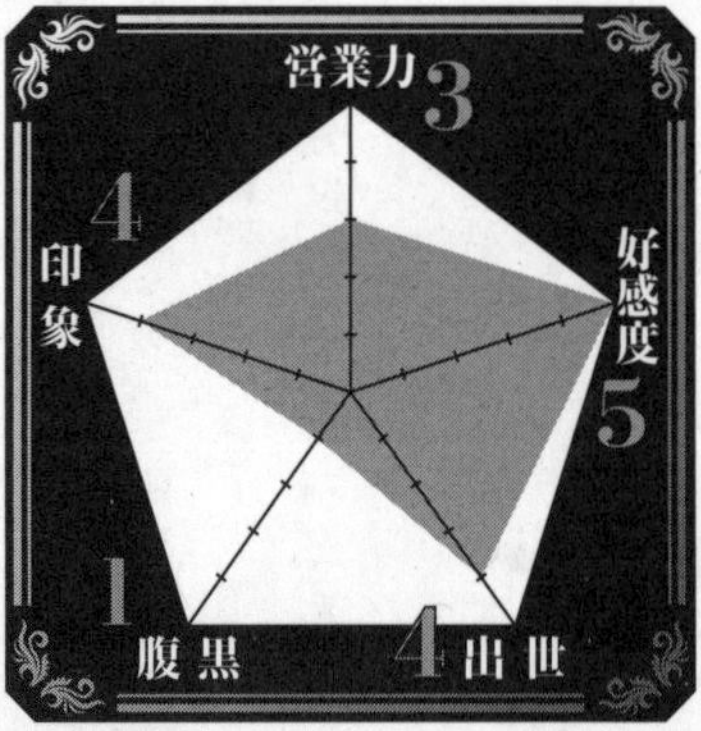

だ。右側がシャープで切れ長、左側が柔和で優しいイメージに見える。試しに自分の正面写真を撮り、右の顔と左の顔をそれぞれ中心で反転させてみるとよい。どちらも本来の顔とは違う顔になるはずだ。やはり、右側の方が少しキリッとして左側の方がゆるい顔になる傾向がある。この顔の傾向を知っていれば、ビジネスにおいても使い分けができる。

やはり、説得したり言いくるめたりしなければならない時はキリリとした右側を見せ、初対面の相手などには左側を見せて優しい印象をもってもらうようにするといいだろう。

ずっと顔の角度を気にして傾けているのも変なので、右側を見せていたい時は相手の若干左側に席をとり、左側を見せる時は相手の若干右側に座るようにするといい。

この左右の顔立ちは、多くの場合右側の方が見栄えが良いとされ、写真を撮る時は右頬を見せて撮ると綺麗に撮れると自負する人も多い。

この右側優位の理由は視覚情報を取り入れる右脳との関係があるとする説や、利き手側の筋肉の発達と関係している説など諸説あるが、いずれにしても興味深いことである。

悪魔の名言

右顔が切れ長イケメン。左顔は柔和な優しさ

ファーストコンタクトはウソでも良い格好しなさい

心を操るキーワード

初頭効果

人を判断する時、第一印象というのは何かと大事だと言われている。

このことをアメリカの心理学者アッシュが実験によって検証した。ある同じ人物のことを順番を変えてその性格を説明した。最初は、「知的→勤勉→衝動的→批判的→嫉妬深い」の順に伝え、次に2人目として真逆の順番で説明した。結果、被験者は1人目を知的で勤勉な人と捉え、

交渉力アップ

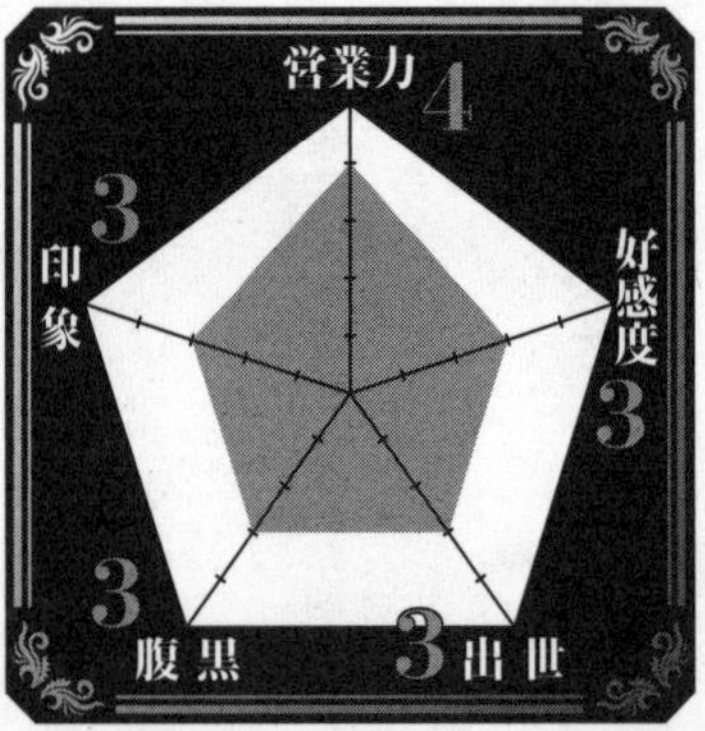

2人目は欠点はあるけれど、能力はある人と捉えられてしまった。同じ人であるのに知る順番だけで、これだけ印象が変わってしまうのだ。

それだけ「最初は肝心」ということが言える。最初の印象が悪いといつまでも「あの人は～なところがあるけれど」がついて回ることになってしまい、いつまでたっても良い印象に変換されにくい。

このはじめの印象が後まで残る現象を「初頭効果」と言う。だから、どんなに困難な状況でも第一印象だけは、ウソをついてでもいいようにしなければならない。

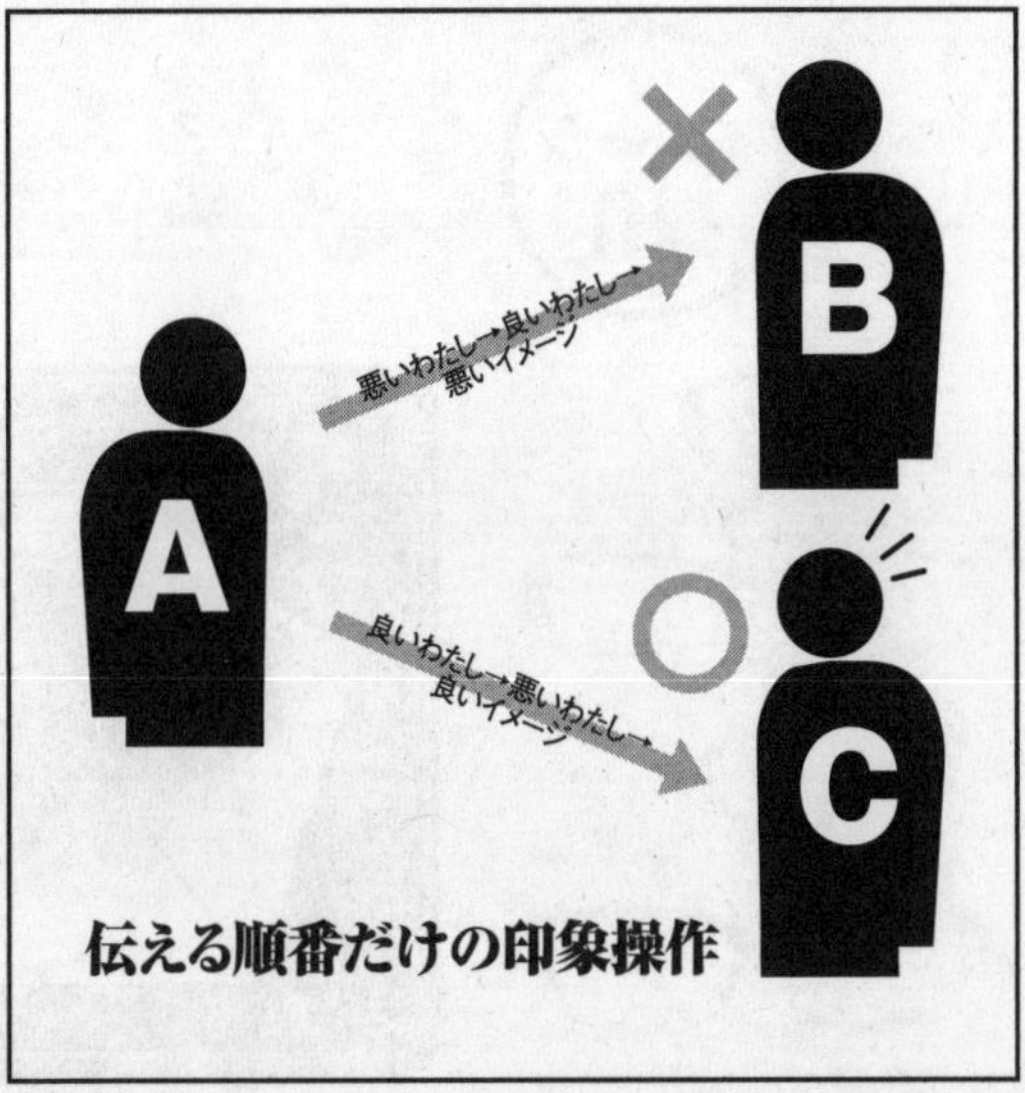

伝える順番だけの印象操作

悪魔の名言

はじめて会う人に悪い印象を与えたらアウトと思え

人間関係はポジティブな表現の方がうまくいく

心を操るキーワード

ポジティブフレーム／ネガティブフレーム

ポジティブフレームとネガティブフレームをいかに使いわけるべきかということをここでは説明しよう。

「タバコを吸うとガンで死ぬ」とネガティブに言われるとあまりに衝撃的で今すぐにでもやめてしまいたいと思ってしまう。この場合はネガティブフレームの方が効果的だ。危機感を煽って相手を説得するという手法においてはネ

イメージ操作

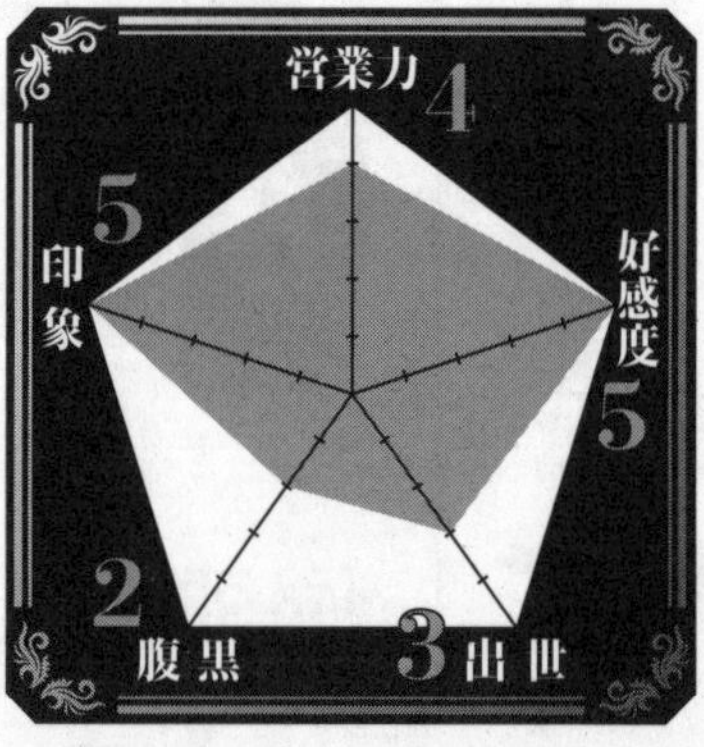

ガティブフレームほど有効な手段はない。

しかしながら、それが逆効果を生んでしまう場合もある。わかりやすいのが公衆トイレの注意書きだ。「トイレを汚すな」と書かれるとしゃくに障って、あまり気を使わないことの方が多いが、「トイレをいつも綺麗に使って頂きありがとうございます」とお礼の言葉を書かれてしまうと、なんとなく綺麗に使ってあげないといけないなと思ってしまう。

タバコのことに関しても、宣伝広告で「ガンになる」と書かれていると危機感を煽られるが、知人に面と向かって言われるとちょっと腹が立つこともある。近しい間柄であれば、「タバコをやめるとごはんもおいしくなるし、身体も健康になって最高だよ」と言われた方が、気が進むものだ。

だから、1回で強烈なインパクトを与えたい時は、ネガティブフレームが有効だが、日常の指摘としてはポジティブフレームの方が有効なようだ。

どんな人でも毎日毎日ネガティブに責め立てられたら嫌になるものだ。でも、毎日前向きに応援してくれたら、むしろ良い気分で従いたくなってきてしまうのである。

悪魔の名言

宣伝ではネガティブな表現が強い

3回繰り返すと ウソも本当になる

心を操るキーワード 3回暗示の法則

人を暗示にかけて何かを達成させようと思ったら、必ず3回繰り返し伝えてみよう。大抵の場合が3回繰り返すとその言葉を信じようとするのだ。

「この仕事は君にしかできない」「君じゃないとムリなんだよ」「君がいなければ、この仕事キャンセルするしかないよ」そんなふうに畳みかけられると、誰だって断りづらい。

好感度アップ!

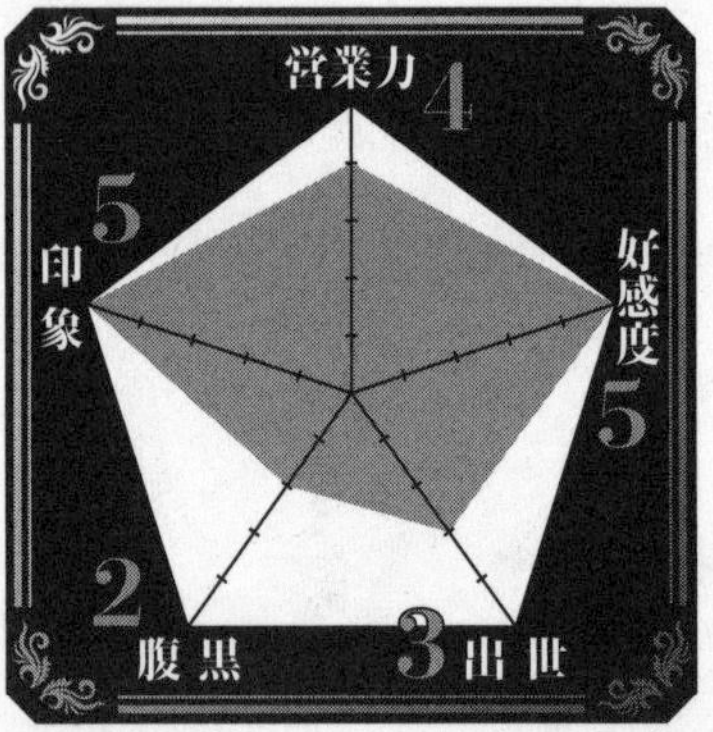

ケント州立大学のマリア・ザラゴザは、255名の大学生に5分間の強盗のビデオを見せ、そのビデオの中にはないでっちあげの情景を埋め込む実験をした。犯人は手袋をしていなかったのに、「手袋をした犯人が～」とウソの暗示を行い、吠えてる犬などいなかったのに、「あの吠えてる犬が～」というやはりウソの情景描写を埋め込もうとしたのだ。

その暗示を1回行った場合と3回行った場合で、どのくらい暗示の度合いが違うのかを調べたところ3回暗示した方が6倍も言われた通りに記憶が歪んでしまうという結果が出た。

この結果から3回という数字が暗示の作用においていかに有効的かが見えてきた。

誰かに無理難題を依頼しなければならなかなったり、対象がなかなか首を縦に振らない時は、この3回繰り返す話法によってうまくいくこともあるかもしれない。

また、逆に人をウソの暗示で丸め込もうとする人は、この「3回」作戦を功名に使ってくる可能性もあるので、注意しなければならない。何か今回はしつこく何回も要求されて、どうしようか迷ってるという状態に陥ったら、これは暗示のテクニックだということを認識して気をつけよう。

悪魔の名言　どんな無理難題も3回言えばなんとかなる！

9割の人が外見で見る「見た目いのち」はホント

心を操るキーワード

メラビアンの法則

心理学者のアルバート・メラビアンは、コミュニケーション理論においてさまざまな実験を行い、あることを発見した。

それは、人は9割方見た目で判断するということだ。

具体的なコミュニケーションの内容よりも、見た目の視覚情報が5割以上を占め、次が口調などの聴覚情報が約4割を占めるのだ。つまり、

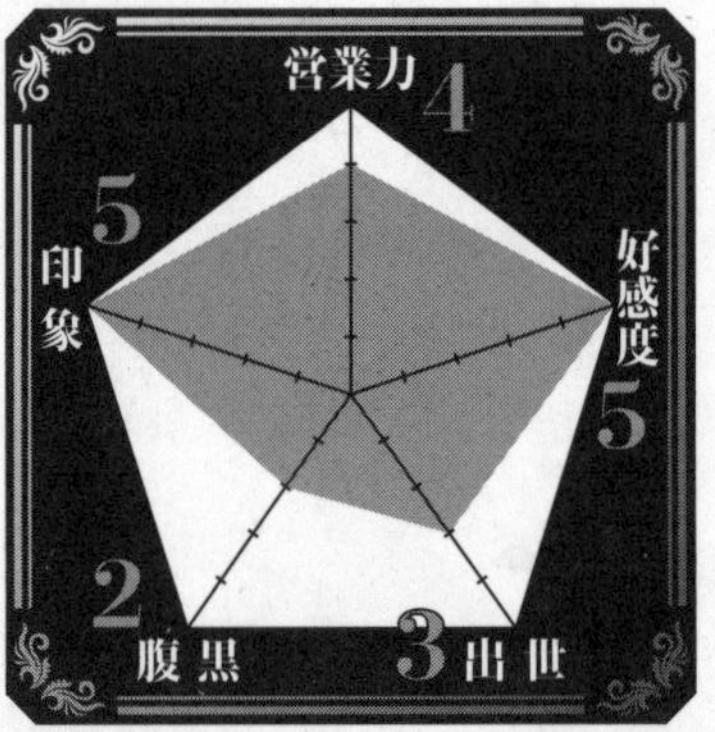

9割が視覚と聴覚の情報であり、コミュニケーションの内容はたったの7%、1割以下しか意識してないということがわかったのである。

この「9割見た目」というコミュニケーションの法則を「メラビアンの法則」と言う。

つまり、どんなに説得力のある言葉を持っていても、服装や表情、スタイルがよくなければ5割減、話し方や発声がよくなければ4割もイメージダウンするのだ。「見かけなんか関係ない。中身だけで勝負しようという人は、たった1割の説得力で勝負しなければならないので大変損をしているのだ。

服装は原則小綺麗にして、表情はいつも明るく振る舞うことを忘れてはならない。尊大な態度はやめ、相手を敬い、真摯な態度で接することも忘れてはいけない。口調はつらつとして、大きな声で話すように心がける。これだけで、内容の説得力をつける以上に効果的なのだ。

これは新人採用の際にも大事なことだと言えるだろう。人としての才能だけではなく、美男美女であることもひとつの才能であると認識して考えるべきだし、元気がよく闊達で声が大きい、印象が柔らかいということも、接客応対が業務の一部にある仕事である場合は重要視しなければならない。

悪魔の名言

身なりや表情が5割、口調や発声が4割。とにかく見栄えが大事

目立たせたいものは右上に置け

心を操るキーワード

視的文法

目で見える情報が対人関係においていかに大切か、だいぶわかってきたとは思うが、果たして目で見る「位置」に優位性はあるだろうか。

人はものを見る時にある程度の法則に従っているという。基本的に左よりも右、下よりも上が優位だという原理があるのだ。つまり「右上が一番優位」という原則があるということだ。

この原則に基づけば、さまざまなことに右上

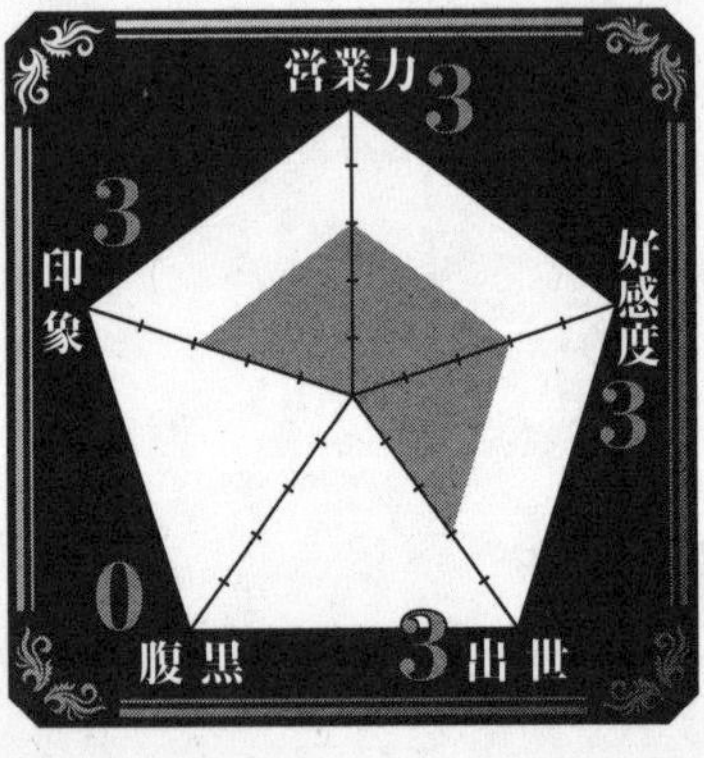

の法則があることに気づくだろう。ブログやホームページの広告は大体右上にあるし、舞台も右側が上手で左側が下手。基本的に左から右へと見せていくのが通常なので、やはり右側は優位と考えられる。

この右上優位の法則を知っておくと何かを演出しようと思う際に、非常に便利である。企画書、広告などの製作資料においては右上に重要な情報を配置し、対人関係においても複数で対面する時は自分の左側に立つ癖をつけると、相手はこちらを右手に見るので無意識に優位になるかもしれない。

右上が優位な法則

悪魔の名言

企画書、広告、立ち位置、すべて右上を重視しろ

タッチされると安心して何でも話したくなる

心を操るキーワード

スキンシップの効果

人から本音を聞き出したい時にどうするか？これは誰もが知りたいテクニックのひとつである。言い回しで誘導するというのもひとつの方法だが、最も簡単な方法は「触る」ということである。

人は何か不安や危険を感じると誰かに助けを求めて、抱きついたり手を握ったりするものだ。これは、触ることで安心感が得られることに起

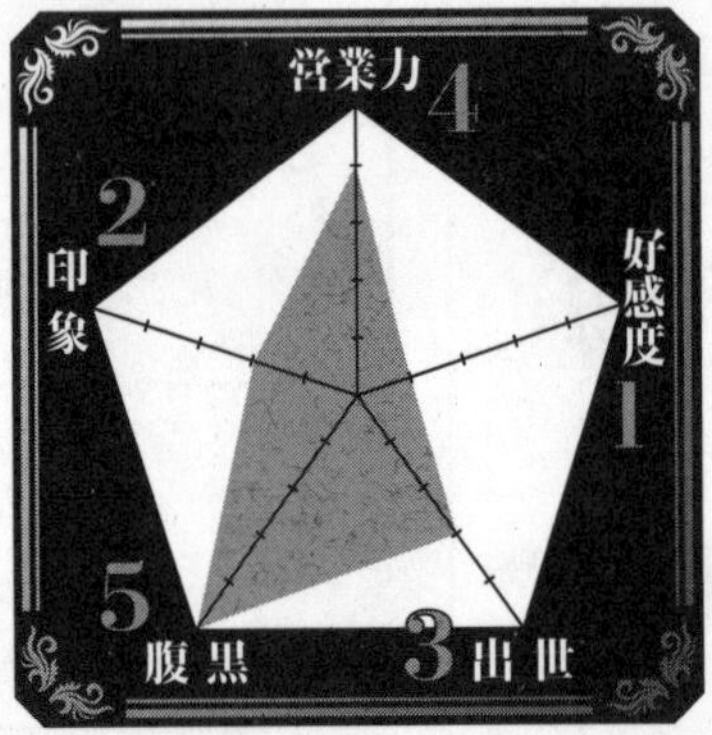

因している。

つまり、人は基本的に触ることで安心し、逆に言うと油断するのである。

アメリカの心理研究グループが相手に頼み事をする際に、次の3つの条件で行い、相手が承諾する割合を調査した。1つ目が相手と視線を合わせる。次が相手と90センチの距離で話す。3つ目は相手と45センチの距離で話す。結果は、3番目の45センチの距離で話すことが最も承諾してもらえる可能性が高く、96％の確率で成功したのだ。

この実験結果から、人は相手との距離が近ければ近いほど相手からの頼み事を断りづらいということがわかる。また、別の実験では、相手に触られているだけで断れないという結果も得られた。

このことから、人は他者と密接に関わると拒絶しにくいということが推察される。これはまさに人の本音を聞き出すのに有効的だ。

相手と話す時にそっと肩や腕に触って安心感を与えながら話すと相手はウソがつけない。自分の心の中の本当の気持ちをサラリと言ってくれることだろう。

悪魔の名言

ウソをつかせるな。手を触るとウソが言えなくなる

すべての音が騒音‼
せめて自然音でストレス軽減

心を操るキーワード　**音のストレス**

人にとって心地良い音とは何だろうか。楽しい音楽が鳴っていると心地良く感じる。朝の鳥のさえずりは誰もが心地良く感じるものだ。

しかし、楽しいと思っている音楽もずっと鳴り続けていたらどうだろう。答えは全部ダメ。どんな性質の音であろうと、間断なく長時間持続すれば好ましくない音になりうる。

西川好夫先生が書かれた『生活の心理学』に

出世間違いなし!

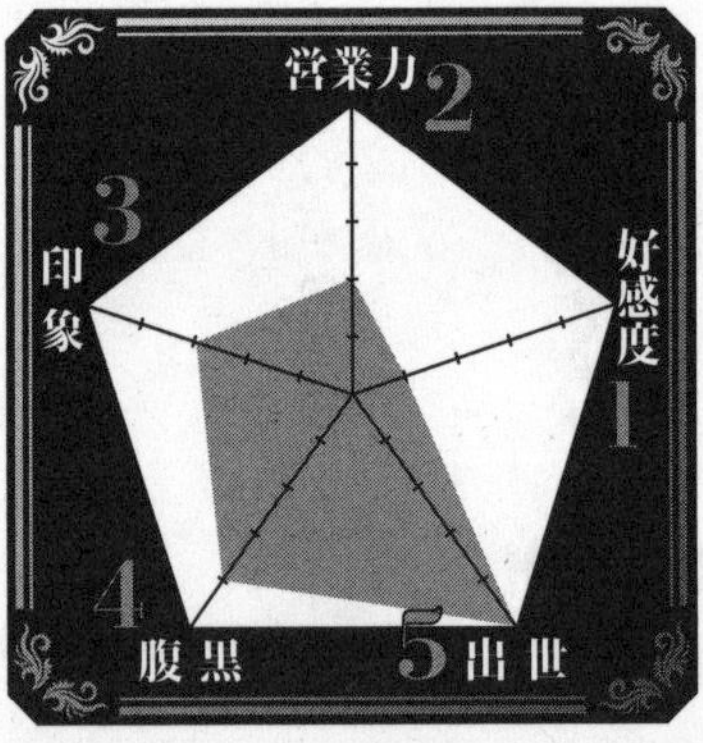

よれば、人間が不快感を感じるのは40ホン以上の音で、夜の住宅街くらいの音らしい。

夜の住宅街の音で、不快に感じるということは大抵の街の音はうるさい音ということになる。作業効率が落ちるとされるのは60ホン以上で人の話し声や掃除機の音、タイピングの音など。人はちょっとした大きさの音に影響されやすいのである。そして、難聴を起こす可能性がある音は85ホンからで地下鉄の音やヘリの離着陸の音などである。

この結果からも、ちょっとした音でも騒音になってしまうことが確認できる。都会に住むということは騒音の中で暮らすということなので、それだけでストレスだということだ。

それでは、人が心地よく感じる音とは何か？　もちろんすべての音が騒音になりうるのだが、脳の受信回路で説明すると「右脳が取り入れる音」ということになる。実は、言語やメロディなど、いわゆるノイジーで規則的な機械音というのは左脳が取り入れている。私たちは普段この左脳を使う音を聞いていることが多いが、鳥のさえずりや海の波音などの自然音は、実は右脳に入り込む。右脳に作用する音は、左脳に入る音よりはるかにストレスになりづらいのである。

悪魔の名言

どんな音でも騒音になる。右脳に効く音を聞け

急に目線を外すと相手をいいなりにできる

心を操るキーワード
アイ・コンタクト

通常、人とコミュニケーションを行う場合、目を合わせるものだ。

しかし、この目線にもいろんな心理が含まれている。目線の方向が示唆することを「アイ・ディレクション」という。

右側に目線を向ける場合は、今までに経験したことがないことを想像している。これから予定している旅行や仕事に関して思いを巡らした

腹黒テクニック

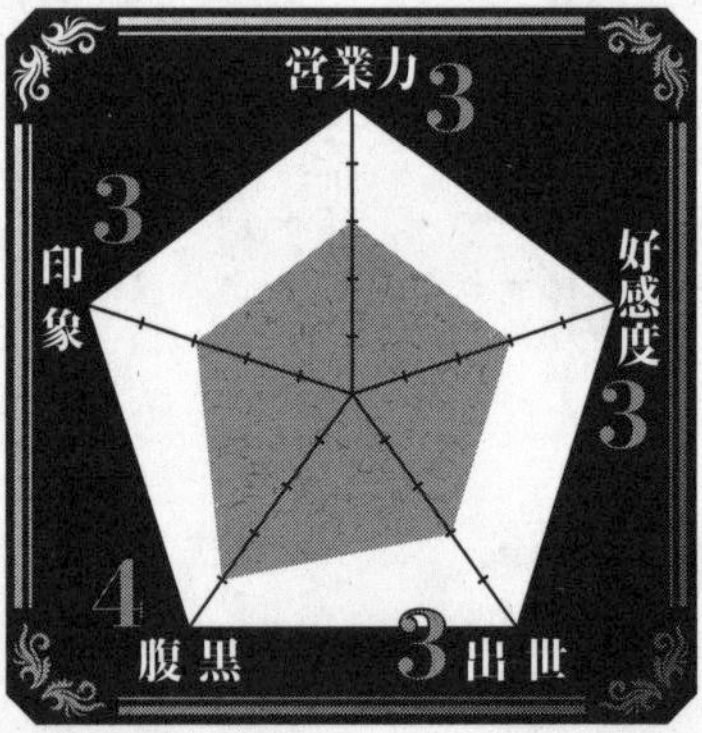

り、未来に向けての妄想をしている場合もあるだろう。

左側に目線を向けた場合には、今までに経験した事柄を反芻していることが多いのだ。過去のデータを記憶の中から見つけ出そうとしている時などは、左側に視線を向ける傾向があるようだ。

また、対人での目線の心理は、「アイ・コンタクト」と言う。実はこのアイ・コンタクトひとつでコミュニケーションの意味合いは変わってくる。

上目づかいで相手を見る場合は、相手を敬い、立場を上に見ている意味がある。営業の時などは、なるべく上目づかいの方が、相手の印象もいいだろう。

逆に見下すような目線は、支配したいという意味に捉えられ、あまりいい印象は与えない。顧客が見下すアイ・コンタクトをしてきた時は、特に失礼がないように気をつけなければいけない。

そして一番効果的なのは急に合わせていた目線を外すこと。いきなり目線を外されると人は不安に陥る。相手は「一体この人は何を考えているんだ。怒っているかもしれない」という気持ちになり、気づくとあなたの思い通りになっていくのだ。

悪魔の名言

目線ひとつで相手の感情もわかる

共通の敵をつくれば仲間割れを解決出来る

心を操るキーワード

同志の心理

同じ社員なのに、なかなかウマが合わない、関連会社の取引先がどうしても苦手で困っている、ということはよくあることだ。

同僚や取引先は大切な相手なので、ウマが合わないと円滑な仕事を行う上では障害になるものだ。どうにかして上手くやっていかないといけないと思うものだが、生理的に苦手と思っていると、接待の席などを設けても、どうにもダ

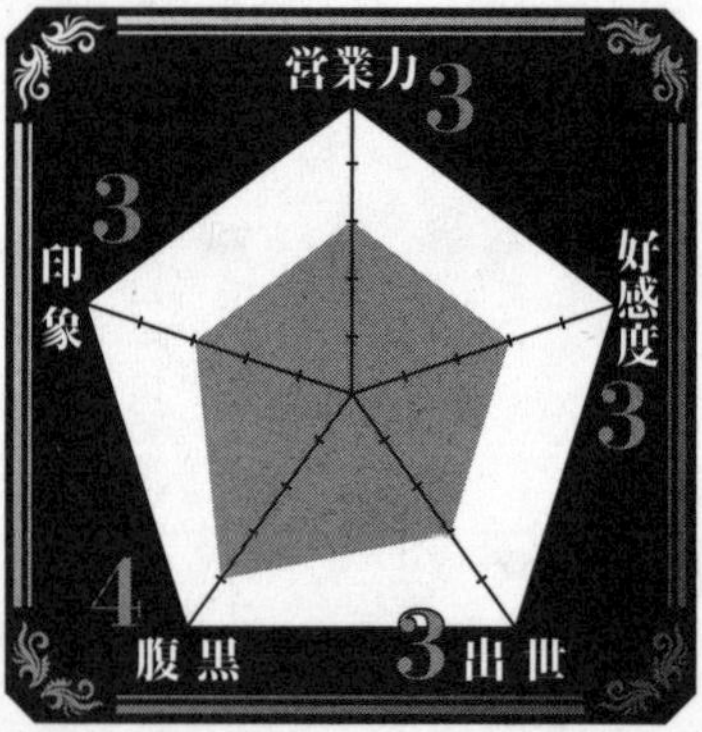

メなこともある。

そんな時に有効的なのが、「共通の敵」をつくるということだ。

ライバル会社の同期など、一番敵に回して問題ない相手が適している。「今度のコンペで〇〇には絶対勝たないといけない」「〇〇社に先を越される前に戦略を考えよう」と共通の敵ができるといきなり一致団結して仕事に取り組めるようになる。

特に同じ部署内であまり仲がよくない部下同士を結託させるには、この手法が一番効果的だ。「敵は別のところにある」と気づけば、いかに今までの自分の行為がつまらないことか気づかされることはよくあることだ。部署内の不和で気をもんでいる人は、なんらかの形でこの敵となるターゲットをみつけることをおススメしたい。この共通の敵をつくることで団結力を高めることができるのは、「同志の心理」が作用しているためである。

「あいつらには負けたくない」という同志意識によって、本来苦手だった人とも足並みを揃えることができてしまう。

悪魔の名言

共通の敵ができると悪い感情がそちらに向くもの

人の怒りは鏡を見せるだけで鎮火する

心を操るキーワード
客観視の鏡

人は一度怒り出すといつまでも怒りが暴走し、どんなに謝罪しても許してくれず、いつまでも怒り続ける傾向がある。

怒りの感情というのは、実はノルアドレナリンが作用している。ノルアドレナリンが心を興奮させ、場合によっては頭の回転をよくさせるので言葉は次から次へと出て来て相手を攻撃する。ノルアドレナリンのいけない所は、ある一

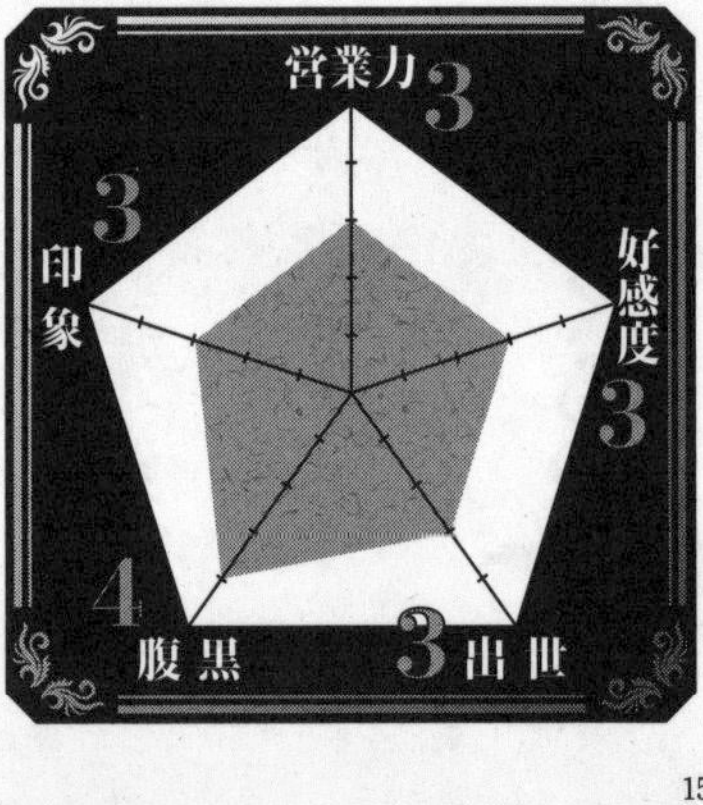

定以上分泌すると暴走をはじめることだ。

怒りがある臨界点を超えると暴走しはじめ、見境がなくなってぶちキレまくるのだ。

そんな暴走列車のような相手を止めるのは簡単じゃない。とにかく放っておくのが一番なのだが、他にも方法がないではない。

それが、鏡を見せるということだ。鏡というのは自分を客観視させる一番のツールである。自分がどれだけ醜く怒っているかを見れば、ハッと目が覚めることもあるだろう。

会議室や応接室に鏡を置き、怒っている人にそれとなく見せると、相手は我に返って落ち着いてくれたりもする。

「口元に何かついてますよ」と何か口実をみつけて鏡を見せ、怒り心頭に発している自分の顔を見てもらうといい。

自分の取り乱した姿に恥じらいを感じて、そそくさと帰ってくれるだろう。

悪魔の名言

鏡で自分を客観視させて落ち着くのを待て

COLUMN

ワンポイント

メディアの印象操作テクニック

「ワーディング」という手法が、心理学や裁判の世界ではデータをとる際に有用でないということになっている。一番とりたいアンケート内容をとる前に、同じ主題のネガティブまたはポジティブなアンケートをとって結果を誘導するというものだ。

例えば、「首相のいいところを教えてください」というアンケートをとったあとに、「今の首相を支持しますか？」と聞けば、支持率が高くとれ、「今の内閣の問題点は何でしょう？」と聞いたあとだと低い支持率へと誘導できる。

この方法を使うと、よくある「当社調べ」に説得力がないものとなる。公でも民でもいわゆる新聞やテレビにはワーディングを使ってはいけないというルールはない。

それ故に自社の都合や社内の風潮でいくらでも優位なデータをとることができてしまう。いくら大手のメディアだろうと同じことである。「当社調べ」のデータであるなら、どういう内容のデータのとり方なのかを本当は知らせるべきである。

アンケートのとり方によっては、明らかに答えを誘導している場合もあるかもしれない。特にメディアというのは、そもそも広告収入、スポンサーによって成立しているところがある。スポンサーの意向にある程度従わなければならないのは当然のこと。それは民間企業でも公的企業でも同じ。だから、メディアが完全に公正な報道をしているなどはなから信じてはならない。

深層心理を見破る心理テスト　印象テク編

問題1

最近出会った新しい友人にプレゼント用にバッグを買ってあげようと思います。何色のバッグを買いますか？

A　青　ブルー系	B　深紅／深緑　あざやかな色
C　ピンク／黄緑　パステルカラー	D　白黒　モノトーン

深層心理を見破る心理テスト 印象テク編

あなたの人嫌い度がわかります。

新しくできた友人にあげるプレゼントの色は、あなたの人との関わり方を表します。バッグの色はあなたの人づきあいのレベルを表します。

A 青／ブルー系　人づきあい苦手

ブルーは冷たさを表しています。あなたは、あまり人づきあいが上手なタイプではないようです。できればあまり人と関わらず、1人でいたいタイプかも。

B 深紅／深緑／あざやかな色　好き嫌いがはっきり

コントラストのはっきりした色合いを好むあなたは、相性の良いタイプとはとても仲良くしますが、嫌いだと思うと全く受け付けられなくなるタイプです。

C ピンク／黄緑／パステルカラー　つきあい上手

明るく淡い色を選んだあなたは、どんなタイプも受け入れる包容力のあるタイプです。どんな人からも愛される母性的なところがあります。

D 白黒／モノトーン　一匹オオカミ系

完全な一匹オオカミタイプです。人づき合いどころか、どちらかといえば人が嫌いかもしれません。少しでもいいので人と関わる努力が必要です。

深層心理を見破る心理テスト　印象テク編

問題2

信号待ちをしていたら、隣で女性が外国人から道を尋ねられて困っています。あなたはこの時どのような行動をとりますか？

A　会話に加わる	B　携帯で電話するふりをしながら様子を窺う
C　背中を向けて無視	D　そのまま変化なし

深層心理を見破る心理テスト 印象テク編

あなたが人から見られる第一印象がわかります。

見知らぬ外国人にあなたがとる行動は、初対面の相手に対して無意識でどのような態度をとるかを表しています。つまり、あなたに対する第一印象がわかります。

A 会話に加わる 愛想がいいタイプ

自分から積極的に見知らぬ他人に話しかけられるあなたは、基本的に非常に愛想がいいタイプです。どんな人とも仲良くできるでしょう。

B 携帯で電話するふりをしながら様子を窺う 気難しいタイプ

携帯で電話しながら…というあなたは、とても警戒心が強いタイプと言えます。常に予防線を張って対応してしまうようです。もっとオープンになってもいいかもしれません。

C 背中を向けて無視 緊張するタイプ

背中を向けるのは緊張している証拠です。初対面の人としゃべるのはあまり得意ではないようです。肩の力を抜いてリラックスして人と関わりましょう。

D そのまま変化なし 知性派タイプ

特に何の反応も示さないあなたは、どんな状況でも石のように変わらない冷静沈着なタイプです。相手に求められれば必要に応じて応える無駄が嫌いな知性派。

深層心理を見破る心理テスト 印象テク編

問題3

あなたは学校を転校してきました。最初はよくわからなかったクラスの派閥がわかってきました。派閥はどこに属するかで学校生活が変わります。どの派閥に属しますか？

A おとなしいグループ	B みんなと上手につきあう
C 勉強が得意なグループ	D 元気のいいグループ

あなたの自己中心度がわかります。

新しい環境で自分をどう演出するかというのは、自分の他者に対する主張の度合いを表します。つまり、どれだけ自己中心的かがわかります。

A おとなしいグループ 気づかい上手

おとなしいグループとつきあうあなたは、まったく自己主張するタイプではありません。逆に人に気遣うのが上手な温厚な人格です。

B みんなと上手につきあう やや自己中心的

いろんな人とつきあうあなたは、自覚はないですが、割と自己中心的です。いろんな人と関わり合いを持ち、自分の能力を発揮しようと試みます。

C 勉強が得意なグループ きっちりタイプ

勉強が得意なグループに属するタイプは特に自己主張が強いわけではありませんが、理不尽だと思うときっちり理屈に応じて主張するタイプです。

D 元気のいいグループ とても自己中心的

快活なグループとつきあうあなたは、最高に自己中心的です。自分がやりたいと思ったことは頑として通すわがまま代表です。

深層心理を見破る心理テスト 印象テク編

問題4

あなたが自宅で作業をしていると、突然スズメバチが襲ってきました。あなたはどのような行動をとりますか？

A 大声で叫ぶ	B 殺虫剤で追い払う
C 近くにあった棒で追い払う	D 無視して作業を続ける

深層心理を見破る心理テスト　印象テク編

あなたが喧嘩した時に
とる行動がわかります。

突然の害虫の襲来に対してあなたがとる行動は、あなたが喧嘩した時にとる行動を表しています。

A 大声で叫ぶ　ぶちキレタイプ

大声で叫ぶというタイプは、喧嘩になるととにかく思い切り衝動的にぶちキレてしまいます。一度怒り出すと手がつけられませんが、意外とあっさり忘れる。

B 殺虫剤で追い払う　じわじわタイプ

一番効果的な薬を使って追い払うタイプは、喧嘩になるときっちり理屈をこねてじっくり攻めるタイプです。納得がいくまで絶対に引かないタイプです。

C 近くにもっていた棒で追い払う　真っ向勝負タイプ

棒で追い払うあなたは、喧嘩の時も相手に対して真っ向勝負を行います。理屈より何より勢いで勝とうとします。正直なので納得すればすぐ仲直り。

D 無視して作業を続ける　無愛想タイプ

無視するあなたは、嫌いタイプだと思うと基本的に干渉しようとしません。クールな仕事人気質です。仲間からとっつきづらいと思われるかも。

深層心理を見破る心理テスト 印象テク編

問題5

大きな屋敷の前の塀を歩いていると1カ所だけ穴が空いてました。穴から見えるものは何ですか？

A お風呂	B リビング
C 子どもの遊具	D 大きな池

深層心理を見破る心理テスト 印象テク編

あなたの図々しさがわかります。

他人の家をのぞき見した時に見える風景は、その人の図々しさと油断を表します。

A お風呂　恥じらいなしのズカズカタイプ

お風呂をのぞこうとするあなたには、体裁など関係なしに人の中に入り込む図々しいところがあります。悪のりには十分に気をつけましょう。

B リビング 生活レベルが知りたいタイプ

リビングをのぞこうとするあなたは、人の収入や仕事など生活レベルに興味があります。人の本質は収入や貯金だけではありません。もう少し人情的になれたらいいですね。

C 子どもの遊具 普通

子どもの遊具をのぞくあなたは、面倒見のよい人情味溢れる人です。ただし、なんでも気にしてあげちゃうので、時にやりすぎになることがあるので注意しましょう。

D 大きな池 他人に興味なし

池に興味が向くあなたは、他人の私的なことにあまり興味がありません。むしろ自分の世界や世の中の状況や趣向に興味があるのかもしれません。

第四章

男と女 恋愛における 心理テクニック

女を口説き落とす時は暗い場所を狙え！

心を操るキーワード
暗闇の性衝動

意中の相手を落とす時に昼に口説く方が効果的か、それとも夜に口説く方が効果的か？　この疑問の正解は、〝夜に口説け〟だ。「デートの序盤よりも終わりの頃の方が親密になれるから成功しやすい」と思われるかもしれないが、〝夜に口説け〟の理由は他にある。

男女のコミュニケーション能力を調査する実験が行われ、面識のない複数の男女が集められ

イメージ操作

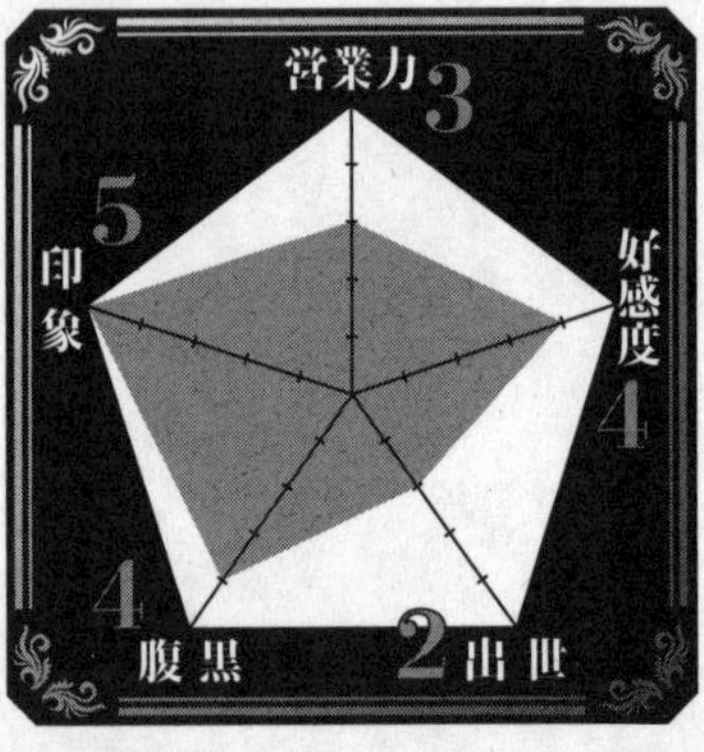

た。実験は男女にやや明るい部屋と真っ暗な部屋で、それぞれ1時間過ごしてもらうというもの。この時、「被験者には指示は与えず自由に行動してもらった」という。

その結果、やや明るい部屋で過ごした男女は設置された椅子から動くことはなく、終止会話をして終了の時間を迎えることが多かった。しかし、真っ暗な部屋で過ごした男女は、最初こそ会話を行っていたものの次第に口数が少なくなっていき、お互いの手や肩に触れ合ったりする者のほか、中には初対面にもかかわらず抱き合う者まで現れたという。

研究者は次のように解説する。

「暗い場所は、相手を確認しづらくし、普段では言えないようなことや普段できない積極的な行動ができてしまう効果がある。抱き合うという行為を行った男女もいましたが、暗闇には性的な欲求が増幅される効果があることも確認されています」

つまり、意中の相手を口説くのに最も適しているのは夜ということになる。また、相手の心を動かすには密室性も重要になるため、ふたりきりになれる個室であった方がより効果的になる。

悪魔の名言

暗闇は性的欲求を増幅！ 女は闇夜で口説け

「やっぱりいらない」と言うだけで気になる相手から好かれる

心を操るキーワード
認知的不協和理論

異性に興味を惹かせるために「相手に理性的なことをしてあげる」ことが多いが、逆に「相手に理不尽行為をする」ことの方が効果的なことがある。これはアメリカの心理学者レオン・フェスティンガーが提唱した「認知的不協和理論」によって証明されている。

これは、わかりやすく説明すると、人間は不協和状態（理不尽）にあると協和状態（納得）

腹黒テクニック

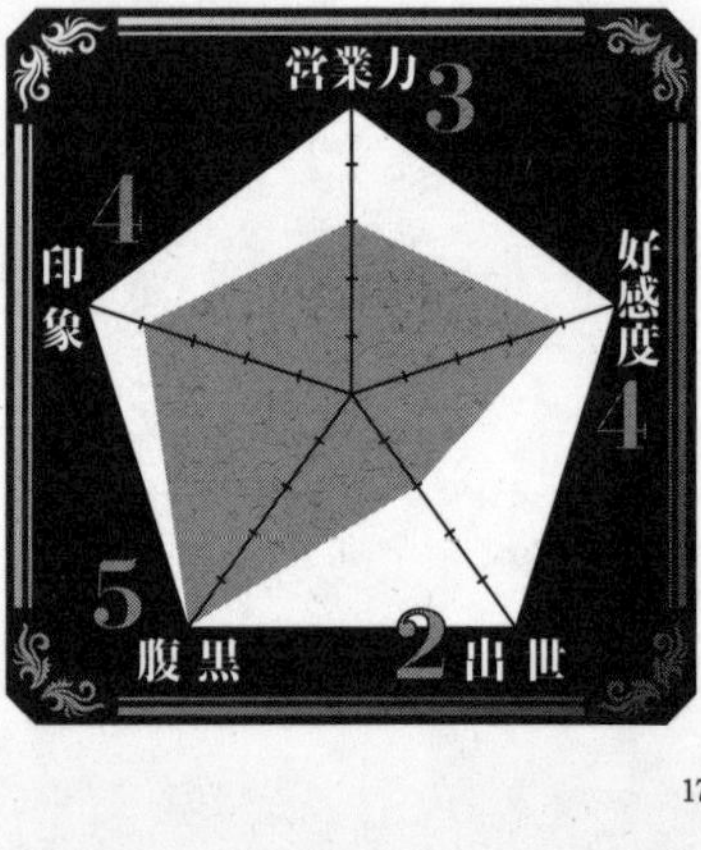

にするために態度や行動を変更するという理論である。さらに平たく説明すれば、やらなくていいことをやらなければならない時、人は何らかの納得できる理由付けを勝手に行なっているということだ。具体的な例を挙げてみると、もし知り合いに挨拶をしたのに無視されてしまったとしよう。その時、アナタはどうして挨拶を返してくれなかったのか〝理不尽〟に、また挨拶〝しなければ良かった〟と思うだろう。これが不協和状態にあるということだ。人はこの状態に陥った時、「挨拶が聞こえなかったのかも」「人違いかも」と態度や行動を変えて〝納得〟し、協和状態に持っていくのである。

このことを恋愛に当てはめてみると、気になる異性に理不尽な行為をしてみる。できるだけ相手にとって意外性のある行為の方が良い。例えば、いつもしているはずの挨拶をしないとか、買物を頼んでおいて「やっぱりいらない」と言ってしまうなどの少し意外な行為をしてみよう。ここで逆上されてしまえば元も子もないが、自分を意識してくれるようになった場合には相手は不協和状態に陥っているのである。不協和状態にあるということは、すなわち協和状態にしようと心理が無意識に動くということ。相手はあなたを特別な存在として意識しはじめるかもしれない。

悪魔の名言

理不尽な行為を正そうとする習性につけ込め

尽くしすぎると嫌われる!?

心を操るキーワード　**対等な貢献**

相手の役に立つことをするよりも役に立たないことをしてもらえ、と前の項で説明したが、実は相手の役に立とうと尽くしすぎてしまうと、まったくの逆効果になってしまうことをご存知だろうか。よく「尽くす女性はダメな男に引っかかって捨てられる」という話を耳にするが、これもあながち間違いではないのだ。

大学生カップルを対象に次の5つのアンケー

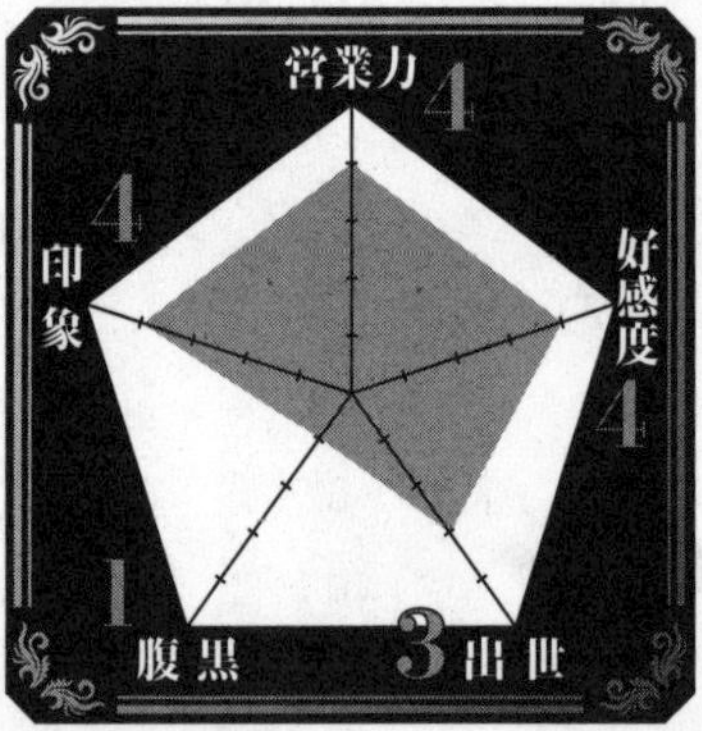

トを実施した。「自分がパートナーにどの程度貢献しているか」「パートナーが自分にどの程度貢献しているか」「自分がパートナーから恩恵を受けているか」「パートナーが自分から恩恵を受けているか」「パートナーとのセックス頻度」の5つ。

このアンケートを実施した約3ヶ月後に実態調査を行ったところ、パートナーからの貢献や恩恵を受けていないと回答した人の多くは、セックス頻度が非常に低く、別れているケースが多く、また、パートナーに貢献や恩恵を与えていると答えた人も、同じくセックス頻度が低く、別れるケースが多かったのだ。つまり、パートナーに尽くしすぎたのでは何もしないことと大差ないのだ。

約3ヶ月後の実態調査で一番多くカップルが続いていたのは、自分とパートナーが同程度の貢献をしており、お互いに恩恵を受けていると答えたカップルだった。ちなみに、このカップルはセックス頻度も高かったことが判明。ようするに、持ちつ持たれつの精神でお互いが努力しなければ恋愛は上手くいかないのである。

『過ぎたるは、なお及ばざるが如し』　なにごとも控えめにほどほどが一番ということだ。

悪魔の名言

お互いを支え合うのが別れない関係

引っ越し業者に学ぶ恋愛交渉術

心を操るキーワード
フット・イン・ザ・ドア

引っ越し業者に見積もりをお願いして10万円という値段がはじき出されたとしよう。しかしあまりに高額で断ったところ、業者は「人員を削るので5万円でいかがですか？」とすぐに再交渉してきた。そんな経験をお持ちの方も少なくないだろう。「そんなに頑張ってくれるなら」と思わず契約してしまうが、実はこれドア・イン・ザ・フェイスという心理テクニックなのだ。

交渉力アップ

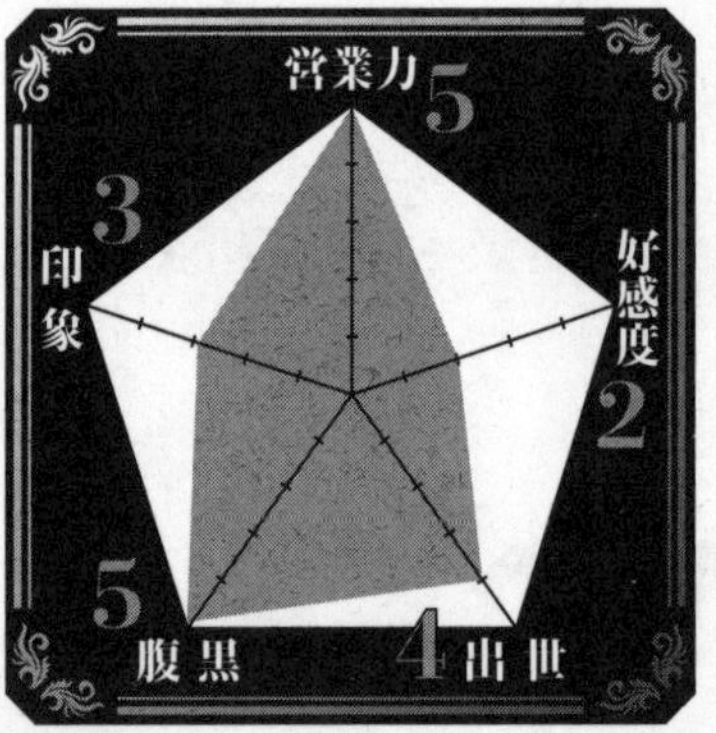

最初はわざと厳しい条件を提示して、徐々にハードルを下げる。10万円という見積もりを拒否した者は、「がんばってもらったのに断ってしまった」という罪悪感を感じているのだ。そこで、ハードルを下げていくと「譲歩しているのだから受け入れてあげなければ」という心理が働く。

このドア・イン・ザ・フェイスというテクニックは恋愛においても大いに役立つ。たとえば、好意を寄せる相手と一晩過ごしたかったとしよう。まずは一番難しそうな「今夜泊めてくれない？」から交渉を始めてみる。そこで断られたら、次は「せめて朝まで一緒に飲もうよ」とハードルを下げる。すると相手は一度断った手前、「それくらいなら…」と譲歩してくれるのだ。

朝までふたりで飲んだだけでは満足できないという方にはもうひとつのテクニック、フット・イン・ザ・ドアが非常に有効だ。これは、要求を1度でも受け入れると、次にはそれよりも大きな要求を受け入れやすくなるというもの。朝まで一緒に過ごした（要求を受け入れた）相手に対して、「今度は、泊まりに行かせてね」と再度お願いすれば、「（今日も朝まで一緒にいたんだし）いいよ」となる可能性が高まるのである。

悪魔の名言

要求を少しずつあげていくと相手はオチる

心の距離を縮めるためにはBARを利用しろ！

心を操るキーワード

パーソナルスペース

アナタは満員電車の中やエレベーターの中で他人との距離が近すぎて、気まずさや不快感を覚えたことはないだろうか。実はこの現象には、パーソナルスペースというものが関係しているのだ。パーソナルスペースとは他人に近づかれると不快に感じる空間のことで、その空間の距離をアメリカの文化人類学者エドワード・ホールは次のように定義している。

腹黒
テクニック

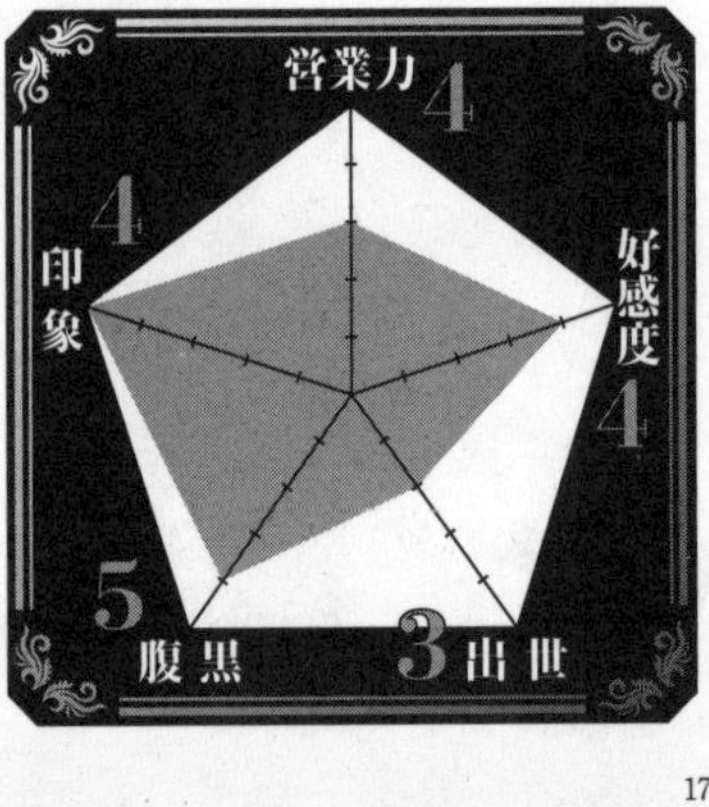
営業力 4
好感度 4
出世 3
腹黒 5
印象 4

①密接距離　恋人や家族の場合は0～15センチ、友人などでは15～45センチが許容範囲。
②個体距離　普通の友人では45～75センチ、顔見知りであれば75～120センチが許容範囲。
③社会距離　知らない者同士の時は1.2～2m、会社の商談などでは2～3.5mが許容範囲。

なるほど、「では好意を抱いている相手とはいえ、仲良くなるまでは密接距離に侵入してはいけないのですね」なんて思っていたら大間違い。むしろ逆に、ある程度パーソナルスペースを侵し続けることによって、相手に親近感を抱かせることができるのである。

とはいっても、いきなり15～45センチの距離まで近づくのは容易なことではない。照れもあるだろうし、相手に顔をそむけられてしまうかもしれない。そこで、パーソナルスペースを急接近させるのに最適な場所をお教えしよう。それはBARだ。BARにふたりで入った場合、ほとんどの確率でカウンター席に案内される。カウンター席は肩が触れ合うほど距離が近く、BGMや周りの雑音によってはかなり顔を近づけて会話しなければならなくなる、とっても便利なところなのだ。

悪魔の名言

パーソナルスペースに入り込むと口説きやすいぞ

完璧であろうとせず弱みを見せろ！

心を操るキーワード　**アンダードッグ効果**

好きな人の前では完璧でありたいと思うのが人間の心理だが、これはあくまで自分の理想であって、相手からするとそれほど重要なことではない。それどころか、実際には好きな相手にはある程度「弱み」や「隙」を見せた方が、恋愛関係に発展することが多いのだ。

もし何でも完璧にこなしてしまう人が一番身近にいたらどうだろう？　自分も完璧にしなけ

好感度アップ！

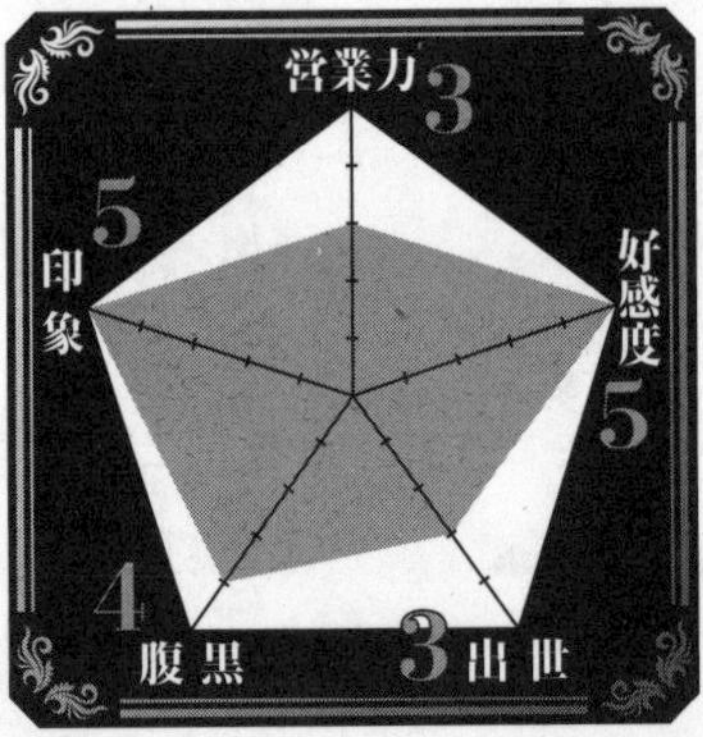

ればいけない、失敗したらどうしようなど負の意識が生まれてしまわないだろうか。それに比べて、「お化けが怖い」や「ジェットコースターが苦手」という人の方が親近感がわくし、「ちょっと驚かせてやろう」というイタズラ心が起こり、ちょっかいを出したくならないだろうか。

長年連れ添った老夫婦に対し、結婚生活が長続きした理由をアンケートしてみたところ、「この人は自分がいないとダメだから」という回答が非常に多かった。これは照れでも何でもなく、アンダードッグ効果と言われるものなのである。アンダードッグとは、ダメな人間に哀れみを感じて優位な自分が「優しくしなければならない」という心理になる効果のことだ。完璧であるよりダメなところがあった方が、人を惹き付けるのである。「ダメ男に尽くす女の相性がいい」というのも頷ける。

だからといって、何をやらせてもダメな人間には異性どころか同性だって寄りつかない。ダメであるというよりは、強みがあってこそ弱みを見せることに意味があるのだ。そのギャップが重要であり、できないことを努力するところに女性は母性本能をくすぐられるのである。

悪魔の名言

あえて「ジェットコースターは苦手」と言うと好かれることも

第一印象が良いと必ず恋愛に発展する

心を操るキーワード

初頭効果の応用

「第一印象アップの恋愛術」や「商談で第一印象を良くする5つの方法」、「第一印象で決める就職マニュアル」など何かにつけて第一印象が重要だ、第一印象が重要だと叫ばれているが、本当に第一印象はそこまで重要なのだろうか？

最初ですべてが決まるなんてあり得ないし、ちゃんと誠意を見せれば印象も変わっていく…なんて思っていないですか？　はっきりと申し

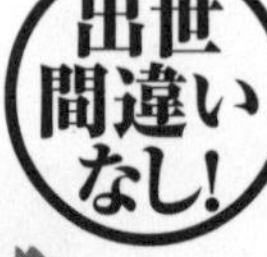

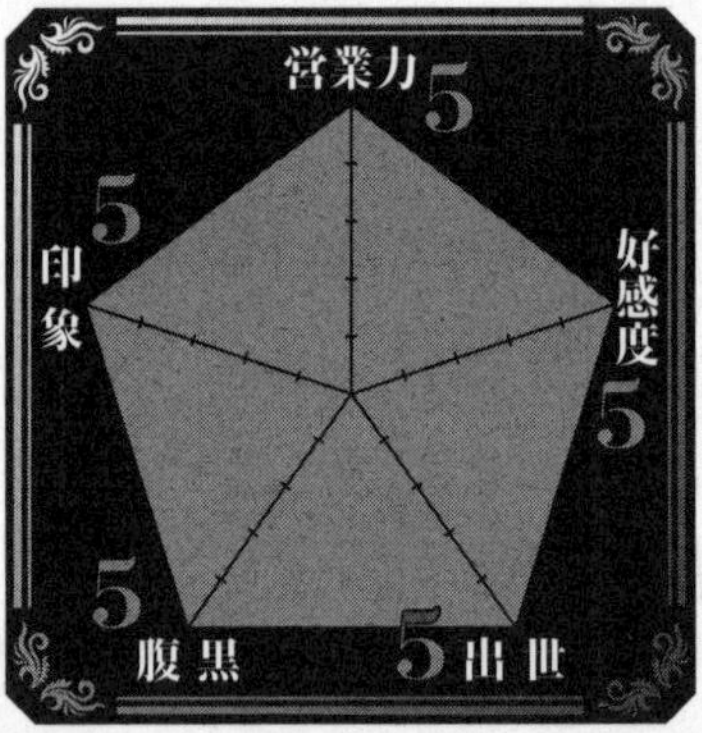

ましょう。何より重要なのは第一印象である、と。

なぜ口うるさいほどに第一印象が重要かを説くかといえば、「人は第一印象で9割が決まってしまう」と言われているからである。このことは前述した「初頭効果」で説明した通りである。

アッシュはふたつのグループにある人物の印象を伝える順番を変えるだけで、人の印象が変わってしまうことを立証した。つまり、人は早い順からイメージが決まってしまうというのだ。

たとえば、「あいつは仕事ができる…だけど浮気性だ」と「あいつは浮気性だ…だけど仕事はできる」を聞き比べてみると、明らかに前者の方が良いイメージを受ける。だから、最初に相手に与える印象が何より重要であるということなのだ。基本原則はこの通りだ。

しかし、「あいつは見かけはだらしないが、人は大事にする」という場合と、「あいつは人を大事にするやつだが、だらしがない」というパターンもあることを忘れてはならない。

初めの印象は変わらないものの、意外性の中から魅力を見いだす場合もあるのだ。初頭効果はうまく使うと負の情報もプラスに変わるので工夫してみるべし。

悪魔の名言

初頭効果は使い方次第で良くも悪くもなる

人から好かれるためには愛されるよりも愛せ

心を操るキーワード

好意の返報性

少し昔の歌に「愛されるよりも愛したいマジで」という文句があったが、実はこれこそが人から好かれるための大切な心理テクニックなのだ。たとえばアナタの周りに、たいして顔が良いわけでも、話が面白いわけでもないのに、いつも仲間から飲み会に誘われて好かれている、そんな人物はいないだろうか。それは、その人が周りの人間を愛しているからである。

イメージ操作

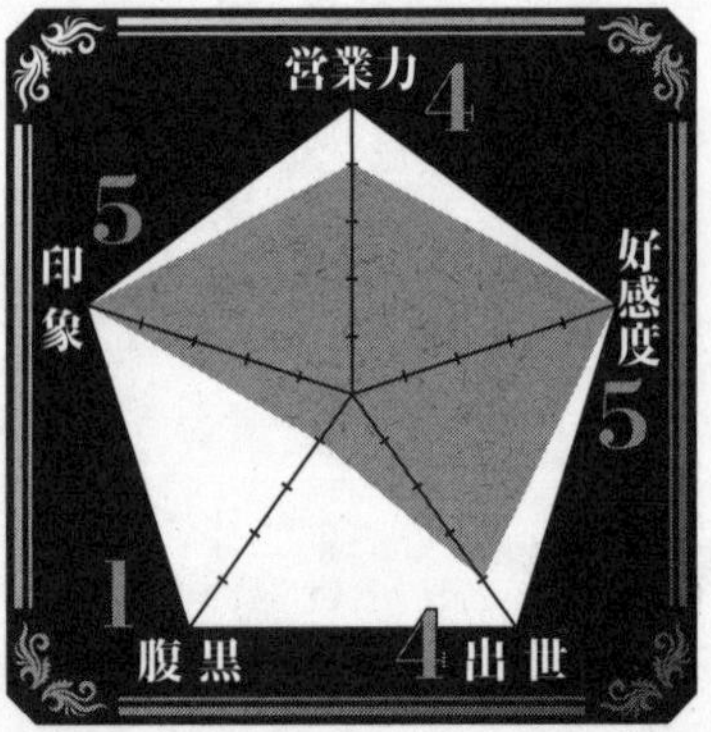

ノース・イースタン大学のジュディス・ホール教授は、病院に通う70歳以上の患者530名に対し「担当医にどの程度好感を持っているか」、また同時に医師に対しても「患者に対してどの程度好感を持っているか」というアンケートを実施した。その結果、医師に好感を持っている患者ほど医師からも好感を持たれており、逆もまたしかりということがわかった。このように、好意を持てば相手からも好意を持たれることを心理学では「好意の返報性」と呼ぶ。

それまでまったく意識していなかった異性から突然告白され、妙に意識してしまうようになり好きになってしまったという経験をお持ちの方もいるだろう。これは、まさに好意の返報性の典型的なパターンだ。

「どうして、自分は人から好かれないのだろう?」と思ったら、まずは人を愛することから始めればいい。自分に特別な魅力がなくても構わない。好意の返報性で愛されている人の中には、具体的にここが素晴らしいと説明できない人も少なくない。これが世に言う「不思議な魅力がある人」と定義されるのだ。愛されるよりも愛することが、人から好かれるための真理なのである。

悪魔の名言

愛は待っていても絶対やってこない

相手を納得させるためには「わたし」から「アナタ」へ

心を操るキーワード YOUコミュニケーション

せっかくの久々のデートが些細な口喧嘩で台無しになってしまったなんて経験もあるだろう。しかも、彼女に言い負かされて気分は最悪。そんなアナタに口喧嘩で勝つことのできる方法を伝授しよう。

やり方はいたって簡単。主語を「わたし」から「アナタ」に変えればいいだけのこと。例えば、恋人が待ち合わせに遅刻したとしよう。そ

腹黒テクニック

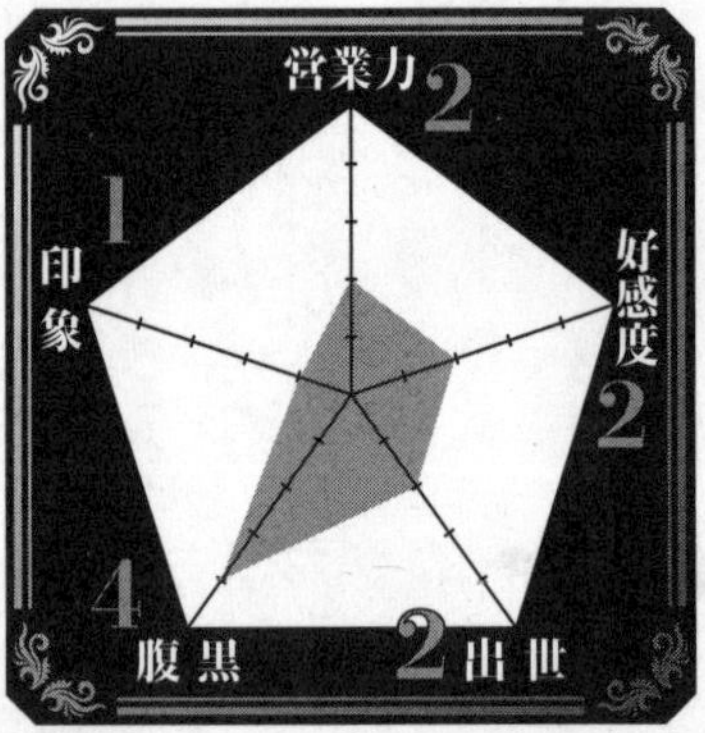

こで、「わたしは時間通りに待っていたのに」と言うより、「アナタはどうして時間通りに来られないの」と言った方が、相手へのダメージを大きくすることができるのだ。

なぜかというと、口喧嘩でわたしを主語にする場合は自分の正当性を、アナタを主語にする場合は相手の非を訴えることになる。喧嘩で防御する者と攻撃する者、どちらが最終的に勝つかは火を見るよりも明らかだろう。

ウィスコンシン大学の心理学者であるジェームズ・ディラードは、51組の夫婦に協力してもらい普段行っている口喧嘩を実践してもらったところ、主語にわたしよりもアナタを使った人の方が勝利する傾向にあることを実証した。勝者は女性が圧倒的に多かったという。

心理学では、わたしを主語に主張することを「Ｉコミュニケーション」と言い、アナタを主語に主張することを「ＹＯＵコミュニケーション」と言う。ちなみにＩコミュニケーションを用いるのは男性が多く、ＹＯＵコミュニケーションは女性が多い。「いつの世も女は強し」と言うが、最初から喧嘩の勝ち方を知っていたのである。

悪魔の名言

わたしの正しさよりもアナタの悪さを責めろ

盛り上がってきたところで話を切り上げると相手にまた会いたいと思わせられる

心を操るキーワード つなげる会話術

何度かアタックしてようやくデートにこぎ着けたが、次にまたデートしてくれるか心配。そんな時のために次のデートに繋げる別れ際マジックがあることをご存知だろうか。

テキサス大学の心理学者、リチャード・アーチャーは学生を対象に10分間の会話で相手にどういう印象を抱くかの実験を行った。なお、この実験にはひとりだけ仕掛け人が存在してお

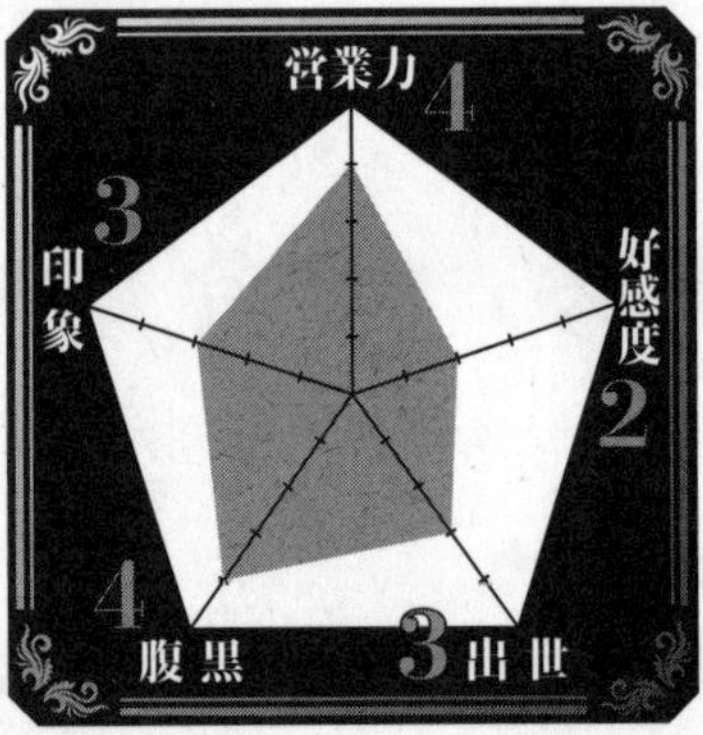

り、「彼女が妊娠した」というとてもプライベートで重い話題を話させたのだった。その結果、この話題を会話の最初に持ち出した場合と最後に持ち出した場合では、最初に持ち出した時の方が仕掛け人に対して悪い印象を持ったと回答したのである。そもそも初対面で彼女の妊娠の話題など気分のいいものではないが、それでも切り出すタイミングによって印象はだいぶ違うのだ。

そもそも、会話にはドラマと同じように流れがあり、そのリズムによって印象がだいぶ違う印象になることをこの実験は証明している。では、相手にまたデートしたい、話がしたいと思わせるにはどうしたらいいのだろうか。ドラマに置き換えて考えればわかりやすい。

次回も見たいと思わせるように、ドラマは「結」ではなく盛り上がりの最中である「転」でつづくことが多いのはご存知の通り。

つまり、会話も別れ際に盛り上がって来たところでやめてしまうのがいい。すると、相手は物足りなさを感じ、話の続きをするためにまたデートしてくれる可能性が段違いに高くなるのだ。

悪魔の名言

会話はあえて途中までにして次回につなぐべし

危険日こそ女は男を求める

心を操るキーワード

危険日の性衝動

危険日に女性はセックスを避けるものと考えがちだが、実はその反対で危険日こそ女性は発情するのだという。生物学者からすれば、子孫繁栄のためには妊娠の可能性が高まる危険日にこそ発情期を迎えるのは当然のことだが、理性もあり社会的立場もある現代の女性に、子孫繁栄のために発情するなんてことが未だに起こっているのだろうか。

腹黒テクニック

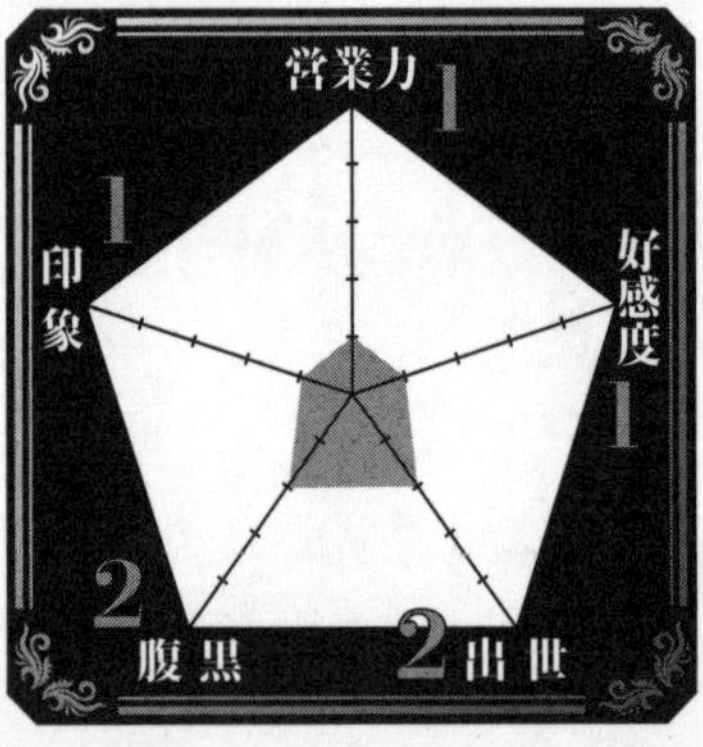

この疑問に対して、イギリスのマンチェスター大学のマーク・ベリス博士が次のような論文を発表している。『カンパニー誌』に掲載された女性の浮気データ２７０８名分を分析したところ、婚外性交渉の割合、つまり浮気のセックスをするのは危険日に該当するケースが非常に多いことが判明したのだ。また、オーストリアのニュー・サウス・ウェールズ大学のハロルズ・スタニロウ博士も１０６６名の女性の月経を調査し、最も性的欲求が高まるのは危険日であることを発表している。

ちなみに、ベリス博士によると通常の日に女性が浮気する確率は１％程度だが、危険日には４％にまで跳ね上がるというのだ。このことを単純に考えれば、女性の浮気率は危険日に４倍になるのである。つまり、危険日を制するものが女性を制すということになる。

…とは言っても男性が恋愛関係にない女性の生理日を知ることは不可能と言っても過言ではない。ちょっとした隙に基礎体温を計らせてもらうことなどできようはずもない。そのため、セックスしたい相手の発情期を見極めることは非常に難しいが、やたらとすり寄ってくる女性がいたら危険日の可能性があるので、絶対にコンドームを使用した方がいいとだけ忠告させていただこう。

悪魔の名言

子孫繁栄の基本原則にのっとって欲情

金と時間を掛けさせると相手は自分しか見なくなる

心を操るキーワード
サンクコスト

恋とギャンブルは似ているという考え方がある。当たるも八卦当たらぬも八卦、当たれば得るものは大きく、外れれば大きな傷を負うこともあるのだ。それを言うなら、仕事だって趣味だって何だってギャンブルに似ていると言えるのだが、実は恋の場合はギャンブルと同じ心理を応用できるところで他と違うのだ。

基本的にギャンブルは店の儲けを出すために

交渉力アップ

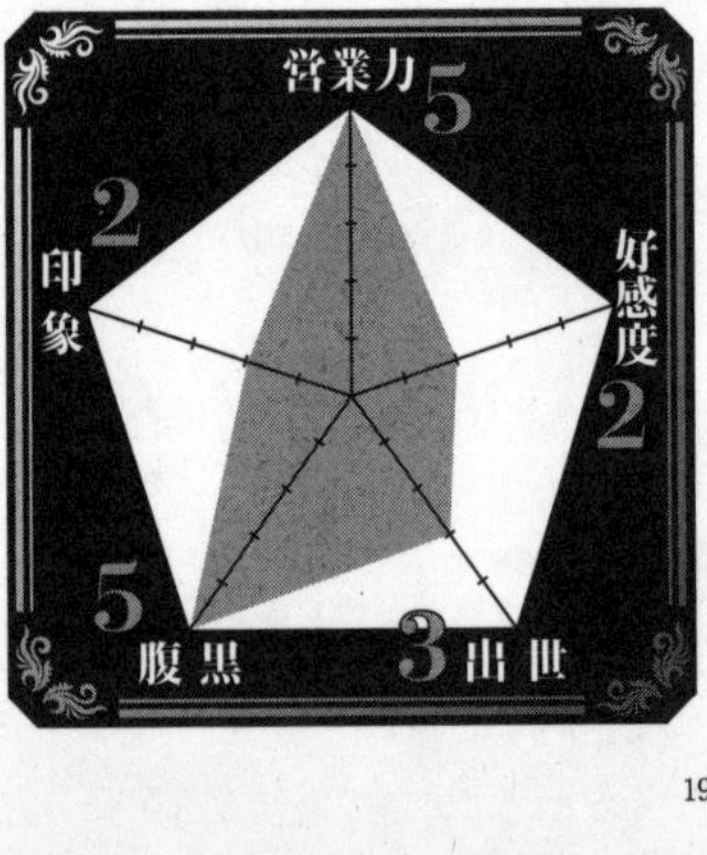

客を負けさせるようにできている。そんなことはわかりきったことであるはずなのに、それでもお金をつぎ込んでしまうのには「サンクコスト効果」というものが関連している。サンクコスト効果とは、労力とお金を使うほど撤退しにくくなるというものだ。たとえば、パソコンが故障して修理のために5万円支払ったが、しばらくすると再び故障して10万円の修理費が必要になったとする。ここで修理せずに改めて15万円支払えば新しいパソコンが買えることに気付くが、それでも先に支払った5万円を無駄にしないために10万円で修理をしてしまう。これがサンクコスト効果だ。

そして、この手法は恋愛にも応用することができる。女性に労力（時間）とお金を使わせれば、のめり込みやすくなるというわけだ。具体的に説明するなら、たとえば合コンはフリータイムで少し値の張るダイニングにしてみる。すると女性には、時間制の安居酒屋よりも多くの時間とお金を使わなければならなくなるので、それらを無駄にしたくないという意識が高まって真剣になるのだ。もちろん、この方法は合コン以外にも1対1のデートや交際中の彼女にも有効だ。デート代は男がすべて支払うのではなく、女性をのめり込ませるためにもいくらか支払ってもらおう。

悪魔の名言

金と時間を使うと元をとろうとするので効果大

離婚防止には子どもが一番

心を操るキーワード　浮気の防止

幸せな新婚生活は早くも過ぎ、いつの間にやら妻とはギクシャク、離婚届を突きつけられて夫婦崩壊の危機に。でも、まだ妻のことは愛しているんだ、離婚なんて絶対にしたくない！

そんなことにならないように、離婚防止のため結婚してすぐに行っていただきたいことがある。それは子どもを作ることだ。

ペンシルバニア州立大学のデニス・プレヴィ

腹黒テクニック

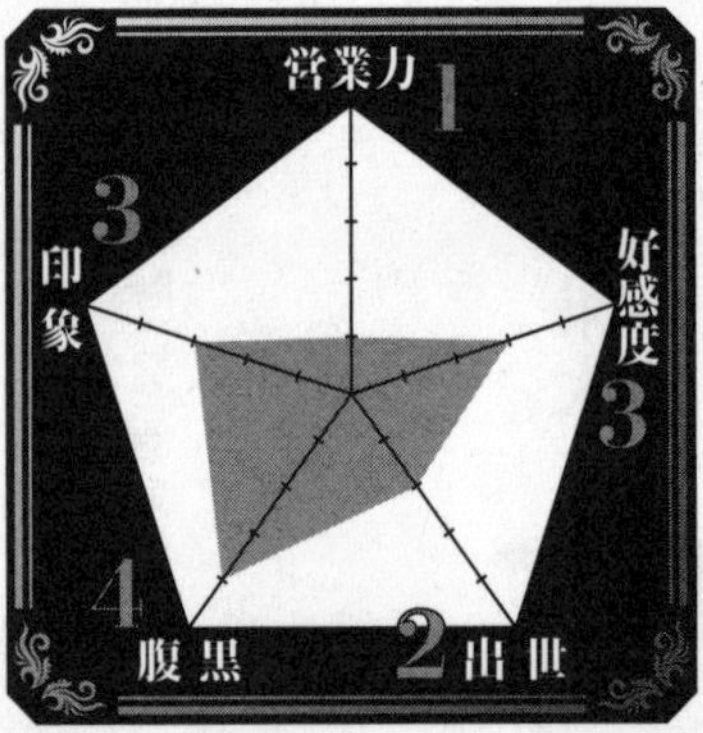

テイ教授によると離婚原因でもっとも多かったのが、「他に好きな人ができた」ことだという。要するに浮気である。しかし、プレヴィティは１４２４人の既婚女性に調査を行ったところ、浮気しても離婚しないケースも少なくなく、その一番の要因は「子どもがいたから」なのだとか。また、子どものために離婚しないのには3つの理由がある。

夫には愛情がないが、愛する子どもには血のつながった実の父親と一緒に暮らして欲しいから。

離婚は一大イベントであり、とてつもない労力と精神力、場合によっては経済力も必要になるため、離婚後の養育費や生活費を考えると離婚が億劫になるから。

浮気が原因で離婚すると子どもを手元に残せないから。

離婚しないためには子どもがいかに重要かおわかりいただけただろう。しかし、離婚防止のための子供という考えは捨てて欲しい。愛する妻と結ばれ、結婚式では初めての共同作業としてケーキ入刀を行った。そして家族となって最も大きな共同作業であり、喜びとなるべきものが子どもを産み育てることで、その喜びがあくまで離婚の〝抑止力になっている〟とお考えいただきたい。

悪魔の名言

子どもは何よりも、絆をつなぐ保証書だ

マメな女はストーカーになる？

心を操るキーワード　ストーカーの法則

交渉力アップ

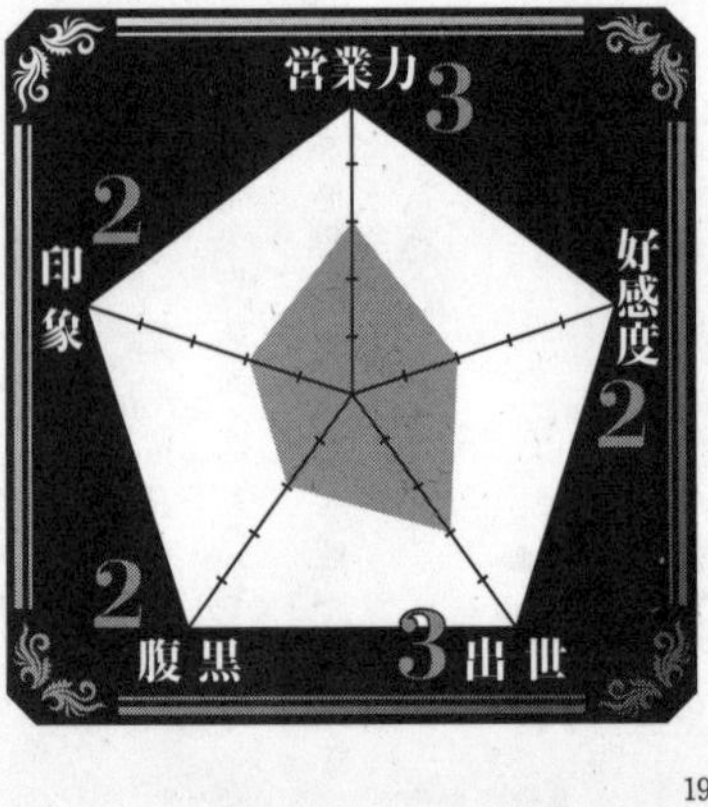

彼女や奥さんにするなら、よく気がついて気遣いのできるマメな女性がいい。そんな非の打ち所のない女性なら文句がないと思いがちだが、実はこの通称マメ女はとてつもない危険をはらんでいる。マメな女性は仲が良い分には何の問題もないのだが、一度仲が悪くなってしまうと、これがとにかく厄介なのだ。

なぜマメ女と仲が悪くなると危険で厄介かと

いうと、「よく気がつく」が「いつまでも根に持つ」に変わり、「気遣いができる」が「余計なことをする」に変わってしまうからだ。このいつまでも根に持ち余計なことをするタイプはストーカーになるケースが多く、また精神に障害を負っている可能性も高まるのだ。

フランスのミレイル大学の心理学者マリア・サストールの統計結果によれば、他人を許してあげられる人ほど性格がノーブル（高貴）であり、許してあげられない人ほど危険な性格を持っているという。マメであることとストーカーになることは表裏一体であるが、当の本人からすればやることを変えているわけではないので、あまり自覚がない。

言ってしまえば、“マメに取っていた連絡”が“嫌がらせの電話”と捉えられるようになり、“気の利いた送り迎え”が“待ち伏せ”と捉えられるようになっただけのことである。ただし、嫌がらせや待ち伏せをされていると捉える方にとってははたまったものではない。マメな女性がいいという意見に相違はないが、果たして彼女には裏の一面がないのかを、しっかりと見極める心構えを持っていた方がいいだろう。

悪魔の名言

マメな女は表裏一体。心して別れるべし

冬に生まれた女は口説きやすい⁉

心を操るキーワード

誕生日の原理

もし口説き落とそうとした相手がワンナイトラブに興味があるか否か、それがわかればこれほど簡単なナンパはない。

それには、女性が刺激追求者であるかを調べればいい。「刺激追求者って何やねん」というツッコミはひとまず置いといて、ペンシルバニアで行われた心理テストに注目してほしい。

バニ・ヘンダーソン率いる心理学の研究グ

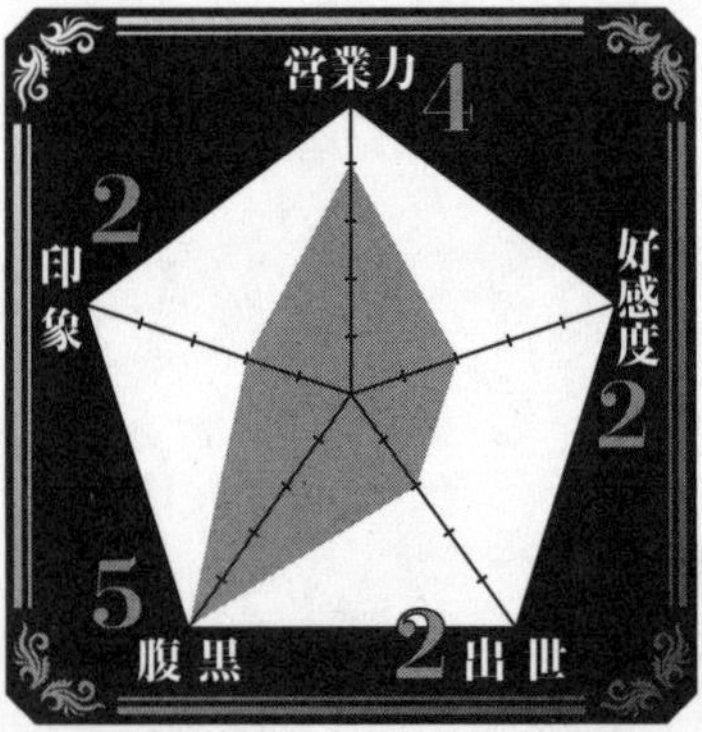

ループが673名の刺激追求者に集まってもらい、「冒険は好きか」「新しい経験は好きか」「退屈が嫌いか」などのアンケート結果をもとに特に強い刺激を好む高刺激追求者を選別した。そして、さらに高刺激追求者に異性とのデートやセックスに興味があるか尋ねてみたところ、多くの高刺激追求者が興味を示すことが発覚したのだ。単刀直入に言わせてもらえば、好き者が多かったということ。

さて、そろそろ「刺激追求者って何やねん」のツッコミに答えなければならない。刺激追求者とは幼い頃から高いところや絶叫系マシーンなどが好きな、読んで字のごとく刺激を追求する者のことであり、この刺激追求者はイギリスのキャロル・ジョンソン博士の研究によって冬に生まれた人にその傾向が現れやすいことがわかった。

ということは、誕生日が12月～3月生まれと巡り合えれば、その女性は刺激追求者である可能性が高いことになる。さらに、その女性に対してヘンダーソン博士のような「強い刺激は好きか」という質問をして「YES」と答えられたのなら、彼女をホテルに連れ込むことはまったく難しいミッションではなくなるだろう。

悪魔の名言

強い刺激は好き？　にYESな女は口説きやすい

遊び好き女は結婚しても遊び好きのまま

心を操るキーワード **女の浮気性**

「結婚すると人が変わる」とはよくある話で、独身時代に遊び歩いていた男性が、結婚後まっすぐ家に帰るようになったり、料理ベタな女性が完璧に家事をこなしたり、以前とは別人のように真面目になる人も少なくない。しかし、まったくと言っていいほど性格が変わらないタイプの女性もいる。それが、男好きである。

ウェスタン・ワシントン大学のJ・ティー

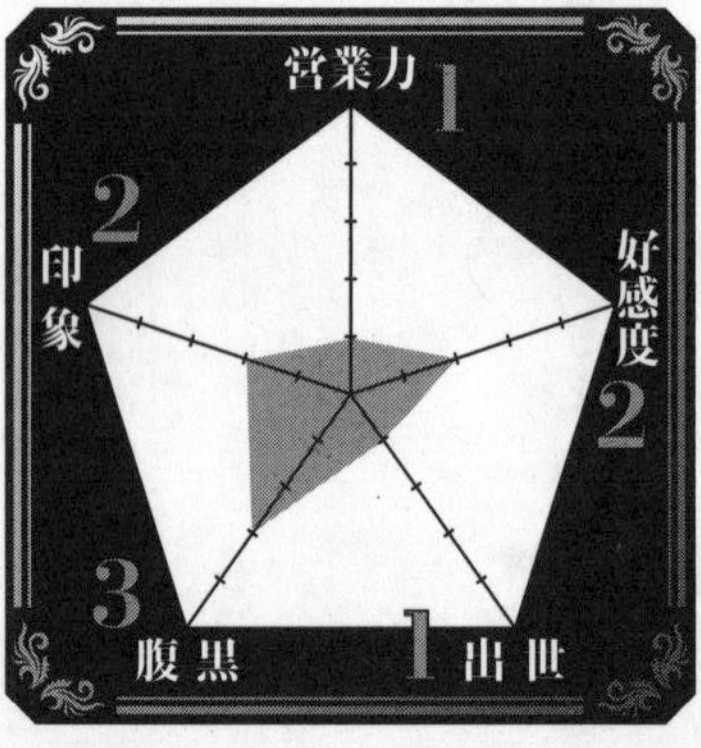

チマン教授が離婚についてのアンケートを行ったところ、一般既婚女性の離婚リスクは53％だったにもかかわらず、「過去に浮気をしたことがある」と回答した既婚女性の離婚リスクは166％と3倍以上だったのだ。

また、ティーチマン教授によると「過去に浮気をしていた既婚男性と一般既婚男性では、離婚リスクはさほど変わらない」のだという。つまり、女好きは結婚するとおとなしくなる傾向にあるが、男好きは結婚しても男好きのままということになる。「結婚すれば変わるかも？」という淡い期待は持たない方がいい。

悪魔の名言

女の浮気性は男のようには変わらない

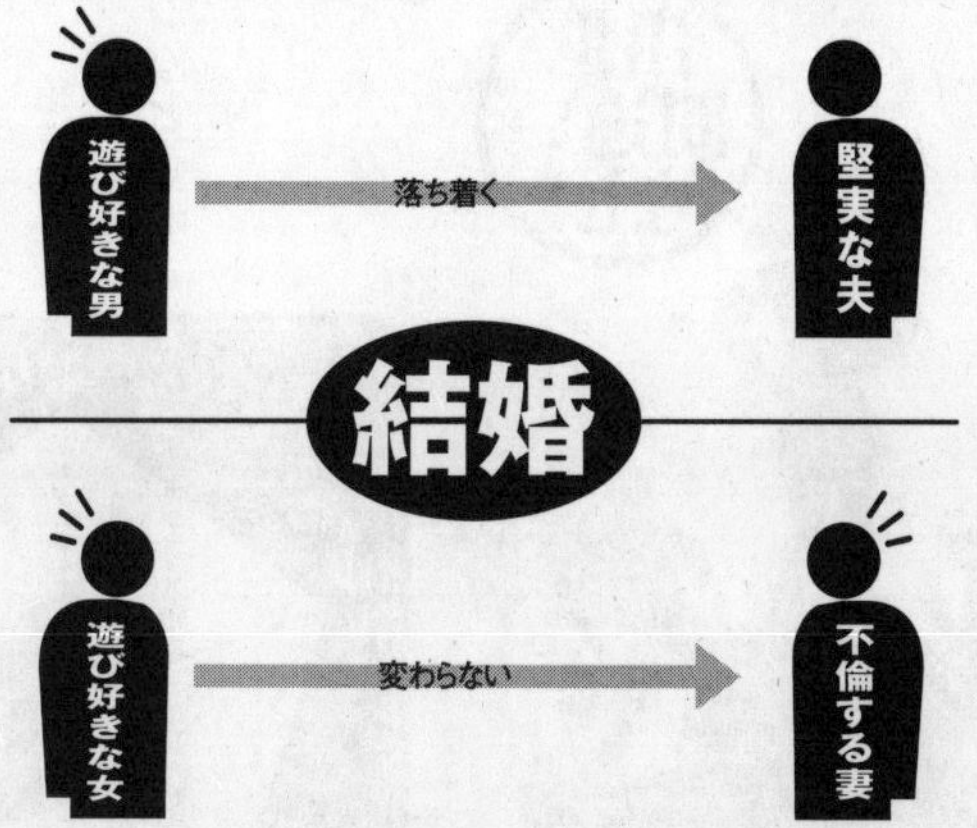
遊び好きな男
落ち着く
堅実な夫
結婚
遊び好きな女
変わらない
不倫する妻

遊び好きな女は結婚しても遊び好き

買い物大好き女は尻軽の可能性大!?

心を操るキーワード

ショッピングと性

彼女にするなら浮気癖のある尻軽な女性はごめん被りたい。そう考えるのであれば、過度にショッピングが好きな女性は避けた方がいいだろう。なぜなら、「ショッピングが大好きな女性は買い物依存症の可能性が高く、この傾向にある女性は浮気体質である」とジェームズ・ロバーツ教授は語る。ショッピングとは欲求のはけ口であり、必要以上に買いすぎる傾向にある

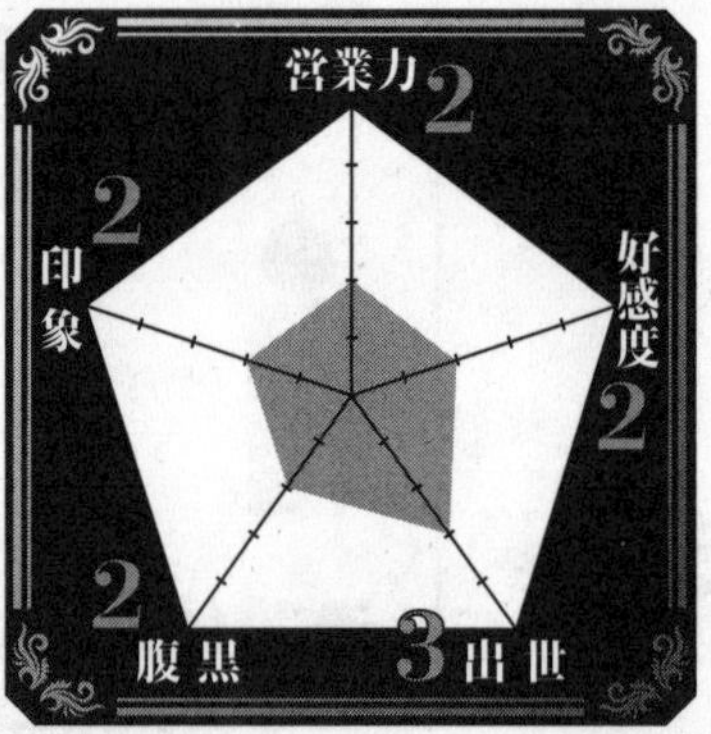

女性はセックスに対しても貪欲であるというのだ。尻軽女を見抜くには次のポイントに当てはまるか確認するといい。

「お金があると何か買いたくなる」「お金を使うことに喜びを感じる」「目的もないのに買い物に行く」「クレジットカードで買い物をする」

アナタの彼女は4つのポイントの中でいくつ当てはまっているだろうか。もしすべてに当てはまっているのであれば、浮気を注意しなければならない。また、この4つすべてのポイントに当てはまる女性はカード地獄に陥る可能性も高いので、そちらの方にも十分ご注意を。

悪魔の名言

買い物依存症は、どんなものにも依存しがちだ

ショッピング大好き!
SHOP
SHOP
快
女
恋愛・合コン大好き
男
性と物、快の衝動で連動

最後までウソをつき通せば女性でも見抜けない

心を操るキーワード
ウソの認識

女は男のウソを見抜く。しかし、男なら彼女に知られたくないことのひとつやふたつあって当然。どうしたらウソをバレないようにつくことができるか。これは、非常に簡単。ウソを最後までつき通せばいい。「そんな当たり前のことを…」と思われるかもしれないが、実はウソをつき通せる男性は非常に少ない。「多分バレてるよな。だったら早めに自白してしまえ」と自

腹黒テクニック

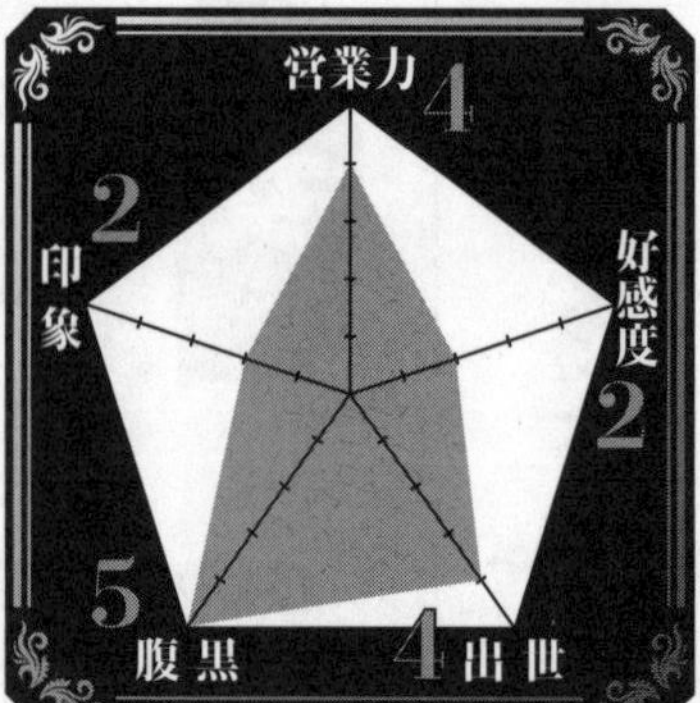

白してしまうのだ。しかし、実際には確信を持ってウソを見抜いている女性などいないのだ。

コネチカット大学のチャールズ・ボンド教授が、ウソをついている男性のビデオを女性に見せたところ、それがウソであると見抜けた女性は3割にも満たなかったという。「女は態度でウソを見抜く」という説がはなはだ疑問に感じられるほどである。女性はウソを見抜いているのではなく、怪しいと思ったことにカマをかけているだけなのだ。つまりは、ウソをつくなら最後までつき通してしまえば、怪しまれたとしてもバレることはない。

悪魔の名言

女は言うほど男の心を見通せていない

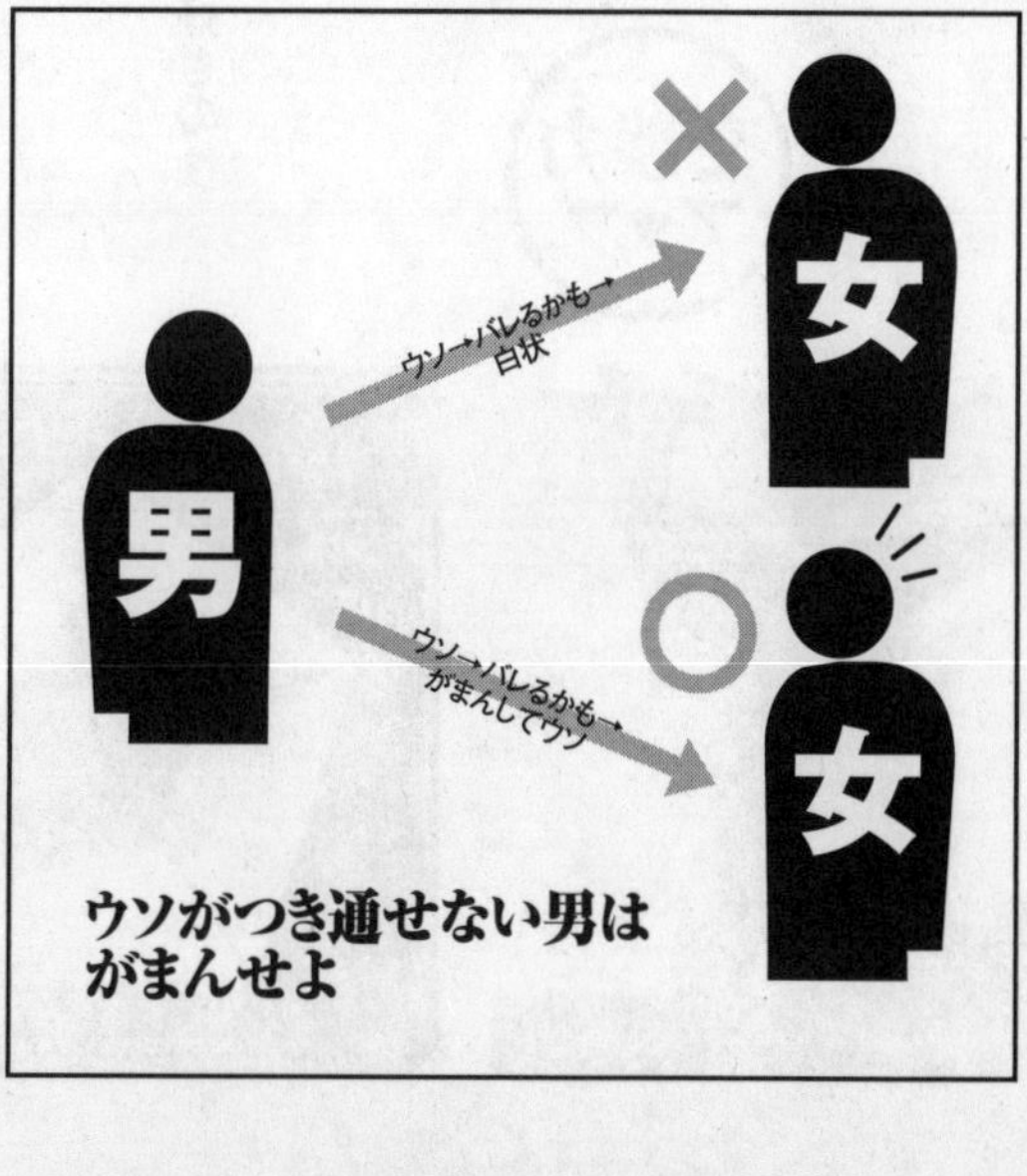
女
ウソ→バレるかも→白状
男
ウソ→バレるかも→がまんしてウソ
女
ウソがつき通せない男は
がまんせよ

恋愛小説好きの女性はコンドームを使用しない⁉

心を操るキーワード

ロマン好きの性

恋愛小説を好んで読んでいる女性をロマンチックで可愛いと思うだろうか。否、実際ではこういった女性には要注意しなければならない。何を注意しなければならないかというと、それはデキちゃった結婚のリスクである。恋愛小説には多くの場合ベッドシーンが登場するが、コンドームを付ける描写は皆無。ロマンの世界であり、現実的で日常性のあるコンドーム

交渉力アップ

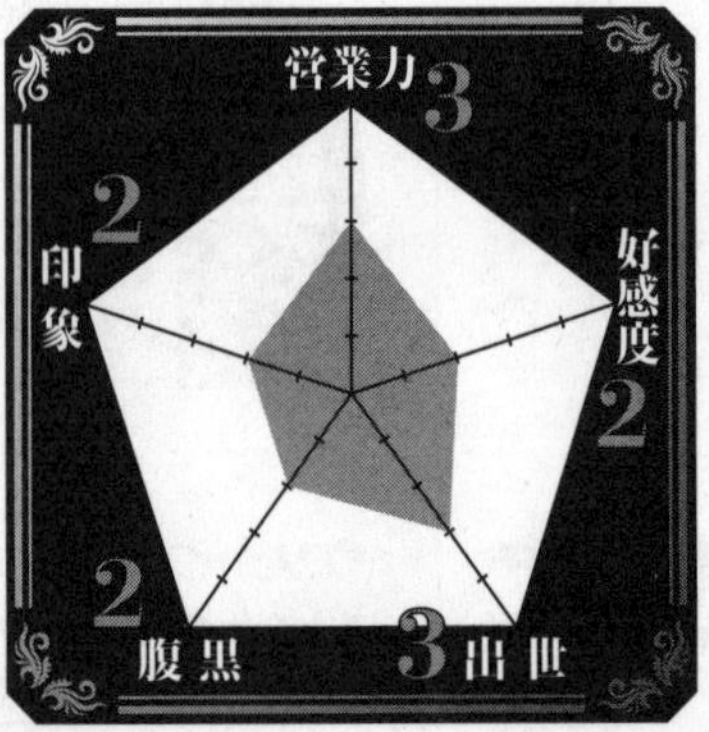

を付ける描写など恋愛小説には蛇足でしかない。愛し合う時は、ふたりを隔てるものが何もないノースキンがデフォルトなのである。

かと言って、「実生活でもコンドームを使用しないわけではないのでは？」とも思える。この疑問に結論を出してくれたのは、ノースウェスタン大学のアマンダ・ディークマン博士だ。彼は同大学の女子学生約１００名に「恋愛小説を読む頻度」と「セックスでコンドームを使用する頻度」を尋ねたところ、恋愛小説を頻繁に読む女性ほどコンドームを使用しないという結論を導き出したのだった。

女性の恋に対する夢想は男性の比ではない。ディズニー映画や宝塚への憧れと同じように、男性へも普通じゃない妄想を抱いていることがある。

だから、性行為の途中にゴムを付けるなんていう興ざめすることは許されないのだ。この夢想の感覚はバージン喪失が遅いほど強い。それだけ長い間、性体験がイメージの世界でしか存在せず、リアリティがないからだ。代わりに一度目覚めるともの凄く欲情が強くなったりもする。性の世界は本当に奥が深い。

悪魔の名言

ロマンの世界では避妊など一切語られない

動物が嫌いな女性には犯罪者も多い!?

心を操るキーワード　**動物愛護と性格**

優しい女性と付き合いたいと考えた場合、「そういえば、動物好きに悪い女性はいないよな?」ということが思い浮かぶ。しかし、ペットの糞の始末をしないマナーの悪い人もいれば、ペットの騒音で近隣住民と問題を起こす人もいる。大量の野良猫を飼っているゴミ屋敷の主なども印象が良いとは言えないものだ。さらには、人嫌い故にペットに依存するということも考えら

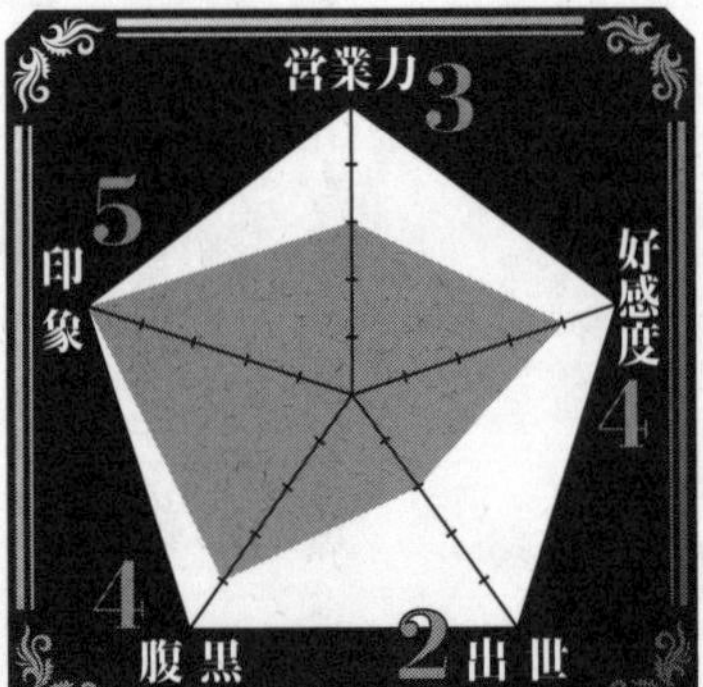

れ、動物好きに悪い女性はいないという定説は崩れることになる。

逆に「付き合いたくないような悪い女性は、どういうタイプに多いのだろう?」と考えてみる。動物好きに悪い女性はいないということは当てはまらなかったが、実は犯罪を犯すような悪い女性の中には「動物嫌い」が多いのだ。

アメリカの動物愛護協会が、1996年からのデータを統計してみたところ、ペットを虐待した人の約30%が犯罪を犯した経験があることが判明したのだ。

そのうち幼児虐待をした人が27%、暴行事件を起こした人が10%、なんと殺人事件を起こした人が6%も存在していた。もし、「動物なんて気持ち悪いし大嫌い」なんて言う女性が近くにいたら、気をつけなければいけない。

そもそも動物が嫌いな人というのは、嫌いになるだけの心情的理由があるもの。何か動物に関わるトラウマを抱えているのだ。トラウマが多い女性と付き合うのは、それだけで苦労の種なのだ。心して付き合うべし。

悪魔の名言

動物が嫌いな女が抱える心の問題に注意

COLUMN

ワンポイント

恋愛と性愛の違いの科学

恋愛と性愛というのは非常に近いところにいながら違う作用をもたらすところがある。恋は、心を介するやりとりで性愛は肉体を介するやりとりだ。

恋をしていると心は多幸感に包まれて幸せな気分になる。そしてセックスをしている時も多幸感を感じて胸がいっぱいになる。同じ作用が働いていると思うかもしれないが、実は微妙に違う。

脳科学的に言えば、ドーパミンとオキシトシンという脳内物質が働いている。ドーパミンは「快」を司る脳内物質でオキシトシンは「幸福観」を司るもの。「快」と「幸福観」は同じようでいて、ちょっと違うのだ。ドーパミンの「快」は恋愛においては、「彼女をゲットしたい」「彼女とHがしたい」という想いを馳せている時に働く。これは彼女という「報酬」が得られることによって充足されるもの。恋人ができた時の容赦ない多幸感やセックスをした時の多幸感はドーパミンによってもたらされたもの。

一方でオキシトシンはもっと穏やかだ。スキンシップによって分泌され、強い多幸感というよりは、「確かな安心感」をもたらす。彼女と手を握っている時、一緒に食事をしている時、もちろんセックスしている時に得られる安心感はオキシトシンによるもの。

安心感は安定感ももたらし、さまざまな積極的な効能をもたらす。一方でドーパミンは強い多幸感があるだけに依存性も強く、ハマると抜けられない危険性もある。恋にはバランスが大切だ。

深層心理を見破る心理テスト 恋愛編

問題1

ウサギを専門に扱うペットショップの経営者です。ある日店に入るとウサギが逃げてしまっていました。どのくらい逃げていたでしょう？

A 1〜2羽	B 全体の3割
C 全体の半分	D ほとんど全部

深層心理を見破る心理テスト 恋愛編

あなたのセクシー度がわかります。

ウサギは性的魅力を表す動物です。逃げたウサギの数は性的魅力が逃げていく数と言えます。

A 1～2羽　セクシー度満点

ウサギがあまり逃げ出さないというあなたは、十分な色気を持っていると言えます。相方から嫉妬されやすいかもしれないので気をつけましょう。

B 全体の3割　普通にセクシー

3割ほど逃げ出すと答えたあなたは、ノーマルにセクシーです。セックスも月に2～3回程度。一般的な性的傾向だと思われます。

C 全体の半分　色気少なめ

半分が逃げ出したというあなたは、あまりセックスに興味がないかもしれません。伴侶とは子づくり目的以上にセックスしないかも。

D ほとんど全部　色気なし

全部と答えたあなたは、セックスレスかもしれません。性愛にほとんど興味がなく、一生誰ともエッチしなくてもいいぐらいに考えています。

深層心理を見破る心理テスト 恋愛編

問題2

愛用していたカメラが、壊れかけて使えなくなりそうです。そのカメラをあなたはどうしますか？

A 捨てずに飾る	B すぐ捨てる
C 時期を見て捨てる	D 最後に1回撮ってから捨てる

深層心理を見破る心理テスト 恋愛編

あなたの恋人への未練度がわかります。

壊れた時計は別れるべき恋人を表しています。あなたがどのような別れ方をするかがわかります。

A 捨てずに飾る　すがりつくタイプ

捨てないで飾るあなたは、別れるという段階になってもグズグズと渋ってしまうタイプかもしれません。いつまでもすがりついても良いことはありません。

B すぐ捨てる　あっさり切り替えタイプ

カメラをすぐ捨てるあなたは、割とあっさりと別れてしまうタイプです。そんなに引きずらない方ですが、相手にとっては愛情のない人と思われてしまうことも。

C 時期を見て捨てる　復縁希望タイプ

時期を見て捨てるあなたは、実は別れたくないと思っているようです。もしかしたら、またこちらを振り向いてくれるんじゃないか？　と思っているところがあります。

D 最後に１回撮ってから捨てる　普通の別れタイプ

最後に１回撮るという人は、円満に別れることができるタイプです。別れ際もきちんと始末して後腐れなく別れることができます。

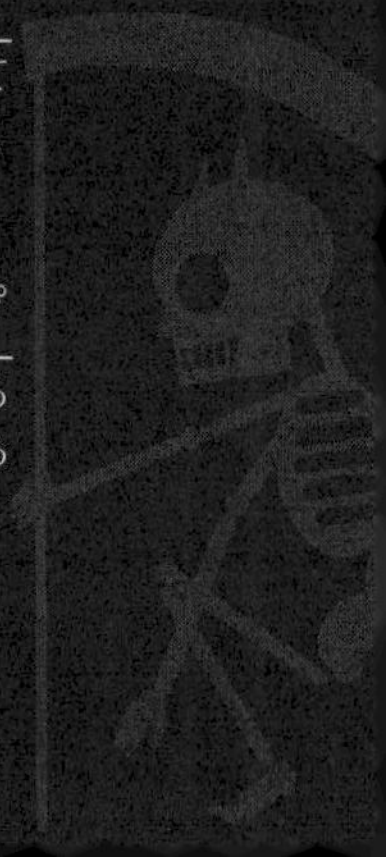

深層心理を見破る心理テスト 恋愛編

問題3

あなたは海の漁師です。仕掛けていた網を引き上げに行きましたが、クラゲが発生して網にかかっており、魚は一匹もおりませんでした。クラゲはどのくらいかかっていたでしょう？

A 10 匹くらいの少量	B 魚入れがいっぱいになるくらい
C 船が沈むほど満杯	D 引き上げることができないくらい大量

あなたの性欲度がわかります。

漁の邪魔をするクラゲは、あなたにとって必要のないものです。それはあなたが持て余している性欲や欲求不満を表しています。

A 10匹くらい少量　性欲なし

漁に必要のないクラゲが少ないあなたは欲求不満もあまりありません。というか、あまり性欲がない方かもしれません。時には恋愛に意識を向けましょう。

B 魚入れがいっぱいになるくらい　性欲普通

魚入れがいっぱいになるくらいと答えたあなたは、普通の人くらいに適度に性欲があります。このまま伴侶と楽しい恋を楽しんでください。

C 船が沈むほど満杯　性欲旺盛

船が沈むほどに満杯という人は、かなり性欲が溜まっています。恋人がいない人は彼女をつくる努力を、セックスレスの人は一刻も早く解決策を探してください。

D 引き上げることができないくらい大量　異常性欲

引き上げることができないくらいいっぱいいると答えた人は、少し異常な性欲の持ち主です。相方は自分と釣り合うくらいセックス好きを探しましょう。

深層心理を見破る心理テスト 恋愛編

問題4

恋人を含む友人たちとお祭りに行くことになりました。あなたは浴衣を持っていないので洋服で行くことになりました。洋服に合わせてどんな靴を履いていきますか？

A 動きやすいスポーツ系	B いつも履いているお気に入りの靴
C 最近買った流行りの靴	D とっておきのブランド靴

深層心理を見破る心理テスト 恋愛編

あなたの恋愛観がわかります。

出かけるときに欠かせない存在の靴は、あなたのパートナーに対する考え方を表しています。つまり、あなたの恋愛観がわかるのです。

A 動きやすいスポーツ系　主導権をとるタイプ

スポーツ系と答えたあなたは、みずから動くのが大好きで、むしろ自分が主導権をとって何事も決めていきたいタイプ。時には相手の意向も聞いてあげましょう。

B いつも履いているお気に入りの靴　一途な純愛タイプ

いつも履いている靴は、あなたが一途であることを表しています。いつ何事があろうとも心が揺るがない強い精神の持ち主なのです。

C 最近買った流行りの靴　移り気タイプ

流行りの靴を履くあなたは、熱しやすく冷めやすい移り気なタイプです。どこかで落ち着く気でいないと一生独身なんていうこともあるので注意。

D とっておきのブランド靴　続かないタイプ

とっておきのブランド靴を選ぶあなたは、つきあうまでは頑張るのですが、つきあってしまうとすぐに冷めてしまいます。もっと本質を求めましょう。

深層心理を見破る心理テスト 恋愛編

問題5

明日は、友人たちと約束したパーティの日。食材調達係を頼まれたあなたは、何を選ぶのに一番時間をかけますか？

A 肉	B 野菜
C ドリンク	D デザート

深層心理を見破る心理テスト 恋愛編

あなたの浮気願望がわかります。

食べ物への関心は、性欲と深いつながりがあります。食材への願望は、あなたの性生活への不満を表しています。すなわち浮気願望がわかるのです。

A 肉　浮気願望90%

肉は欲望を求めていることを表しています。他の女性と関係を持ちたくて仕方がありません。あとで痛い目を見たくなかったらがまんしましょう。

B 野菜　浮気願望40%

野菜は健康や知性の象徴です。恋人には性欲よりも知性を求めています。知的好奇心を満たしてくれる相手を優先的に選びましょう。

C ドリンク　浮気願望10%

ドリンクを選んだ人は純愛タイプです。一途に相手に愛を与えようと思います。浮気願望はなく、理想的と言えます。

D デザート　浮気は遊び

デザートを重視するあなたは、そもそもセックスを遊びと考えています。浮気も文化と考えているところがあるのかもしれません。

第五章

勝ち組になるための自己暗示

自信を持つことで運気も上げることができる

心を操るキーワード

自信の効果

かのスティーブ・ジョブス曰く、「他人の意見で自分の本当の心の声を消してはならない。自分の直感を信じる勇気を持ちなさい」。

自分のことを信じること、自信を持つことで能力は最大限に発揮され、物事を成功させていく力となる。自信がない状態ではうまくいくものもうまくいかなくなってしまうのだ。自信なんて水のごとく、生まれてもそのままでいれば

交渉力アップ

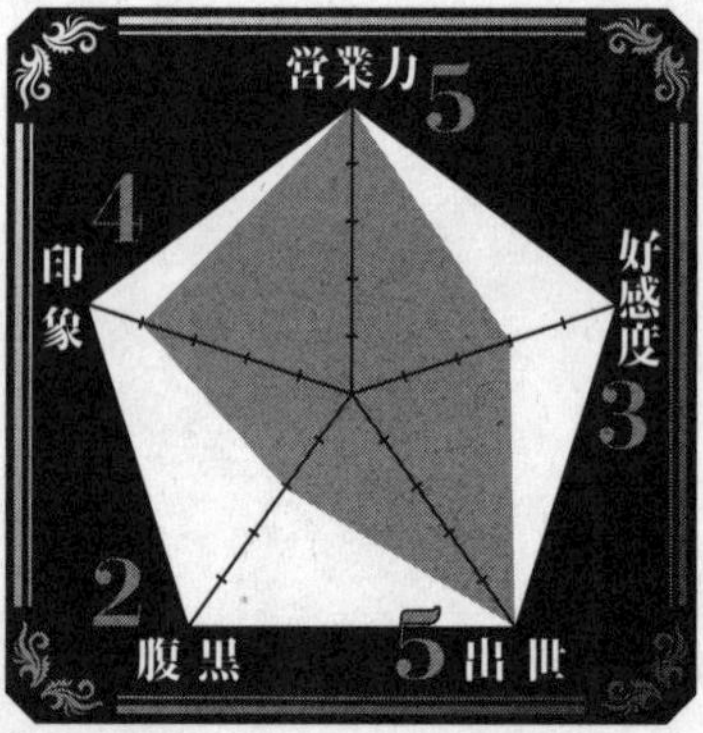

消えてしまうものだから、根拠なんてなくてもかまわないのだ。

では、どうすれば根拠のない自信をもてるのだろうか。

そう、いっそのこと、「俺って、本当にサイコー！」という具合に、ただただ自惚《うぬぼ》れてしまえばいいのだ。

もしかしたらあなたは、過去に失敗したことで自信が持てなかったり、自分の容姿や性格が気に入らなくてうんざりしているかもしれない。自分の能力のなさに嫌気がさしているかもしれない。

同じ物事や状況も、どういった観点から見るかでがらっと変わってしまう。過去にあった失敗は、これからの未来の成功のために必要な経験だったかもしれないし、自分が足りないと思っている部分が他人には意外とチャーミングに映っていることもあるかもしれない。

ご存知のようにネガティブな想いはさらなるネガティブな状況を引き寄せるし、あなた自身からも生命力を奪っていってしまう。

悪魔の名言　根拠なんかいらない！　とにかく自信を持て

少し無理をしても自信をつけるためには高価なものを身につけよ

心を操るキーワード

自我拡張

自我拡張という言葉をご存知だろうか。自我が拡張するということ。人が自分の持ち物まで含めて自分だと認識することなどを指す。

つまり、人は良いものを身につけているほど、それが自信につながりやすいのだ。

良いものが自分に自信を与えてくれる、そう考えれば高級品を買う価値はあるはずだ。

多くの人は自分の存在価値を示すバロメー

交渉力アップ

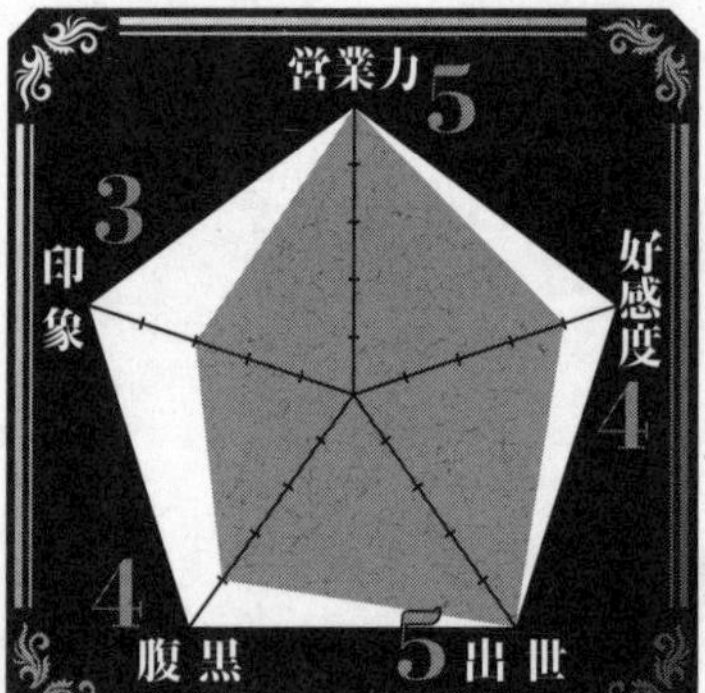

ターとして、家柄、学歴、会社、職業、クルマ、服装、髪型、家、本、友人や恋人、腕時計、アクセサリー、高級レストランでの食事などを引き合いに出している。

近年ではSNSの普及により、多くの人が自分の経験や趣味、センス、支持する媒体をアップしているが、それも自我拡張と自尊心が結びついた結果も言えなくもない。

レベルの高いものを所持し、身につけているとそのものまでもが自分の一部になり、結果として自我が拡張されれば、自信につながる。

悪魔の名言

高い時計を買え！ 自分も高級品にしろ

高価な時計
＝
自分も高価になる
安物の時計
＝
自分も安くなる
高級品を身に着けると自我が拡張

心を強くするには カラダを鍛えろ

心を操るキーワード

心身連動

続けようと思った英会話教室に通わなくなったり、マラソンは3日坊主、疲れてくるとすぐ人のせいにしたくなる。強い精神力を手に入れたいと思う場面は多いが、なかなかハードルは高いように見える。

そこで忘れてはいけないのが、心と身体は密接な関係にあるということ。「健全な精神は健全な肉体に宿る」というように、精神は精神、

交渉力アップ

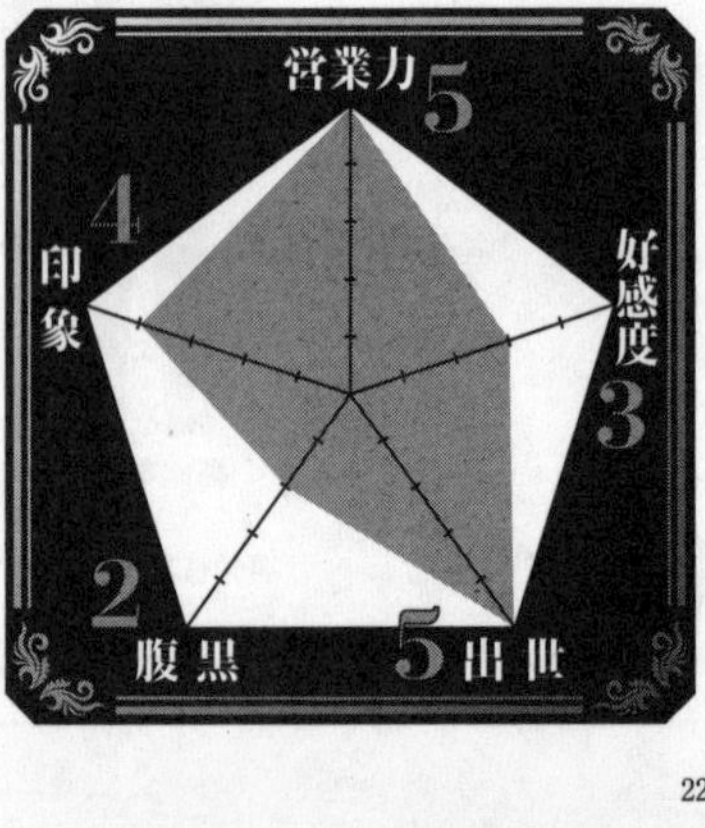

カラダはカラダと分けて考えることはできない。食事や睡眠が足りなければ、当然心身共に衰弱するし、ストレッチや運動を欠かせば、血液の循環も悪くなり、結果さまざまな支障もきたすだろう。

心を鍛えるのに良いとされている脳内物質にセロトニンというものがある。セロトニンが不足すると精神のバランスが崩れて、暴力的になったり、うつ病を発症すると言われている。

だから、セロトニンを増やす作用を引き起こせ引き起こさせればいいのだ。

実はそれが運動を行うということなのだ。特にリズム性の運動が良いとされている。ウォーキングやジョギングのほか、呼吸法もリズム運動なのでヨガや座禅も良いのだ。もちろん、ジムやダンスなどの習い事も最高のリズム運動になる。

セロトニン活性がされると、心が元気になり、働くための意欲や集中力をつかさどる前頭前野という場所が活性化され、複合的にエネルギーを充填してくれる。

『徹子の部屋』の司会者でお馴染みの黒柳徹子さんも寝る前、スクワットを毎日していることで知られている。心の健康を願うなら、まずは運動だ。

悪魔の名言

心を鍛えること＝身体を鍛えること

思考をポジティブにせよ 実際の能力もグイグイ上がる

心を操るキーワード

自己効力感

例えば今あなたは、大変危機的な状況に立たされているかもしれない。

もし、あなたが目の前に立ちはだかる大きな脅威を恐れ、自身に眠る能力を信じてあげないとするならば、脅威はあなたを飲み込み、あなたはさらに身動きのできない状況へと追い込まれるだろう。

だがしかし、「物事はすべて自分の想い通り

出世間違いなし!

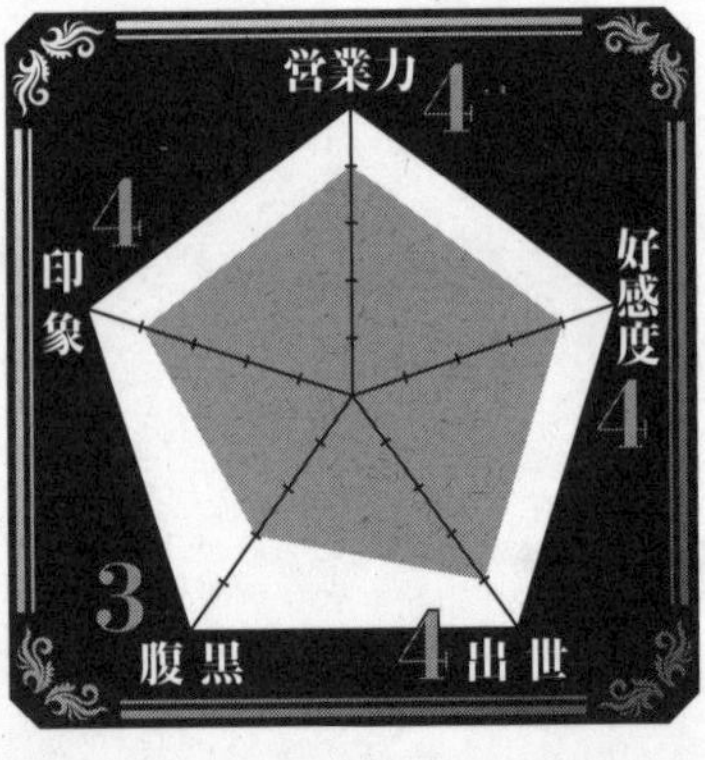

になる」と信じたならばどうだろうか。自分の力を信じ、いかなる困難な状況も乗り切れるという信念を持ったならば、あなたはたちどころに平静心や意欲を取り戻し、もはや脅威に自らの心のハンドルを握らせるようなことにはならないだろう。

この自分の運命を自分の力で切り開いていけるという信念を「自己効力感」という。かのナポレオンも最盛期に「状況？　状況とは私がつくるものだ」と力強く言っている。

アメリカで行われたアンケートでは、ビジネスで成功している人はこの自己効力感が高く、年収も高くなっている結果も出ている。

近年取りざたされている鬱病やひきこもり、自殺などは、個々人の成長過程で自己効力感がうまく形成されなかったり、あるいは周囲の悪辣《あくらつ》な意見や、消費者の心をコントロールするマスコミ、集団、親兄弟に原因があるかもしれない。

たとえ教育や環境、遺伝に恵まれなかったとしても、後日この自己効力感を得て、偉大なる成功を収めた人間は山ほどいるのだ。

悪魔の名言

自分の人生は自分でコントロールできる！

やらなきゃいけないことは口に出すべし

心を操るキーワード

公表効果

「面白くない」「疲れた」などというネガティブな言葉を口にしていると、自分で言ったその言葉がきっかけで、ますます悪循環に陥るような行動をしてしまう。逆に嫌いなものでも口に出して「好き」と言っているうちに本当に好きになってしまう。心理学ではこれを「公表効果」と呼び、応用することで、目標や夢の達成に役立てることができる。

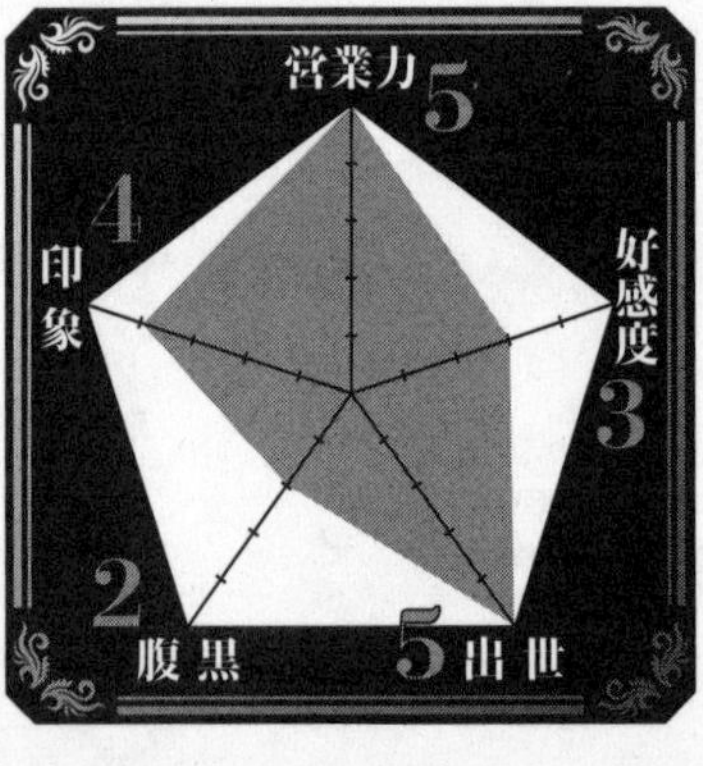

ある人が「1年後までに英会話をマスターしたい」とする。それを言葉に出して言うことは、周りの人へ公表して「やらないと！」と自分を奮い立たせる以外に、自らの心にその言葉を強く刻み込ませる効果がある。その結果、自分の意識の変化が起こることで実際に行動の変化へとつながり、目標が実現可能になるのだ。我々が口にする言葉はそのまま内在化され、自分の意識を変えていくのだ。また、公表効果は何度も同じ発言を繰り返した方がより効果が高まるとされている。

日々発している言葉は、あなたの人間性にも大きく影響している。「私は穏やかな人間だ」「愛に溢れていて幸せだ」「努力が好きな勤勉家だ」「私はなんでもできる」「人生は可能性に溢れていて、自由で豊かだ」といったようにポジティブで能動的な言葉を使うように心がけると、自然にあなた自身の心もそのようになっていき、潜在意識も大きく働くようになる。

反対に「私はツイていない」「不幸せだ」「愚かで価値がない」といったようなネガティブで消極的な言葉を常用するならば、あなたの意識もそのようなネガティブなものとなり、結果、自らの可能性にフタをしてしまうだろう。

悪魔の名言

毎朝毎晩、鏡で自分の顔を見ながらやりたいことを口に出せ

楽観的になると成功が舞い込んでくる

心を操るキーワード

思考停止法

通勤電車の中で、または街中を歩く人を見渡してほしい。暗い顔をしている人はいないか。疲れてしまって「この世の終わり」といった表情をしている人はいないか。そして自分もそんな顔をしてはいないか？ そんな顔をした人のところへ幸せはなかなかやってこないものだ。

所変わって地球上の彼方、地中海周辺や中南米などのラテンの国々の人々はとても明るく陽

交渉力アップ

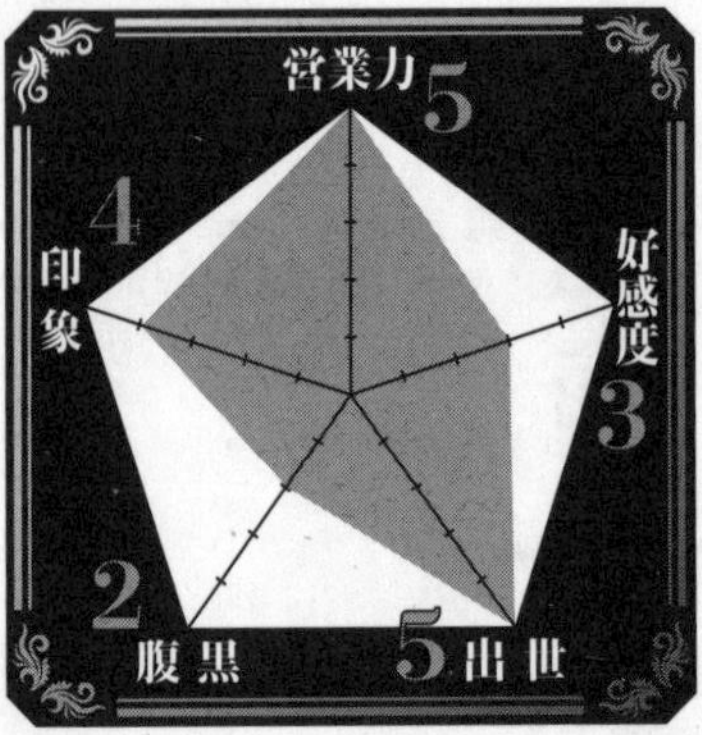

気で楽観的な空気が満ちあふれている。「どうにかなるさ、楽しく行こう」というオプティミスト（楽観主義者）が人生をより楽しく、幸せに生きることについては異論の余地はなさそうだ。

楽観的になるコツは、ネガティブな考えが浮かんできたら、思考をスイッチする習慣をつけること。これを、思考停止法といって、不安や妄想のとりこになってしまったときに、そこから逃れてリラックスした心を取り戻すためのテクニックだ。例えば「会社をクビになるんじゃないか」「自分はガンじゃないのか」といった全く根拠のない不安がわき上がったり、「自分にこんな仕事ができるわけない」「収入が上がるわけがない」と非常に悲観的になったときに使ってみてほしい。

まず、わき上がる不安やネガティブな思考に意識を集中させる。それから、指パッチンやかけ声などの合図とともにその考えをストップし、頭の中をからっぽにする。

失敗にいつまでもとらわれず、笑い飛ばして次へと力強く進んで行く力。ラテンの国の人が持っているような楽観的な気質は、心の平安と成功を実現していく上で、欠かせぬことだ。

悪魔の名言

危なくなったらスイッチして心を変換せよ

手の届く夢を終わりなくつくり続けろ

心を操るキーワード　**夢の連続性**

夢を叶えるには、その目標の設定の仕方がとても重要となってくる。高すぎて手の届かなそうな目標だと、頑張っても到底達成できそうにないとめげることも多い。反対に簡単すぎる目標も、やる気がしぼんだり、達成したときの喜びも半減したりしてしまうものだ。

だから、目標は「なるべく手が届きそうで届かない」というレベルに設定しておくこと。小

イメージ操作

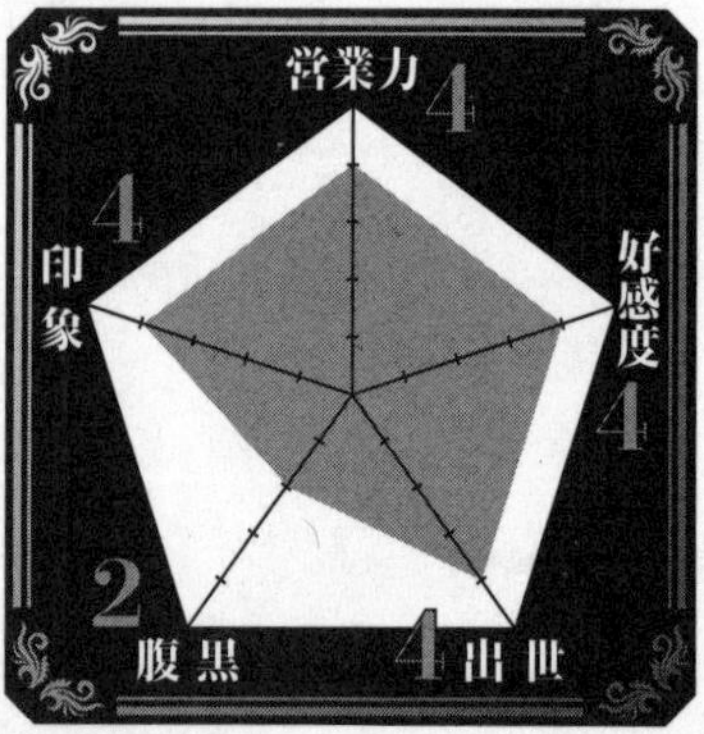

さな目標からスタートすることは、小さな達成感を積み重ねられ、自信にもつながる。ただいつまでも簡単な目標だけ繰り返していても、自分のレベルは上がっていかない。小さな目標の場合、手が届きそうになったらすかさず次の目標を設定しておくことだ。

長期的に見たら、なるべく「ありえない」くらいの大きな夢を描いてみるべし。今の自分から考えるととうてい無理なほど高い目標が良い。とにかく心の底から本当に自分がやりたいと思うことは何か、イメージしてみよう。

悪魔の名言

絶対に叶うとしたら、どんな夢を描くか

成功するには人も自分もホメまくれ

心を操るキーワード

セルフイメージ

人は性格や行動、さらには年収まで「自分はこういう人間だ」というセルフイメージを持っている。あなたが思い描く自分自身のイメージは、高ければ高いほど眠っている能力を開花させることができ、逆に低ければ目標を達成すること自体が困難になる。私たちは無意識のうちにセルフイメージと一致したものの見方や考え方、行動をしてしまう存在なのだ。

出世間違いなし!

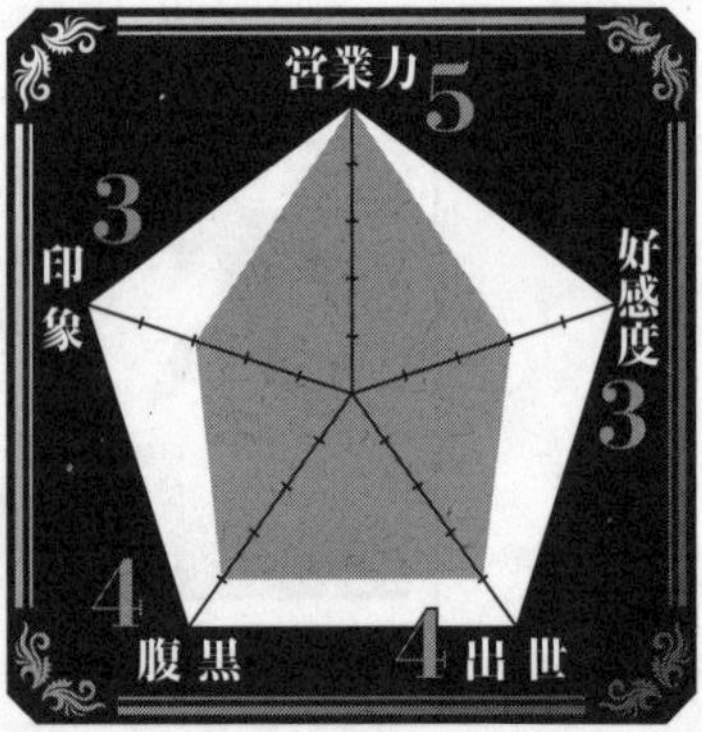

今日、多くの人が「人からどう思われるか」によって、自分の価値や自分がどういう人間なのかを決めている。それが原因でネガティブなセルフイメージを身につけてしまい、せっかく褒められても「いや、自分なんてたいしたことないです」と言ってしまう始末。しまいにはそんなネガティブなセルフイメージが作り出した自分自身や現在の状況を快適な場所とし、無意識に逃げ込もうとするように働く。そのようでは、自己実現は望めない。

だからこそ、些細なことでも自分を優しく褒めてあげる習慣を身につけるべきだ。成功者と呼ばれる人たちは、自分の能力を過大評価するものだ。70点くらいの実力に堂々と100点満点をつける。

自分をなかなか褒められないときは、人のことを褒めてみるのもいい。人間の脳には「主語を認識せずに処理する」という能力があるので、「〇〇さんは立派だ」を「私は立派だ」と置き換えて認識することになる。また、自分自身のセルフイメージを上げられない場合、自分よりもセルフイメージが高い人たちと時間を共にするようにすると、徐々に自分のセルフイメージも上げていくことができるのだ。人づき合いはよく考えてするべし。

悪魔の名言

毎日自分をホメるべし！　セルフイメージを上げろ

夢をリアルにイメージすると現実化する

心を操るキーワード　完了形の効果

もし、あなたが今とても叶えたい夢や手に入れたいものがあるならば、それを紙に書いてみてほしい。すると「お金持ちになりたい」「あの車がほしい」「営業成績でトップになりたい」…などと思いの丈を書くだろう。

自分の欲しいものを思い描き、それを言葉にする。書いたり人に話すのは、実現に向けての近道となることも多い。だが、漠然とイメージ

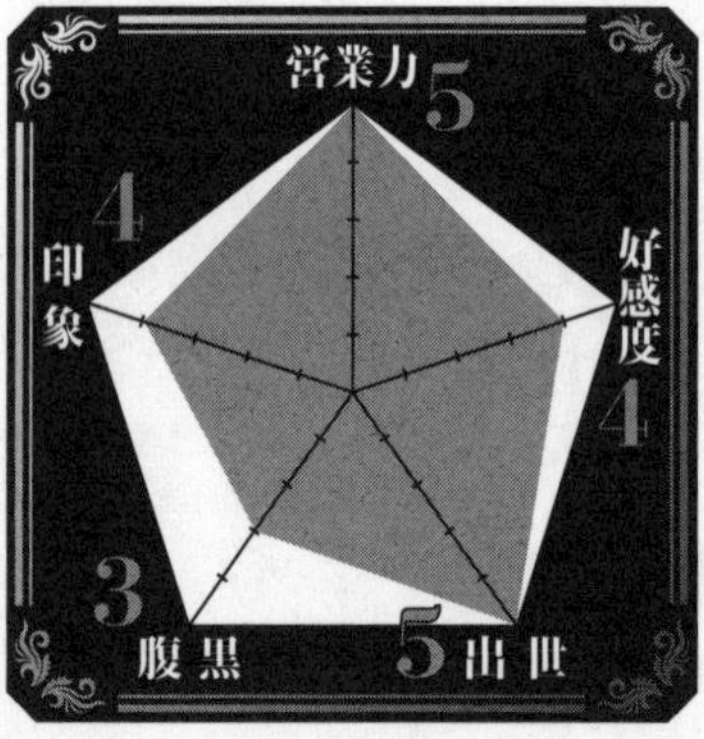

するだけではあまり具体性がなく現実的でもない。

ではどうするのがよいのか。それは、それが「簡単に」手に入ると信じ込み、そして今欲しいものをあたかもすでに手に入ったかのように完了形でイメージすることだ。

障害物を取り除き、成功や欲しいものを手に入れるために一番効果的な方法は、すでに成功や欲しいものを手に入れた体験を想像の中で完了させてしまうことである。それも、しっかりとした実感をありありと感じられるほど、リアルにだ。なぜ、こうしたことが必要かというと、「成功したい」だとか「○○が欲しい！」という意識の裏には、まだそれらが達成されていないという不満足感や「成功できないかもしれない」といった不安感があり、そうすると私たちは、目標の達成感よりも、欠如している感覚の方に意識を向けてしまうのだ。

リアルなイメージを描くのに、写真や絵を使うのもとても効果的。匂いや感覚、そのときに一緒にいる人や着ているものなど具体的に想像してみるのもいい。それはもうすでに完了していて自分にとって慣れ親しんだこと、と思えるようになれば、その夢は向こうからこちらへやってくる。

悪魔の名言

夢は「完了形」で見るべし

何事もネガティブじゃ、いいことなしだ

心を操るキーワード　**プラスの暗示**

新しいこと、やったことのないものがやってくると「私には荷が重い」とそこから逃げてしまう人がある。できないことをできる、とウソをついてしまうのもまずいが、新しいことに何もチャレンジしないで一生を終えるのは自分の可能性にフタをしてしまっていることと同然だ。

私たちは成長していく過程で実に多くの暗示

イメージ操作

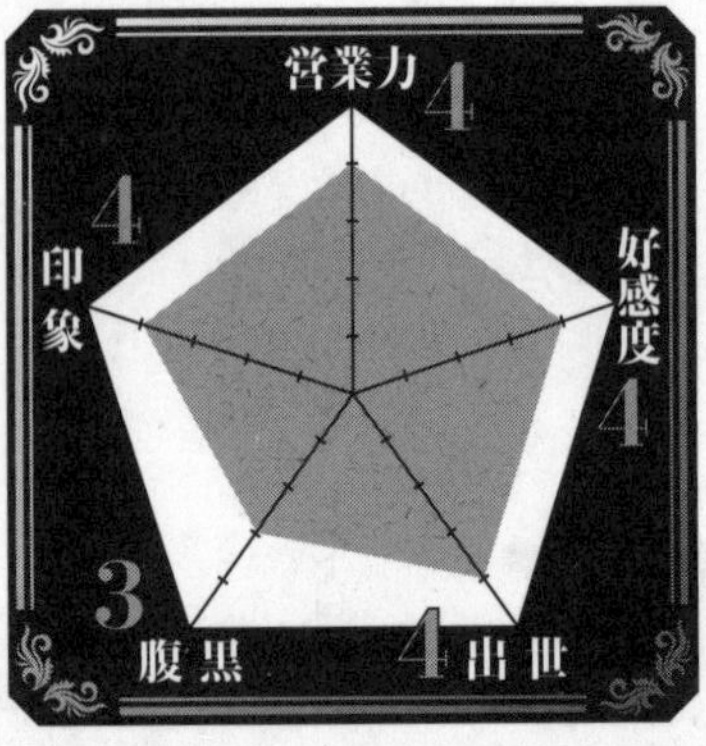

をかけられている。学校や会社での人間関係や、マスコミや世論などによる共通認識があなたの可能性にブレーキをかけているかもしれない。

もし、自分自身に「きっとできない」という暗示をかけてしまっていたら、根気よく「誰でもできるんだ」という逆の暗示をかけ続けることだ。

生まれたての赤ちゃんが、ハイハイをして2本の足で歩けるようになるには、何度も何度も立ち上がっては転び、尻餅をついてはもう一度立ち上がる…ということを繰り返したはずだ。誰もがそのような経験をひとつずつ経て大人になってきたのだから、「できなかったこと」にフォーカスする必要はないのだ。「誰でもできる」「自分もできる」というプラスの暗示をかけ続けることが、何よりも大事だ。

スキーで斜面を滑っているときのことを想像してほしい。「木にぶつからないように」と思っても木の方を意識して見てしまうとそちらの方向へ進んでいき、実際にぶつかってしまう。

逆もしかり。「できる」という暗示をかけると、実際にできる可能性が高まるという。

悪魔の名言

「負の自己暗示」から卒業すべし

よく笑う人は儲かる

心を操るキーワード

ミラーリング効果

赤ちゃんの愛らしい笑顔を見てつられて笑みをこぼしてしまう。そんな経験はないだろうか。それは「ミラーリング効果」と呼ばれる心理現象で、相手の表情が伝染して自分の表情にも表れるという。

私たちは例外なく、怒っている人より笑っている人の方が好きだ。とにかく、人に好かれたかったらただ笑っていればいい。そうすれ

イメージ操作

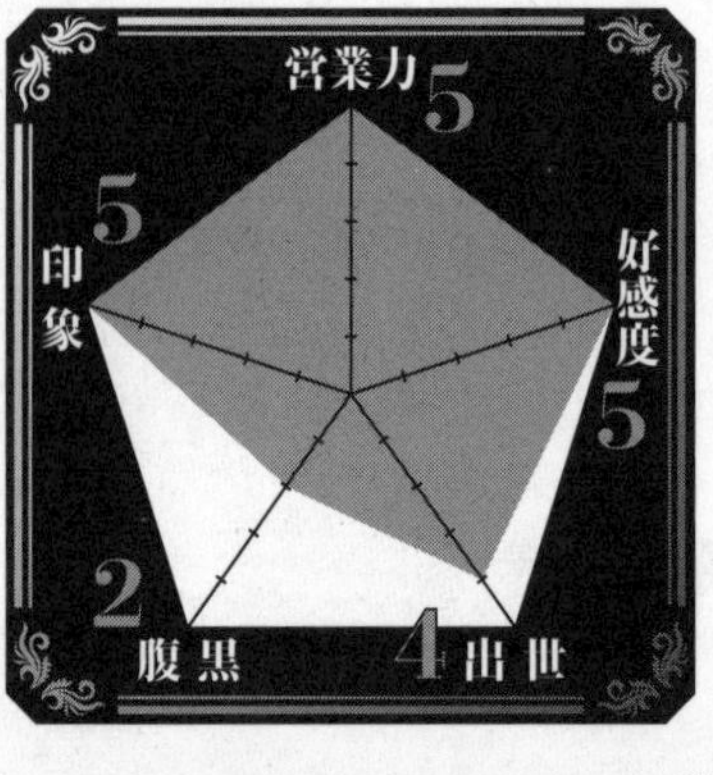

ば、頼み事をしても聞いてくれるし、人脈もどんどん広がっていくだろう。

アメリカのある村では、お金持ちほどよく笑う、という統計も出ている。そして、少し微笑むよりは大きな声を出して笑うのがいいという。

「笑う門には福来《きた》る」とはよくいった言葉で、大声で笑うことは体にもいいと医学的にもいわれているようだ。大声で笑うと、脳だけでなく腹筋も刺激され、悪いものを吐き出す効果もあるという。

いかなる場所でも笑顔のパワーは絶大だ。実際、末期ガンの患者に落語や漫才を聞かせて定期的に笑わせると、症状の改善が見られるというケースも出ている。

だから積極的に笑おう。お笑い番組やコメディーを見るのもいいし、落語やマンガでもいい。

でも、なかなか笑えないときもあるだろう。自分の想い通りにいかなかったり、体力的につかったり、悲しいことがあったり、はらわたが煮えくり返る状態だったり…。そんなときにはカラ元気でも取り敢えず声を出して笑ってみよう。

どんなにつらい場面でも、笑顔を絶やさずにいること。

悪魔の名言

「笑う門には福来る」。よく笑って幸運を味方に！

自分を動かすにはご褒美をたっぷり用意すべし

心を操るキーワード
報酬の自己暗示

人は誘惑に弱い生き物だ。今日はまっすぐ家に帰って早く寝て明日に備えよう、と思っていても、帰りがけにいつもの飲み屋へ立ち寄っていたり、ダイエットをしようと思ったそばから、おやつに手が伸びてしまう。

誘惑だらけの日々で、なにか目標に向かっていくには強い意思の力が必要。…ということでもないようだ。頭の中にあるたくさんの煩悩は、

出世間違いなし!

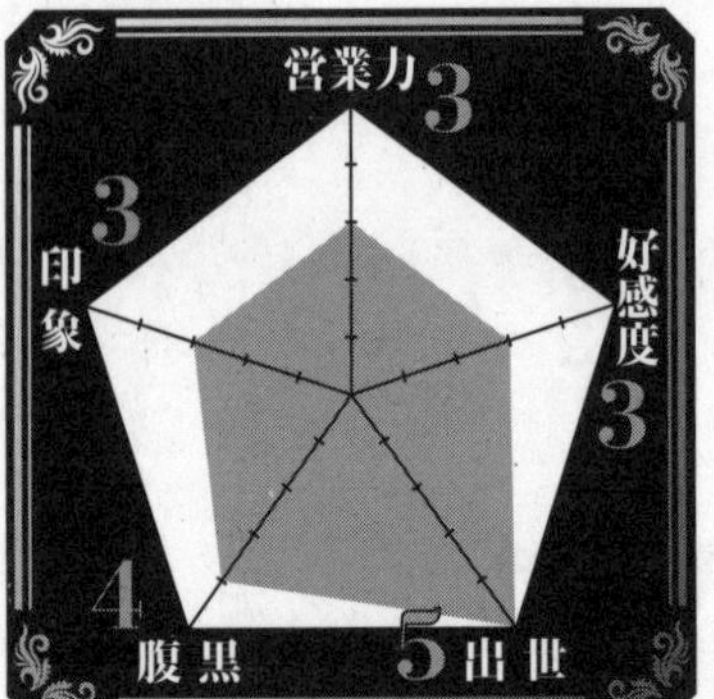

うまく使えば武器にもなる。

飼い犬がお手をするのは、お手をすると頭をなでられる、という嬉しいことがあるからだ。人間だって同じで、なにかご褒美があるからやる気がでるのだ。ご褒美もなければ何かをやろうと思ってもなかなか腰が重いもの。だから、自分を動かすのに「どんなご褒美をどれだけ用意しておくか」がとても重要となってくる。

ご褒美は何でもかまわない。自分の気持ちがワクワクしてそそられるものなら、高級店でうまい寿司を食べることでも、カロリーの高いお菓子を存分に食べることでも、キャバクラで豪遊することでもかまわない。目標が達成できたら、このご褒美が待っている、という仕組みを作ることが大切。

イメージを膨らませて、タブーだと思っていたことでもどんどん妄想していこう。映画を見たい、買い物に行きたい、南の島へ旅行に行きたい…。目標に向かっている途中で、やりたくないことや、やらなくてはいけないことで一杯一杯になっても、常に自分の目の前にニンジンをぶら下げておくことが大切。少し先にある「エサ」を追いかけている状態を作るようにしておくこと。

悪魔の名言

どんな「ニンジン」でも、あれば人は半端じゃない力を発揮する

マイナスの言葉を吐くとそのとおりの結果がうまれる

心を操るキーワード

気持ちの切り替えスイッチ

携帯を忘れた。遅刻をした。打ち合わせがうまくいかない。体調がすぐれない…。良くないことがいくつか続いたら要注意だ。それは、負のループにはまっている証拠だから、意図的にそこから抜け出さなければいけない。

そんなとき、よくあなたはマイナスの言葉を発していないだろうか。人のことをうらやんだり自分だけが損をしているように思ったり、イ

好感度アップ!

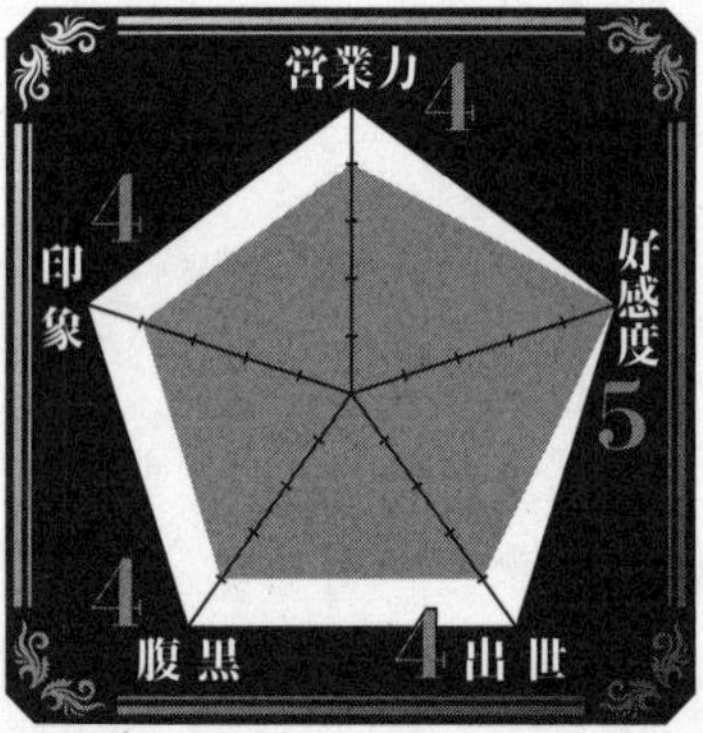

ライラしたり暴言を吐いたり…。

マイナスの言葉は、口から発せられると耳から入ってきて脳まで届き、マイナスの考えを再度強くさせてしまうのだ。気を付けてはいてもついつい言ってしまうグチや不平、不満などのマイナスの言葉を、とにかく使わないよう今すぐ習慣づけるべし。

心の中に否定的な感情や考えが湧き起こり、マイナス思考に陥ったときは、まず、そのネガティブな言葉を発しないようにする。そしてそんなときに反射的にする動作を決めておくこと。例えば、パンっと両手を目の前で叩いたり、まじないのような言葉を用意しておく。「よくあること、よくあること」と言って気分に落ち着きを取り戻すもよし、思わずマイナスの言葉を口走ってしまったときは「…というのはウソ！」と言い直すもよし。

とにかく、必要以上にマイナスにとらわれないよう「スイッチ」を用意しておく。そのスイッチ（動作や言葉）を押せば、マイナスの考えをリセットして、チャンネルを切り替えるかのように、気持ちを切り替えるようクセをつける。

悪魔の名言

プラス思考で、能力パフォーマンスも上げまくれ

どうしても嫌いな人を好きになる方法

心を操るキーワード　**記憶の書き換え**

人間だから、どうしても虫の好かないヤツや苦手な人もいるだろう。

人はいったん「嫌いだ」とイメージを固定すると、そのイメージに従った情報に敏感になる。例えば、相手のことを「嫌みなヤツ」と一度決めつけると、相手の嫌みな部分が余計目につきフォーカスしてしまい、さらにその思い込みが強化されることになる。そうやって嫌いな上司

ストレスフリー!

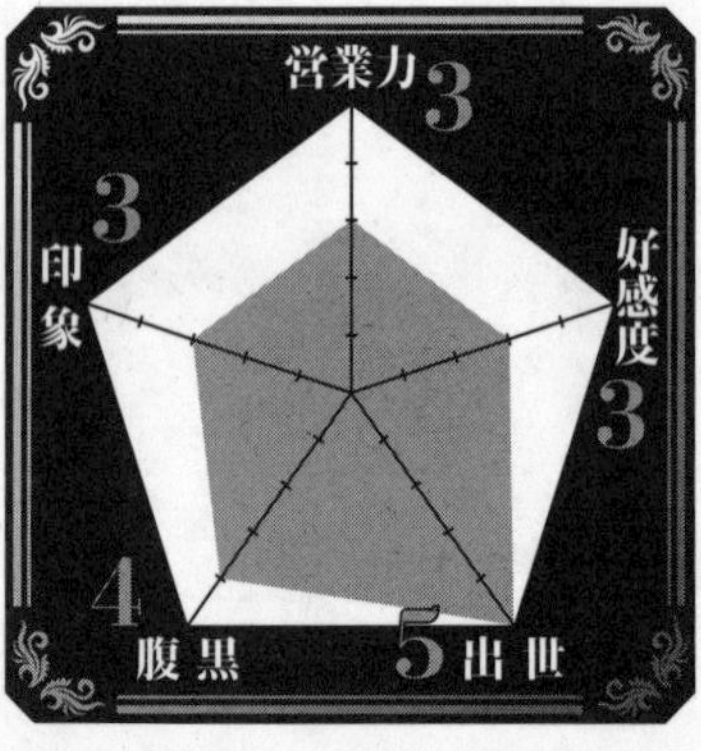

はますます嫌いになり、能なしの部下はますます使えなくなる。

そういった人たちと接することなく済めばいいが、大概が社内やクライアントなど避けられない状況であることも多いはずだ。では、どうしたらいいか？

ここにひとつ、脳に書き込まれた「嫌い」という情報を「好き」に変える簡単な方法を紹介する。まず、白紙を用意して嫌いな人の名前を書く。そしてその下に自分の好きなものを書く。好きなものは、食べ物でも趣味でも人でも場所でも何でも構わない。とにかく、自分がワクワクしたり好きでたまらないものを書く。そして、その好きなものの写真を貼るか、なければ絵を描く。そして、嫌いな人と接したり思い出すたびに、そこに書かれた好きなものを必ず連想するようにする。

「嫌いだ」というネガティブな思いが頭の中を占めた状態では、何事もうまくいかない。ならば、「嫌い」を「好き」に置き換えて脳を守って効率を上げよう、というのがこのメソッドの核だ。

嫌いでいいことなどほとんどない。好きに変えて勝ち組になるべし。

悪魔の名言

嫌なアイツは、大好物のアレに変えてしまえ

レスポンスの早い人はデキる人だと思われる

心を操るキーワード

反射行動の効果

実際の実力以上に、デキる人間に見せる術がある。そのひとつに「0.2秒以内にYESという」というものがある。スポーツやビジネスの世界ではよく使われる手法だが、一体どんなものなのか説明しよう。

0.2秒とは、ほんの一瞬である。何かを頼まれたり指示をされたときに、考える間もなく返事をしないと間に合わないことを意味する。人は

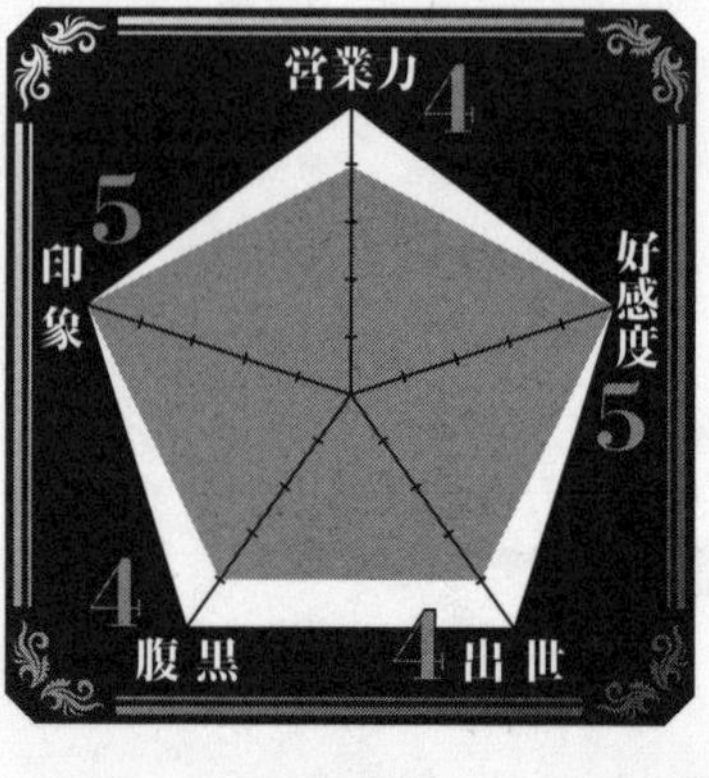

五感から情報をインプットされるとまず、感情を司る大脳辺縁系にその情報が送られるが、そこに達するまでの時間が約0.1秒。そこからさらに大脳新皮質に送られるが、そこで初めて合理的に分析をして「考える」という作業をする。それにはさらに0.4秒かかるので、0.2秒以内では考えて返事をすることができない。反射的に「ＹＥＳ」と返事をするということになる。

例えば、サッカー部の練習中、「校庭を10周しろ！」とコーチから言われたとき、0.2秒以内で答えるとなると、「嫌だな」などとネガティブなことを考えている間がない。脳が肯定的な状態のまま、身体が自然と動くことになる。疑問に思ったとしても、すでに身体は動いている状態。思うツボだ。

ビジネスの場でも同じで、レ0.2秒以内のＹＥＳでデキる人間になる。即答の姿勢は相手に「こいつはすごいな」と思い、ビジネスを優位に進める武器ともなる。レスポンスが遅いのは、信用問題に関わる。数日経ってからの返事というのは、相手を不安にさせ、不安は容易に不満に変わる。

まずはあれこれ考えずに「ＹＥＳ」と答えてみる。それから具体的な話を詰めていけばいい。

悪魔の名言

デキる人の第一歩は即答から

会話のキャッチボールで相手に信頼感を与えろ

心を操るキーワード

自己完結型の会話

人と話しているとき、「感じ悪いなぁ」と思う瞬間がある。

例えば、会話の途中で「要するにこういうことだね」と話を要約したり、「それはね」とウンチクを語り始めたり、自分の結論を押し付ける人。それに「私の話、ちゃんと聞いてるの?」と疑惑を投げかけたり「本当はどう思ってるの? どうせ…」などと卑屈な見方をする人。

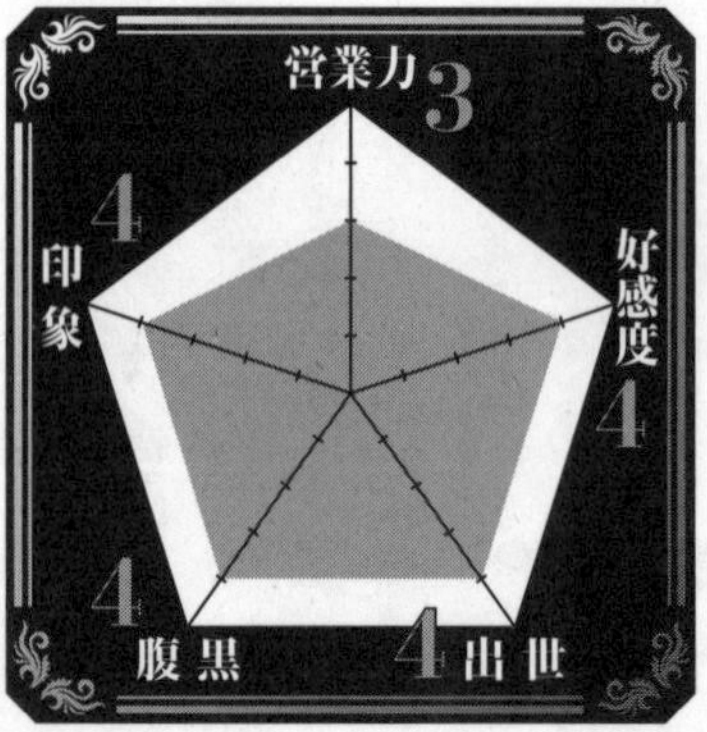

好感度アップ!

これらの人たちは、自分の言った話を自分自身でまとめてしまう「セルフ・サマライジング・シンドローム」と呼ばれる自己完結型のコミュニケーションを取ってしまっている。会社、家庭、地域、友人…。正常な人間関係を営む上で、陥ってはいけないシンドロームだ。

本来、コミュニケーションとはお互いがお互いの発する言葉に耳を傾け、それに対してレスポンスを返し合うもので、キャッチボールとなっていなくてはならない。それを自分で勝手に結論づけてしまっては、コミュニケーションが成り立たなくなってしまうどころか台無しにしてしまう。お互いが自己完結型の場合は最悪なことになる。ネガティブな言葉の応酬となり、泥沼の感情論になり果てることは明らかだ。「相手に自分の話を聞き入れてもらえない」ということは、想像以上に不快感を感じることなので、それが繰り返されれば憎しみにまでなってしまうことも少なくない。

自己完結型のコミュニケーションを取る人は、自己愛を満たしたいという欲求でいっぱいなのだ。コミュニケーションをうまく生かせたければ、まずは相手の立場や気持ちになってみることが不可欠だ。いつもできなかったとしても、心がけを続けることが大事だ。

悪魔の名言

卑屈になったら負け。一人でしゃべり続けるな

深呼吸するだけで相手へのイライラを抑えられる

心を操るキーワード

クロス・コンプレイニング

待ち合わせに遅れた彼に、彼女は「いつもあなたはそう！」と不満をぶつける。それに対して彼は「お前だってこの間は…」と切り返し、逆ギレをする。

「夫婦喧嘩は犬も食わない」というが、喧嘩や言い合いの原因はつまらないことだったり一時的なことで、後から冷静に考えてみると「なんであんなに怒ったりしたのだろう」と不思議

ストレスフリー！

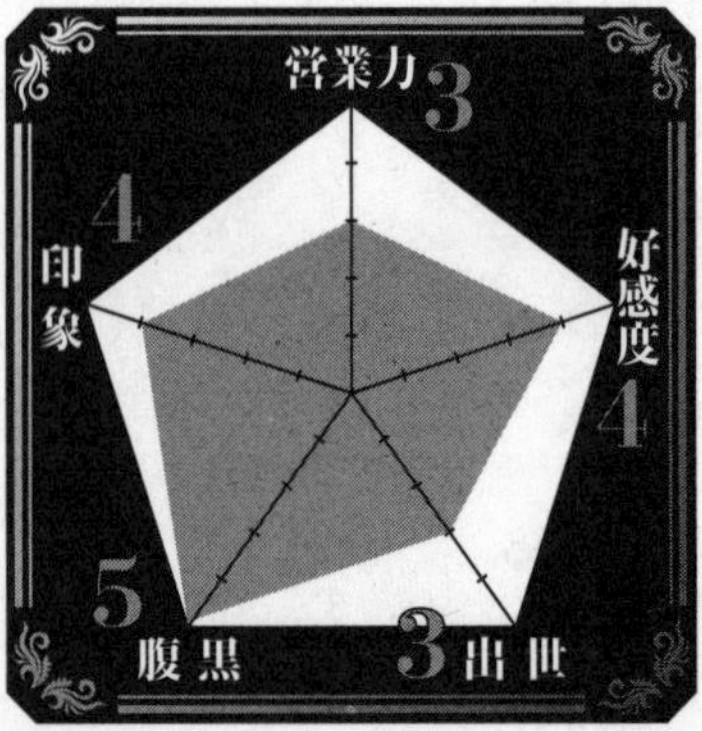

に思うことも少なくない。関係性が近ければ近いほど喧嘩も起こりがちだ。

結果的にお互いを傷つけ合ってしまい、些細な喧嘩を積みあげて人間関係が修復できないほど壊れてしまうことも多い。

「お前こそ」と非難を仕返す「クロス・コンプレイニング」は、喧嘩を最悪な事態に発展させてしまうことも多い。

相手にムッとしたら、まずはひと呼吸を置いてみる。そして話の論点を冷静に考えて明白にし、自分の気持ちを素直に伝える。少し癪だと思っても、自分から歩み寄りを見せるようにする。感情的に反応して、反射的に相手のことも攻撃してしまっては、関係性の改善はありえない。

だいたい喧嘩の元は、日頃我慢していた相手への不満やストレスであることが多いもの。相手への不満は、溜まってから一気に吐き出すのではなく、そのときそのときで小出しに、なるべく感情的にならずに伝えること。日々のストレスは、身体を動かす、ショッピングをする、友人と飲みにいくなど上手に対処しておかないと、喧嘩への導火線に火がつきやすくなってしまう。

悪魔の名言

揚げ足を取る前に、深呼吸をせよ

お金のためだけでなく「人のため」がより大きな力を生み出す

心を操るキーワード　絆の底力

自分の利益ばかり考える利己的な人間が増えてきたといわれる昨今だが、「人は自分のためより友のための方がより頑張れる」という研究結果がある。

被験者に、背中を壁につけたままひざを90度に曲げる、いわゆる「空気イス」をしてもらい、その姿勢を維持してもらって1秒耐えるごとに1ペンス（約1.4円）払う旨を伝える。これを5

イメージ操作

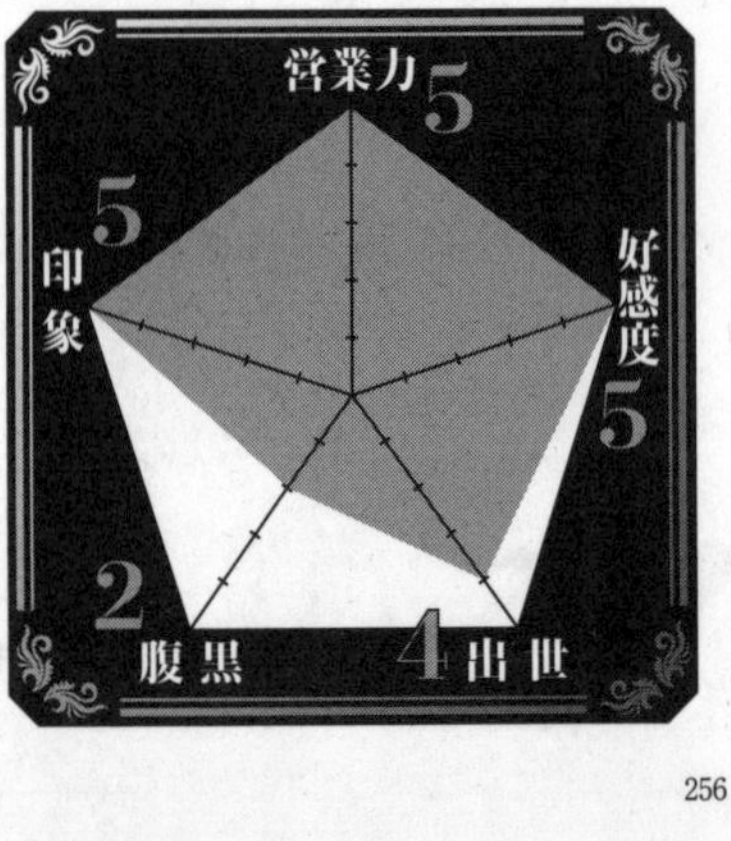

回行い、そのうち1回は自分にお金が払われ、残りの4回は友人たちのために空気イスを行い、お金も友人たちに支払われる。すると17人中10人は、友人のために少なくとも1回は、自分がお金をもらえる回より長く空気イスに耐えた。また中には、友人のために自分がもらえる回より2倍長く耐えた被験者たちもおり、その友への熱い想いを見せつけた。これを受けて、社会的なつながりを維持し、共に協力し合うことが、成功をもたらす大きな要因となる、と結論づけた。

もちろん、自分への報酬もモチベーションになるが、「このお金を持ち帰って女房子どもを食わせなけりゃならない」となると必死度は格段に増してくる。それが自分の家族から社員、お客様、地域に住む人、日本人、地球に住む人のため…とより規模が大きくなればなるほど、頑張れる力が大きくなり、より大きな潜在能力が引き出されることが多い。

昨今は「絆」の再認識がされるようになってきたが、日本人は元来和を重んじる民族なのだ。人のためにがんばることは、自分の結果につながる。

「他人に喜んでもらえる」ということは、とても大きな原動力となるのだ。

悪魔の名言

自分のためではなく人のための方が能力は上がる

落ち込んだらなるべく早めに手を打て

心を操るキーワード

心を落ち着ける癖

上司にひとつのことを注意されただけで「自分はダメな人間なんだ」とひどく萎縮して集中力を欠き、さらにミスを重ねてしまう。取れるはずの契約が直前でダメになり「やっぱり最近うまくいかない」と落ち込みやる気を失い、営業成績がガタ落ちになる。

ひとつの出来事にとても感情的になり動揺してしまう人は、仕事もうまくいかず、収入もな

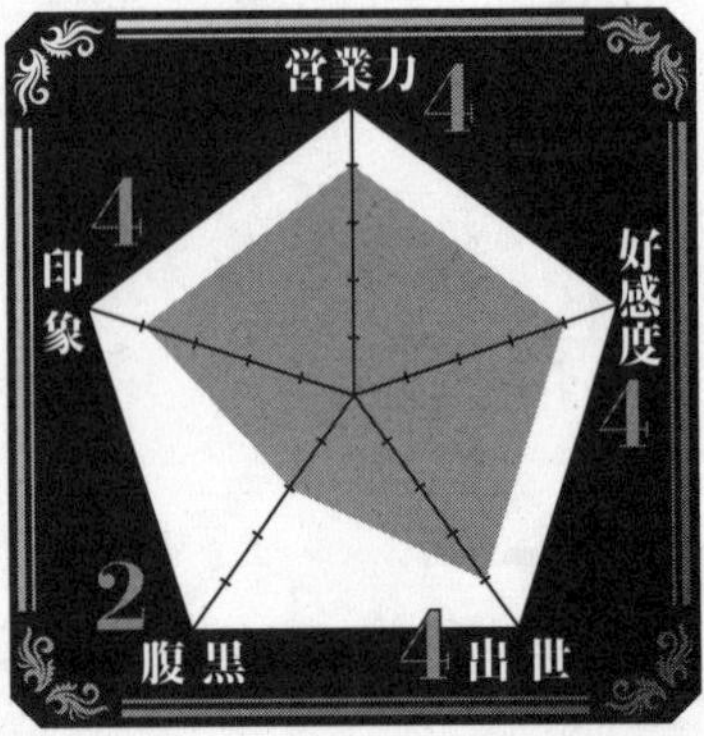

かなか上げることができない。

どんなに慣れている仕事でも、用意周到だったとしても、予想外の事態というのは起こるものである。大概のことは結局なんとかなり大した問題にはならないことが多いので、どっしりと構えて冷静に事を運べば良い。人間だから、感情に揺れがあるのも当然のことで、ときにイライラと焦り、落ち込むこともあるだろう。

だが、心が乱れるとすべてのリズムが崩れ始めてしまう。パニック状態になり、焦れば焦るほど急ぎの仕事がスムーズに片付いていかない。

そんなときはまずは一息ついて、呼吸を整える。ゆっくり深呼吸をして、呼吸をどんどん安定させて、心も落ち着かせる。そして「大丈夫」と自分に言い聞かせるのだ。

心の動揺を感じたらなるべくすぐに手を打った方が良い。動揺が小さいうちに対処した方が落ち着きを取り戻す時間も短くて済む。冷静に前向きに対処していけば、どんなことが起こっても、必ず道は開けるはずだ。

悪魔の名言

落ち着いて物事を運べば、そのうちにうまく進んでいく

モヤモヤを消すには全部文字で書き出せ

心を操るキーワード

気持ちの言語化

霧のかかったように気分がモヤモヤして、なんとなく不安で憂鬱で、やる気が出ない。そんな経験はないだろうか。

そういったモヤモヤを放置していると、どんどんそれは大きくなり、さらに精神を蝕《むしば》んでいくので、手遅れになる前に自覚し対処しておかないといけない。

それにはまず、モヤモヤの元となっていそう

イメージ操作

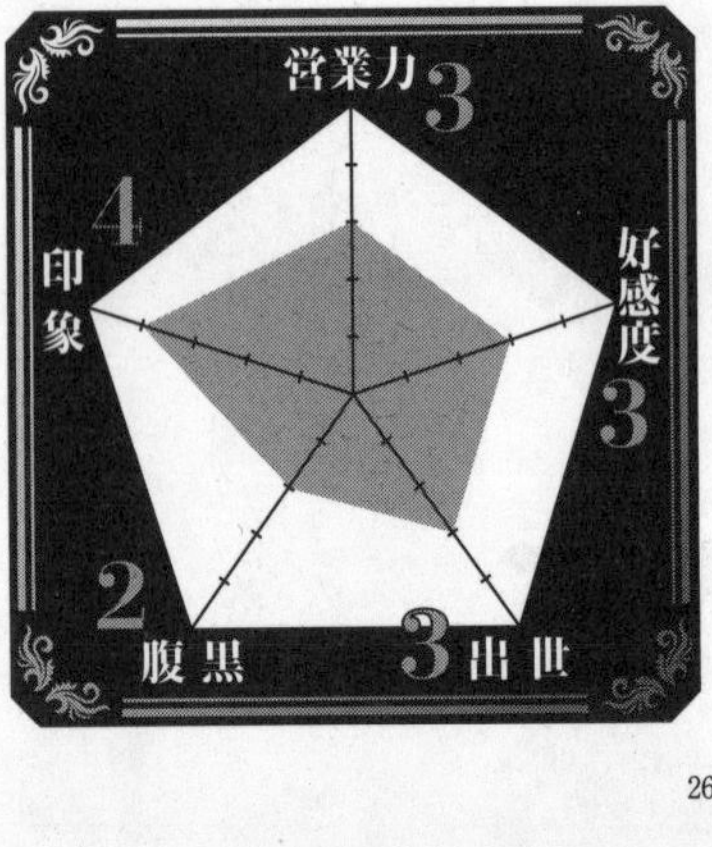

な事柄をすべて、紙に書き出していくこと。書き出していくことで、原因に近づいていく。たとえ原因がはっきりしなかったとしても、紙に書くだけで気分はだいぶ楽になっているはずだ。

問題は、問題そのものにあるのではなく、問題によって心が落ち込んでしまっていることにある。だから、問題が解決したら、どんな気分になるのか想像してみること。すっきりとした晴れやかな気分を想像してみてほしい。

心の状態を常にクリーンに保っておくことが、何事もうまくいかせる秘訣だ。

悪魔の名言 とにかく書き出してすべてを昇華させるべし

モヤモヤの
原因らしきことを
すべて書き出すことで
原因に近づく
モヤ
モヤ
モヤ
モヤ
モヤ
モヤ

COLUMN

ワンポイント

心を復元する脳科学

自己の心を修復する処方にはいろんな種類のものがあるが、やはり脳内物質の作用によって修復可能である。それはセロトニンという脳内物質だ。最近うつ病の増加と同時に話題になっているが、うつ病をはじめとする心の病に陥ると欠乏するものだ。

このセロトニンを増やすのに必要な代表的なものは3つだ。太陽の光を浴びること、リズム運動をすること、そしてスキンシップを行うこと。どれもこれも当たり前のことだ。しかし、明らかに現代人に欠けていることだ。殊にインターネットの普及が大きく関係している。外に出て太陽を浴びない生活、運動をしないでコミュニケーションもスキンシップも含まないメールやSNS。まさにうつ病になってください、と言わんばかりの状況なのだ。

意識して太陽の下に、そして運動をして人と語り合おう。

深層心理を見破る心理テスト 自己暗示編

問題1

あなたは、大掃除をするための準備をしています。すると今は使ってなくて必要なさそうなものが大量に出てきました。この荷物をどうする？

A 全部捨てる	B 一応全部持っておく
C 売る	D 高価なものは持っておく

深層心理を見破る心理テスト 自己暗示編

あなたの過去への執着心を表しています。

大掃除の際に出てくる不要なものは過去への執着心を表しています。あなたがどれだけ引きずるタイプかがわかります。

A 全部捨てる 執着 0%

必要のないものはあっさりと捨てるというあなたは、過去への執着心がまったくありません。サバサバした性格だとも言えます。

B 一応全部持っていく 執着 100%

一応とはいえ、全部持っていくというあなたは、未練たらたらでずるずる過去を引きずるタイプです。少しずつでいいので、未来へと目を向けましょう。

C 売る 執着 60%

必要なものは売ってしまうというあなたは、多少なりとも未練がありますが、なるべく有効利用できるように考えています。

D 高価なものは持って行く ちゃっかりタイプ

高価なものだけ持っていくというタイプは、悪いことはすっかり忘れていいことだけ覚えておく、ちゃっかりものです。一番利益を得られるタイプかもしれません。

深層心理を見破る心理テスト 自己暗示編

問題2

あてのない旅の途中で4つの分かれ道にぶち当たりました。あなたはどうやって道を決めますか？

A 木の枝が倒れた方向	B 目をつむって進む
C 迷った時は左と決めている	D サイコロで決める

深層心理を見破る心理テスト 自己暗示編

あなたの緊急事態の時の選択能力がわかります。

急に選択を迫られた時の、その手段を知ることで、
いざという時のあなたの選択がわかります。

A 木の枝を投げた方向 運まかせタイプ

木の枝を投げるあなたは、人生の選択を迫られた時も運にまかせて決めてしまうタイプです。少し理屈や意味を考える余裕を持ちましょう。

B 目をつむって進む 思い切りタイプ

目をつむって決めるタイプは、あまり深く考えないで思い切ってこうと決めたら突き進むタイプです。猪突猛進で生きて行くタイプと言えます。

C 迷った時は左と決めている リーダータイプ

迷った時は左というタイプは、人生の選択も自分で行うことができるリーダータイプです。いざとなると率先してリーダーシップをとります。

D サイコロで決める 機転が利くタイプ

サイコロで決めるという人は機転が利く知的なタイプ。物事を理知的にすすめていく方かと思われます。

深層心理を見破る心理テスト 自己暗示編

問題3

あなたは、農作物の研究家です。乾ききった砂漠に緑をもたらす研究をしています。このたび、新種の開発に成功、いよいよ種まきです。100粒の種をまきました。いくつ芽を出すでしょう。

A 全部	B 70粒くらい
C 半分の50粒	D 全滅

深層心理を見破る心理テスト 自己暗示編

あなたのうぬぼれ度がわかります。

自分が開発した種の発芽の数は、あなたがどれだけ自分に自信があるかを証明しています。芽がたくさん出ただけうぬぼれ屋です。

A 全部 完全なうぬぼれ屋

全部というあなたは完全なるうぬぼれ屋です。ちょっと尊大で他人からは敬遠されるようなところもあります。相手を敬う気持ちも忘れずに。

B 70粒くらい ちょっと自信家

70粒くらいと答えたあなたは、割と前向きな自信家です。全然ないよりはいいですが、時にはマイナスの要因を考慮することも忘れないようにしましょう。

C 半分の50粒 普通

50粒と答えたあなたは、普通の思考回路を持っています。バランスよく考えることができますが時に勢いも大切。たまにはノリで突っ走ってみてもいいかも。

D 全滅 謙遜しすぎ

全滅と答えたあなたは、ちょっとひねくれている悲観主義者。なにごとも前向きに考えた方がいいことは多いです。ポジティブに考えましょう。

第六章

危ない!! を回避

長生き心理学

長生きしたければ人付き合いをよくしろ

心を操るキーワード

人づき合いと寿命

人間にとって最大のストレスは人間関係にほかならない。そして「人付き合いのうまい人ほど死亡率が下がる」という、ある意味納得できる説を発表したのが、ラ・シエラ大学のレスリー・マーティンだ。アメリカでは、ある子どもが、成人しお年寄りになって死ぬまでを70年以上の歳月をかけて追跡調査をするらしく、彼はそのデータを使ってこの説を導いた。

好感度アップ!

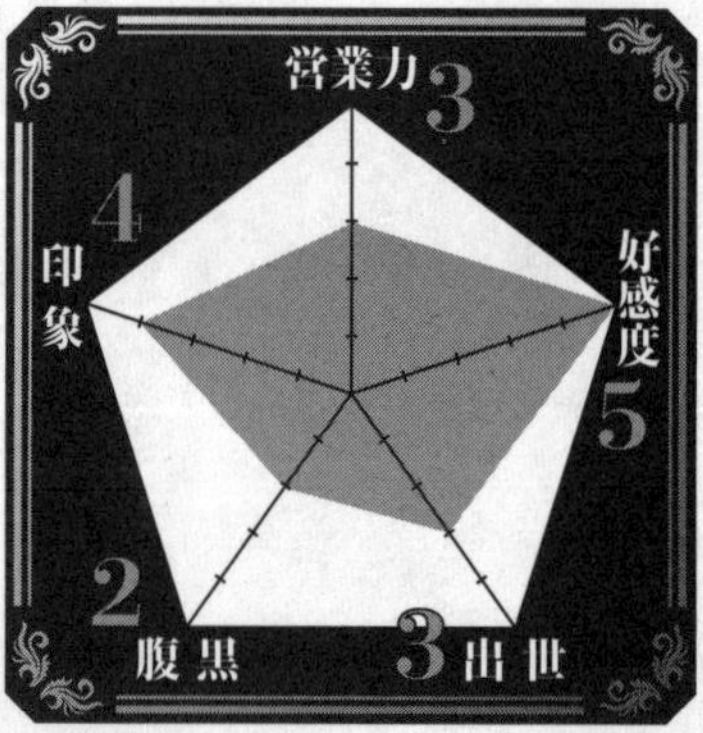

彼によると、子どもの頃から人当たりの良さ、気立ての良さで高得点をとった人ほど長寿だったそうだ。つまり、人付き合いのうまい人は長生きできるということなのである。

誰とでも仲良くなって敵を作らない人ほど、あまりストレスを感じず、一方、人付き合いの苦手な人はそのことでストレスを感じてしまうのは明白である。

人付き合いが苦手だからといって、この先の人生を一匹狼として送る必要はない。ほどほどの距離でそれなりに仲良くやっていけばいいのだ。人間関係が苦手な人は、ある程度は演技で気立ての良さを演出するのも手である。たとえ不機嫌であっても、いつもニコニコしていれば、周囲の人は「あの人は気立てが良い人だな」と勝手に思い込んでくれる。また、人とおしゃべりする機会を増やせば、それだけで人とうまく付き合えるようになる。理屈などはこの際どうでもよく、カナヅチの人が下手くそでもプールで泳いでいれば、それなりに泳げるようになるのと一緒である。難しいことは考えず、ただニコニコして過ごすのが長生きの秘訣である。

悪魔の名言
人付き合いがうまいだけでストレスフリーの長寿人生

誕生日前後は自殺に気をつけろ

心を操るキーワード

バースデーブルー

誕生日が近づくと年甲斐もなくワクワクするものの、特に誰からも祝ってもらえず、誕生日当日を一人酒で過ごして「俺もいい歳になったなぁ……」と落ち込んでしまった経験はないだろうか。

アメリカの心理学者、デビッド・リスターによると、自殺者の中でも誕生日前後の28日以内に自殺する人が異様に多いのだという。なぜ

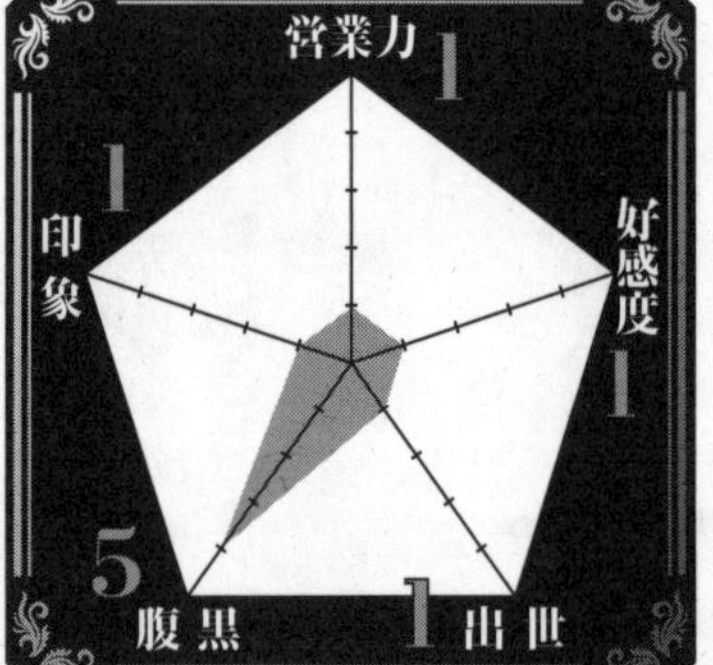

か自分の誕生日前後の28日以内には「もう死んじゃおうかな」という気弱な心理に陥りやすく、衝動的に自殺してしまうのだという。これを彼は「バースデーブルー」と名づけている。

このバースデーブルーを乗り越えたからといって、まだ安心は禁物。ウィーン大学の心理学研究所では「生まれた月の1ヶ月後が危ない」という報告をしているのだ。自分の誕生日が来ると、どうも人間は気が抜けるのか、冷静な判断力を失ったり、注意力が散漫になるようだ。

つまり、誕生日だから浮かれたり沈んだりをせずに、淡々と過ごす方が心と体にいいのだ。

悪魔の名言

誕生日には余計なことをせず、淡々と過ごすべし

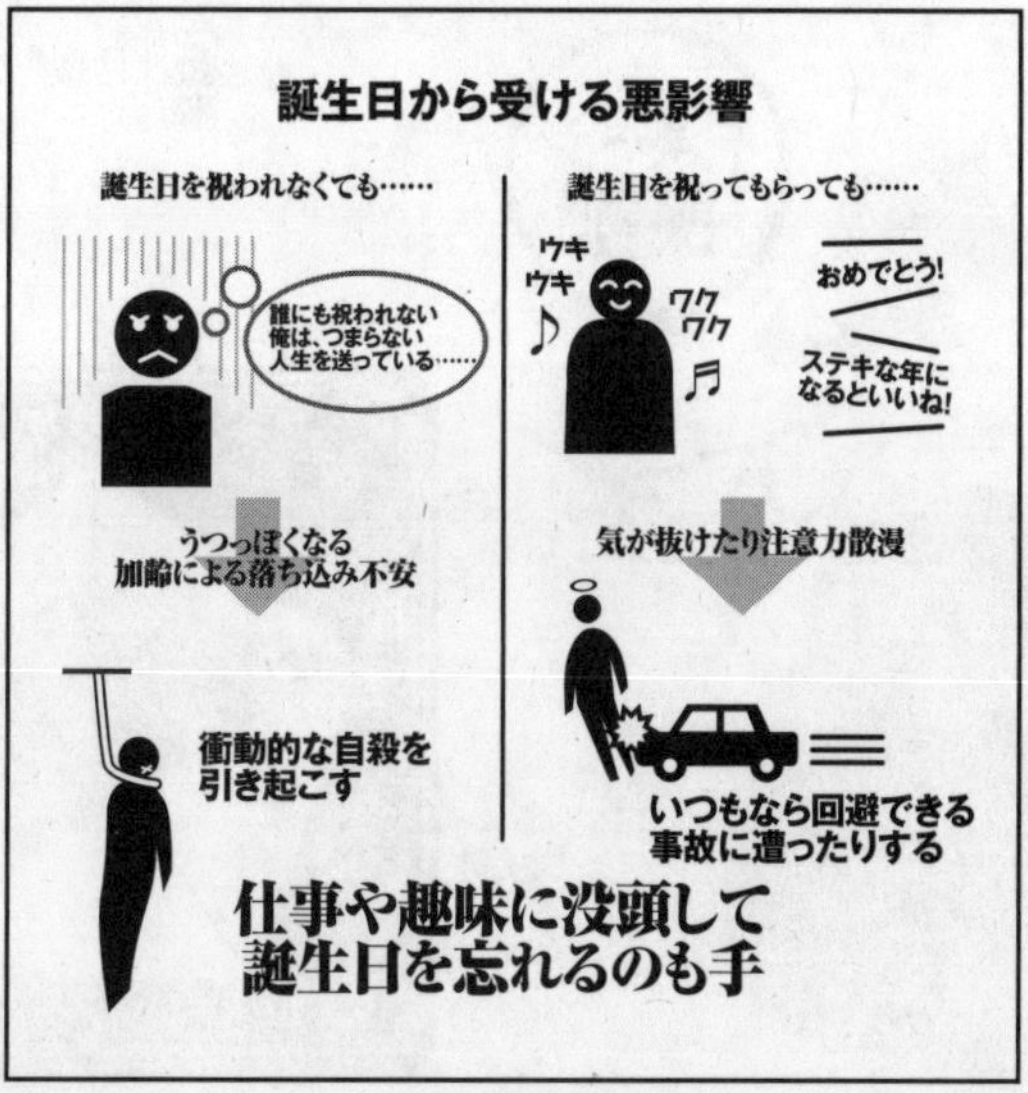
誕生日から受ける悪影響
誕生日を祝われなくても……
誰にも祝われない俺は、つまらない人生を送っている……
うつっぽくなる
加齢による落ち込み不安
衝動的な自殺を引き起こす
誕生日を祝ってもらっても……
ウキウキ♪
ワクワク
おめでとう!
ステキな年になるといいね!
気が抜けたり注意力散漫
いつもなら回避できる事故に遭ったりする
仕事や趣味に没頭して誕生日を忘れるのも手

ケンカはするな
ケンカっぱやい人は早死にする

心を操るキーワード　**闘争心と長寿**

ライバルと切磋琢磨し、お互いを成長させていく……ドラマに出てきそうな理想の社員像だが、これも程度の問題であって、激しい闘争心を持つことも良し悪しである。ライバルに負けたとしても全力を尽くしたことで清々しい気持ちになれればいいが、相手をぶち殺したくなるようなら、そんな闘争心は捨てた方がいい。

デューク大学のレッドフォード・ウィリアム

イメージ操作

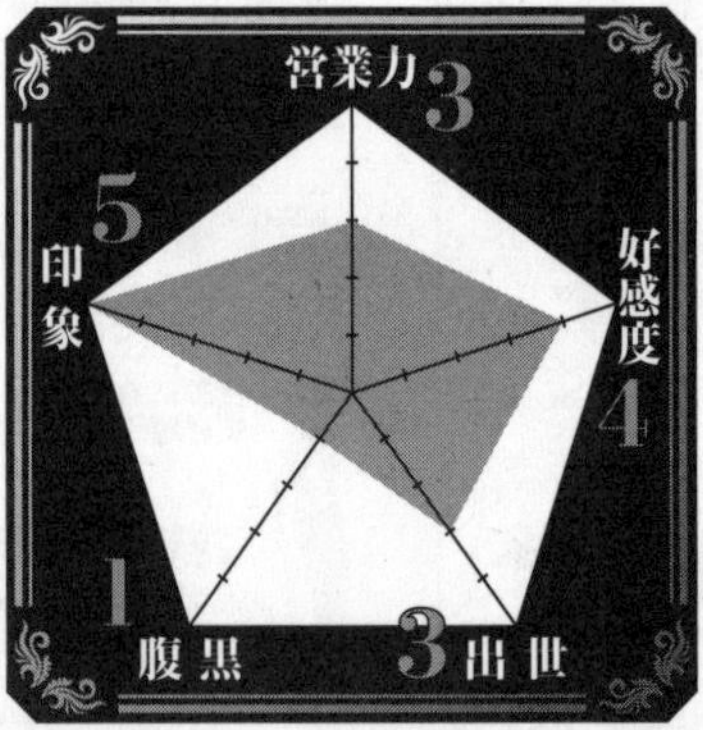

ズが、１９００人の中年男性を25年間にわたって追跡調査したところ、誰でも張り合おうとするケンカっぱやい人は、心臓病にかかる確率も死亡率も、そうでない人の5倍も高かったという。

ライバルとの勝負の結末は、サラリと受け入れるのがいい。負ければ少しは悔しい思いをするかもしれないが、相手を恨むことは筋違いである。

どうしても本気の勝負で勝ち負けにこだわるのなら、勝負そのものをやめてしまえばいいのだ。勝敗にこだわりすぎて、負けてイライラすること自体、あなたにとってマイナスのことだからである。

もし相手に勝負を吹っかけられたら「すぐムキになるから勝負しないことにしている」とかわせばいい。負けてイライラすることを考えたら、よっぽど賢明である。

どうしても勝負が避けられないときは、ムキになって全勝を狙うのではなく、「ときどき勝って、ときどき負ける」という大人の対応が必要だ。うまく負けることも人間関係には重要なことである。

快感と不快感がはっきりする勝負というものは、人間関係をこじれさせる原因ともなる。ほどほどに競争して、お互いに楽しみながら成長する方がベターである。

悪魔の名言

闘争心が強いと寿命が縮む。勝負であってもほどほどが一番

ギャンブルには負けておけ 勝って依存するとやめられなくなる

心を操るキーワード

ギャンブル依存症

「ギャンブル依存症」が社会問題化してきてしばらく経つ。これは、通算では負けているにもかかわらず、勝ったときの快感が忘れられずに現実感覚をなくし、客観性が麻痺して「また勝てる」と思い込んでしまうために起こる。

人間というのは、一度勝つと調子に乗る生き物である。昔の人はうまく言ったものである。「勝って兜の緒を締めよ」というのは、なるほ

イメージ操作

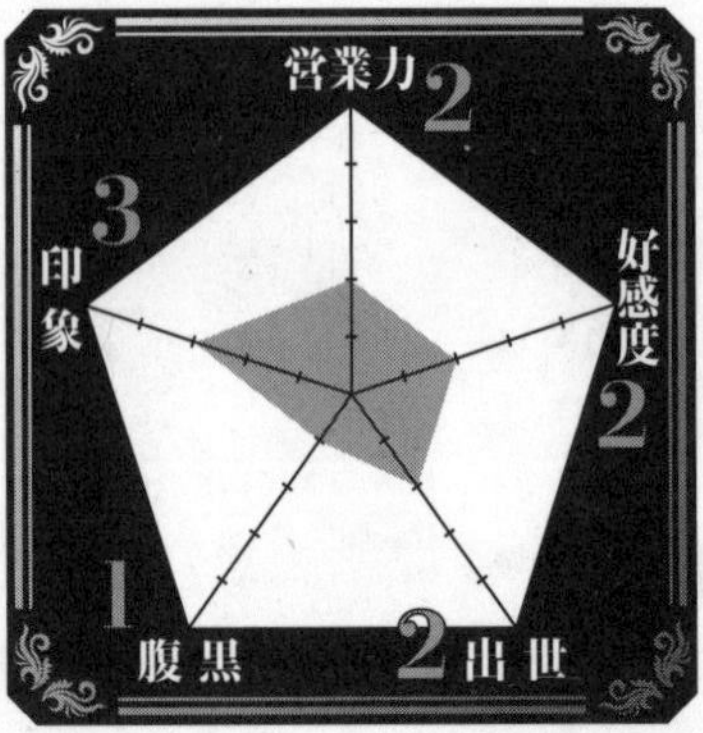

どギャンブルのためにあるような言葉ですらあるように感じる。

ノース・ダコタ大学のジェフリー・ウェザレイが大学生にスロットをやらせ、勝てば現金がもらえるという実験をした。そのときスロットは人為的に操作されていて、「大勝ち」するグループと「勝てない」グループにわけられたのだが、大勝ちグループではいったん勝ったことで味をしめ、「俺なら勝てる」と誤った期待を持つようになり、スロットをやめられなくなってしまうことが判明した。

時として、勝負には負けておいた方が、自分にとってプラスになることがある。ギャンブルもそのひとつだ。手痛い目に何度かあって、いい思いが一度もないとなれば、きっぱり見切りをつけられる。自分には向いていないと明確な理由が得られれば、依存症に陥ることはなりにくいのだ。

「あのときの興奮よ、もう一度！」と過去の栄光に縛られていると、いくら大負けしても懲りずにギャンブルを続けてしまうものだ。ギャンブルに過度な期待はせず、「どうせ儲からないだろう」と斜に構えた方が得策だろう。「俺ってギャンブルの才能があるんじゃないの？」となるのは依存症に陥りやすい典型的なパターンと言えるだろう。

悪魔の名言

大負けして「自分には向いていない」と見切りをつければ、依存症にはなりにくい

不安情報は見すぎるな 心の中もお先真っ暗でアウト

心を操るキーワード

不安スパイラル

心配性であったり、不安性の人は「不安」という色眼鏡を通して世界を見ている。つまり、そんな人にとって世界は危険で溢れ返ったように見えているのだ。

イリノイ大学のカレン・ガスパーによると、すべての物事が危険に見えてきてしまうらしい。彼が113人の大学生に、アフリカの飢餓、エイズに感染する見込みなどを推定させる

腹黒テクニック

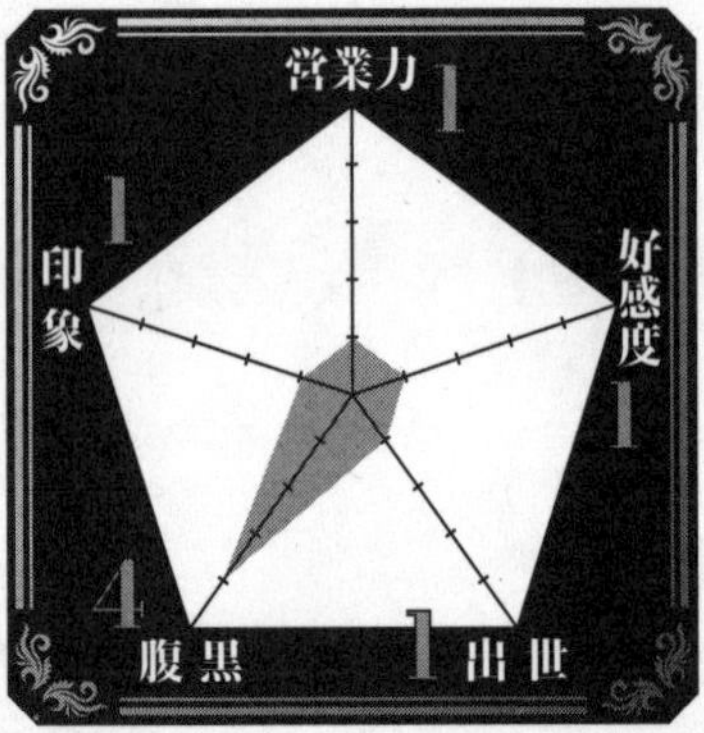

と、不安な人ほど実際の数値よりも極端に高く推定したそうだ。

またこういった人は「これは本当に安全か」と気にしすぎるあまり、余計な情報を仕入れては真贋の判断がつかないまま情報を鵜呑みにして、さらなる不安を抱える、不安スパイラルに陥る傾向がある。

ここまでさまざまな事象に不安を感じていると、人生そのものがつまらなくなる。そこかしこに危険を感じる状態では、なにをするにも尻込みしてしまい、なんの行動もできなくなる。

ある程度は割りきる前向きさも大切なのだ。

悪魔の名言

人生を楽しみたいなら心の中の不安を取り除こう。不安ばかりに目を向けてはいけない

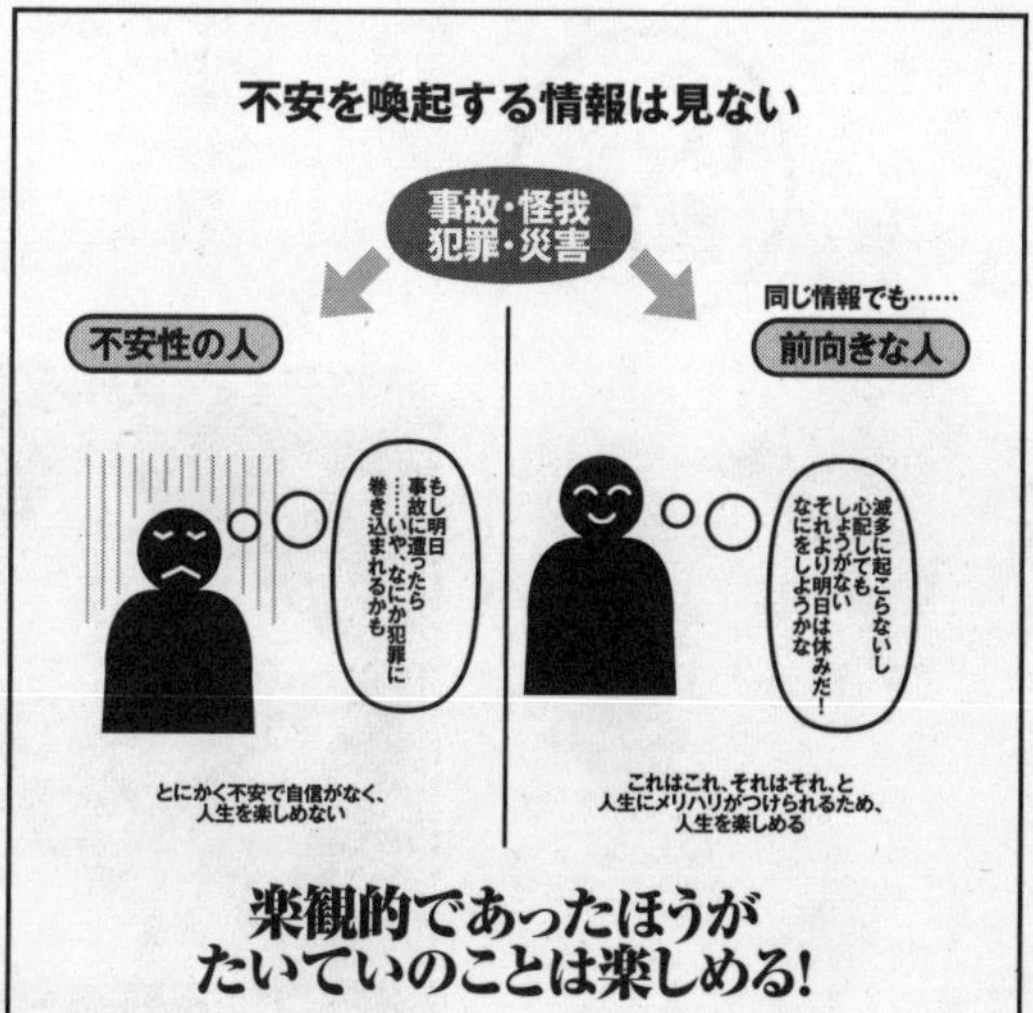
不安を喚起する情報は見ない
事故・怪我
犯罪・災害
不安性の人
もし明日
事故に遭ったら
……いや、なにか犯罪に
巻き込まれるかも
とにかく不安で自信がなく、
人生を楽しめない
同じ情報でも……
前向きな人
滅多に起こらないし
心配しても
しょうがない
それより明日は休みだ!
なにをしようかな
これはこれ、それはそれ、と
人生にメリハリがつけられるため、
人生を楽しめる
楽観的であったほうが
たいていのことは楽しめる!

虐待されたことのある人に注意 自分の子どもも虐待する？

心を操るキーワード
バタードチャイルド症候群

近年、日本でも、親がわが子を虐待することによる凄惨な事件が多数起きている。

内閣府の『青少年白書 2004』によれば、日本における「虐待に関する相談処理件数」は、1998年から増え始め、翌年には約2倍、翌々年には約3倍と右肩上がりの急激なグラフを描いている。

日本では馴染みがない呼び方だが、アメリカ

イメージ操作

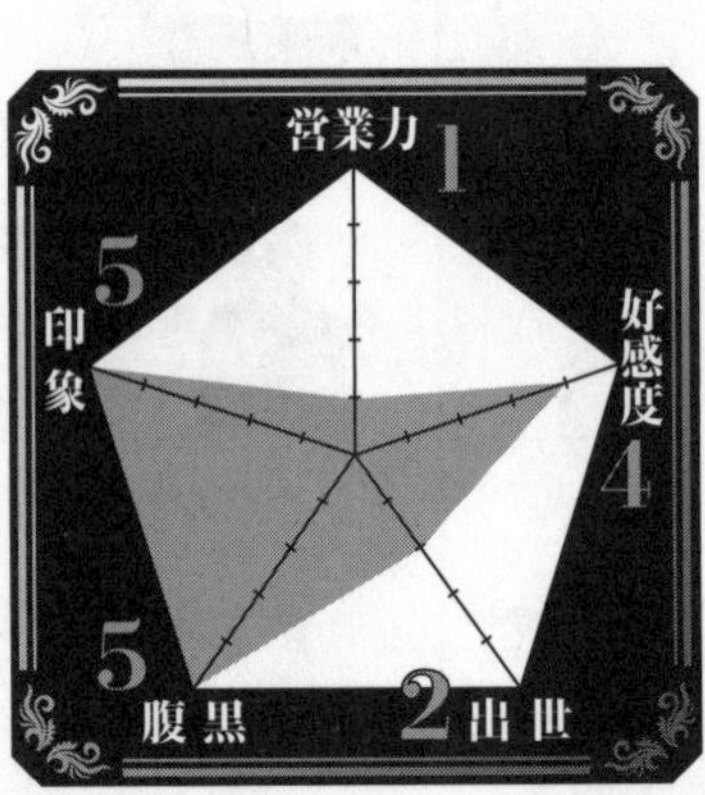

では、生みの親が子どもを虐待することを「バタードチャイルド症候群」と呼んでいる。

これまでの分析により、親が子どもを虐待する主な原因は、親の未熟な人格にあるとされている。

また、子どもを虐待する親の50％は、幼児期に自身もその被害者だったと言われている。

つまり、子どもの頃に自分が親から受けていたつらい経験から、必要以上に「自分は子どもをきちんと育てよう」という思いを強く持つ。しかし、気持ちだけが先走り、子どもが言うことを聞かない、自分の理想にそぐわない行動をとるなどしたときに、焦りと怒りから「なぜ言うことを聞かないの」と暴力を振るってしまうのだ。虐待には暴力を振るう以外にも、食事を与えない「栄養的虐待」、暗く狭い場所に長時間閉じ込めるなどの「感情的（心理的）虐待」などがある。どれも、虐待をしているとき、親にその自覚はないという。あとになって後悔の念にさいなまれるのだ。

もちろん、虐待された経験のある人が全員自分の子どもを虐待するとは限らない。いい人と巡り合い、温かい家庭を築いている人もたくさんいる。難しいことではあるが、過去に自分を虐待した親を反面教師にして、虐待の連鎖を断ち切る勇気がわが子のためには必要なのである。

悪魔の名言

潜在感情に根付く虐待の芽。虐待の連鎖を断ち切って新たな人生を歩むべし

よくおごる人は金持ちじゃない？見栄を張ることに命がけなだけかも

心を操るキーワード
自我の拡大

あなたの知り合いに、食事のたびに「おごるよ」と言う気風の良い人はいないだろうか。同僚との飲み会や、恋人とのデートなどあらゆる場面で「ここは俺が払うよ」と言い放つ男がいた。おごることが快感になっていた男は、その快感を得るためだけに、おごる必要などない場面でも身銭を切り続けた。結果、消費者金融でお金を借りるほどの文無しになってしまっ

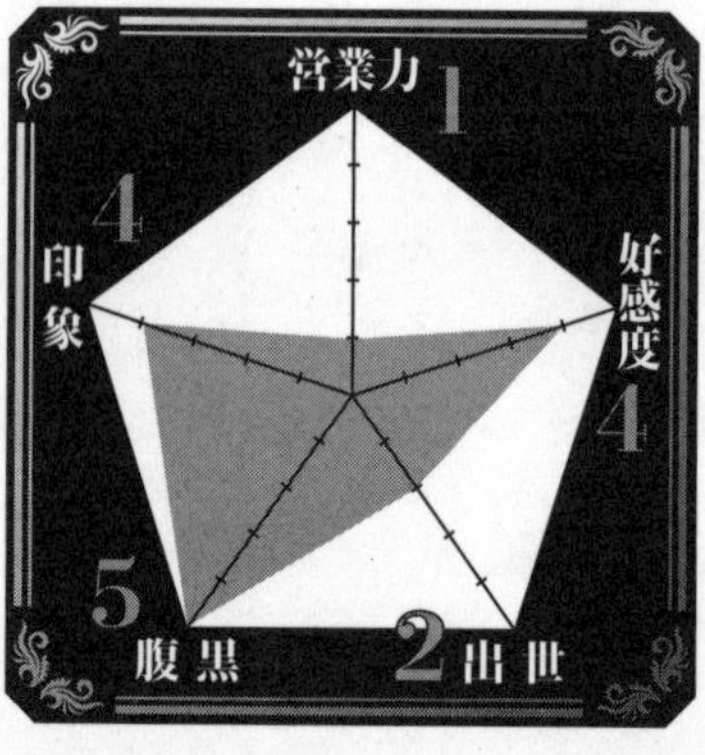

たのだ。

彼が借金してまでも得たかったのは「自分が相手よりも優位に立ち、大物気分を味わう」という快感だった。これを「自我の拡大」という。

周りがどんどん昇進する中で、自分はなかなか上に上がれず、安月給のまま。仕事中も肩身が狭く、慢性的な欲求不満を抱える人は多い。これを解消するため、人におごるという行動に出るのだ。おごるというのは、他人に自分の気風の良さを見せつけられるうえに感謝もされるという、まさに大物気分が経験できる場。その場の誰よりも優位に立つことができるのだ。

また、おごり好きの人は、おごられることを嫌う。相手の優位に立つことで日頃の抑圧から解放されているのに、相手に優位に立たれておごられてしまえば、いつもの自分に逆戻りしてしまうからだ。だから、あなたの知り合いのおごり好きの人には「おごろうか？」という言葉は厳禁である。ただ、自由になる給料がたくさんあるわけではないので、おごりが続くようなら遠慮してあげよう。

悪魔の名言

おごり好きが金持ちだとは限らない。安月給の人ほど見栄を張りたがる！

夢に「赤い服」が出て来たら女に注意

心を操るキーワード　色つきの夢

心理学では長らく、「色つきの夢は悪いことが起こる予兆、健康を損なう暗示である」とされてきたが、研究が進んだ現在、夢は色つきで見るのが一般的であるという説が主流になってきている。

色つきの夢を見たことがないという人でも、それは夢の中で色への関心が低かったり、印象に残る色が登場しなかっただけで、誰もが夢は

腹黒テクニック

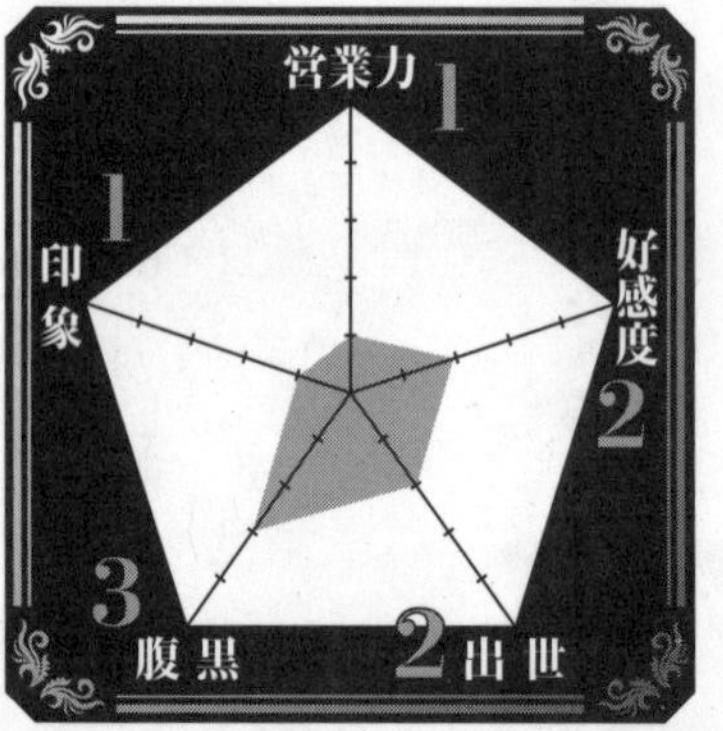

色つきで見るとされている。ただし、色は基本的に1～2色で、細部にまで色づけされているわけではないという。使われる色のベスト3は、1位が緑、2位が赤、3位が黄色という調査結果もある。

夢というのは、現在の心理状態や感情の強弱がある程度関わっていると言われている。

一番の多数派である緑には、安定した心理状態を示す一方で、知識や経験の不足も暗示する。黄色がメインカラーの場合は、非常に楽しい生活環境にある、心から笑える時間を過ごせているといった、自分の中に活力が満ちていることを示している。

では赤はどうだろうか。赤は、なにか祝い事があったときに見る一方、なにかに情熱を傾けている状態や恋愛感情を示す。夢の中で「赤い服」が出てきた場合は、性欲が強まっていることを暗示する。普段は欲求不満を感じなくても、深層心理ではかなり溜まっているといえよう。そんなときは、いつにも増して女には注意するといいだろう。

このように、何気なく見ている夢も精神状態と密接に関わっているのがわかっただろう。無意識のうちに夢があなたに送っているメッセージを紐解くのもおもしろいのかもしれない。

悪魔の名言

誰しもが見る色つきの夢。「赤い服」には欲求不満が隠されている！

心臓病になりたくなければ「～しなきゃ」をやめなさい

心を操るキーワード

生き急ぐタイプ

命短し、と「あれもしなきゃ、これもしなきゃ」と短時間で可能な限り多くのことをしようとするビジネスマンは意外と多い。常に時間的な切迫感を抱いているタイプだ。一方、同じような仕事を与えても、無理をしないでのんびりとこなすタイプもいる。

前者のビジネスマンは結果までのスピードを重視し、後者は結果までのプロセスを重視する

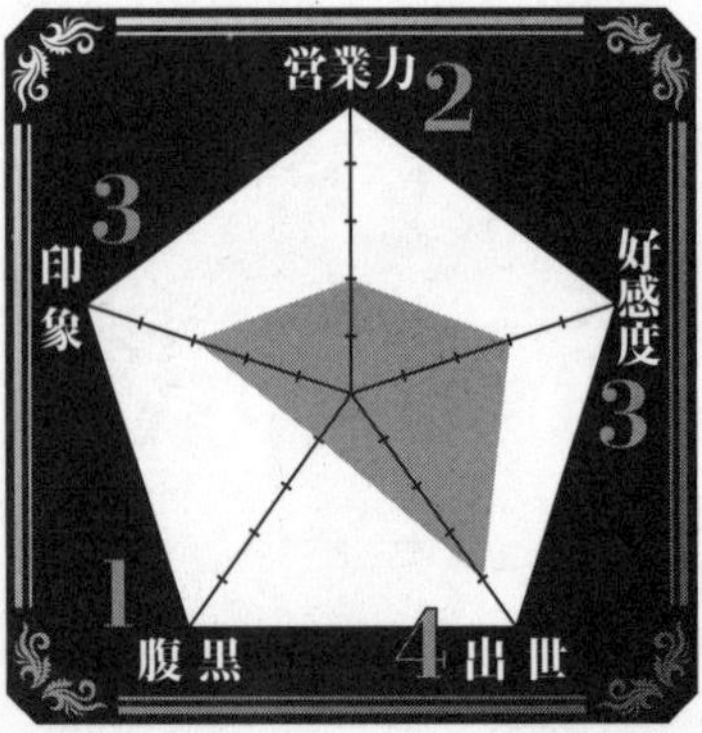

傾向があり、一概にどちらがいいとは言い切れないが、健康リスクを負っているのは前者だ。

アメリカの医学者、フリードマンとローゼンマンは３５００人の健康な男性に対して行った調査によれば、10年後に心臓病にかかっていた人数は、前者の生き急ぐタイプが後者ののんびりタイプの実に3倍にものぼったという。

生き急ぐことが文字通り命を縮めるとわかったなら、まずは非現実的な計画を立てないことである。ひとつひとつの仕事に充てる時間に余裕を持ち、資本である体に負担をかけないことがビジネスマンには必要なスキルなのである。

悪魔の名言

いかなる仕事にも余裕が必要。スピード重視だと体にかける負担も3倍に！

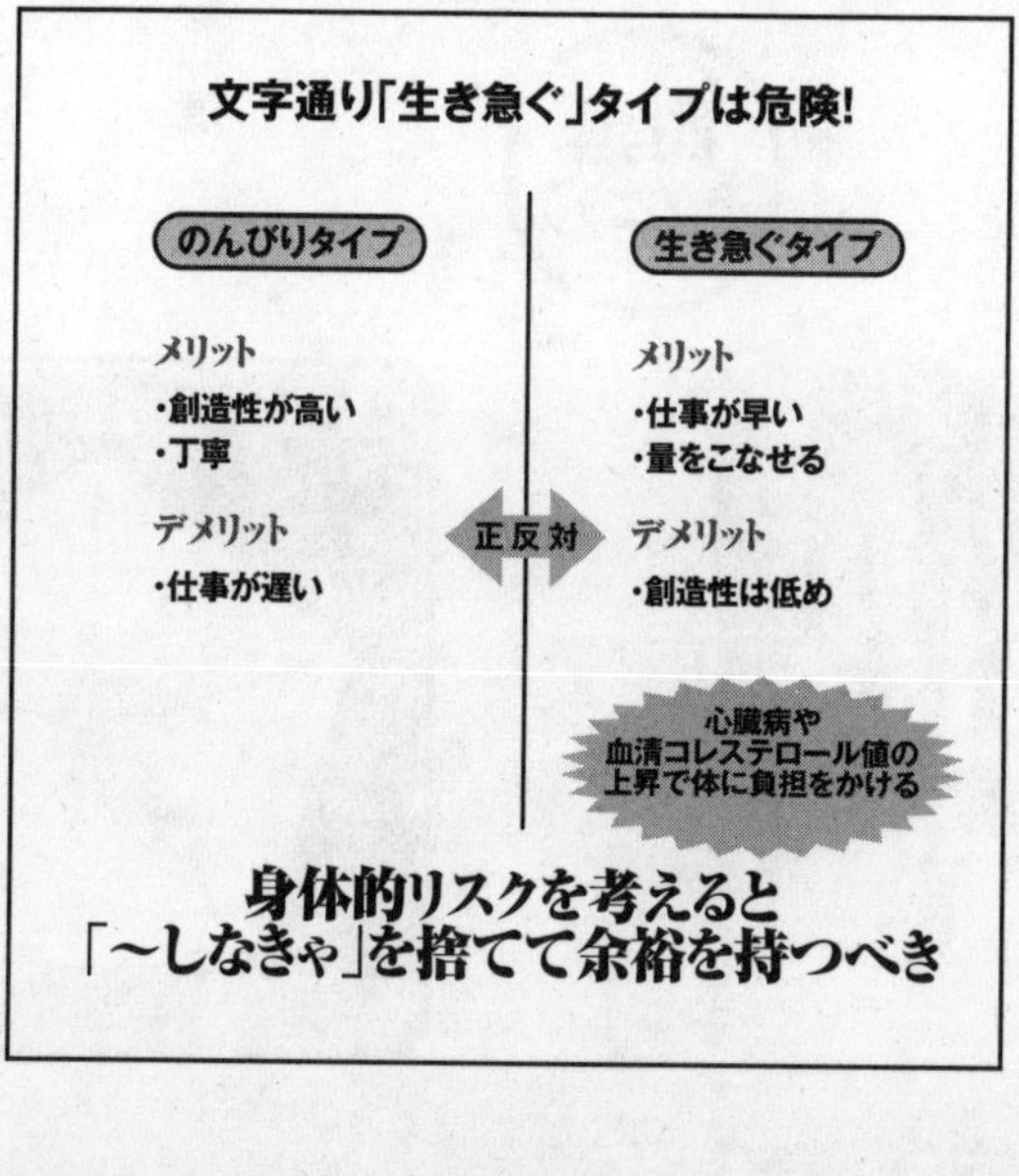

文字通り「生き急ぐ」タイプは危険!
のんびりタイプ
メリット
・創造性が高い
・丁寧
デメリット
・仕事が遅い
正反対
生き急ぐタイプ
メリット
・仕事が早い
・量をこなせる
デメリット
・創造性は低め
心臓病や
血清コレステロール値の
上昇で体に負担をかける
身体的リスクを考えると
「〜しなきゃ」を捨てて余裕を持つべき

危険を避けたいならキレるな 怒る人には危険が多い

心を操るキーワード　リスク認知度

怒りっぽい、ケンカっぱやい人は早死にするとはどういうことだろうか。

カーネギー大学のジェニファー・ラーナーが97人の大学生に「アメリカで交通事故死する人は年間5万人である。さて、この知識をもとに、ガンで亡くなる人、心臓発作で亡くなる人、溺死する人の数を推測せよ」と質問した。そして、現実より多く見積もった人を、リスク認知の高

腹黒テクニック

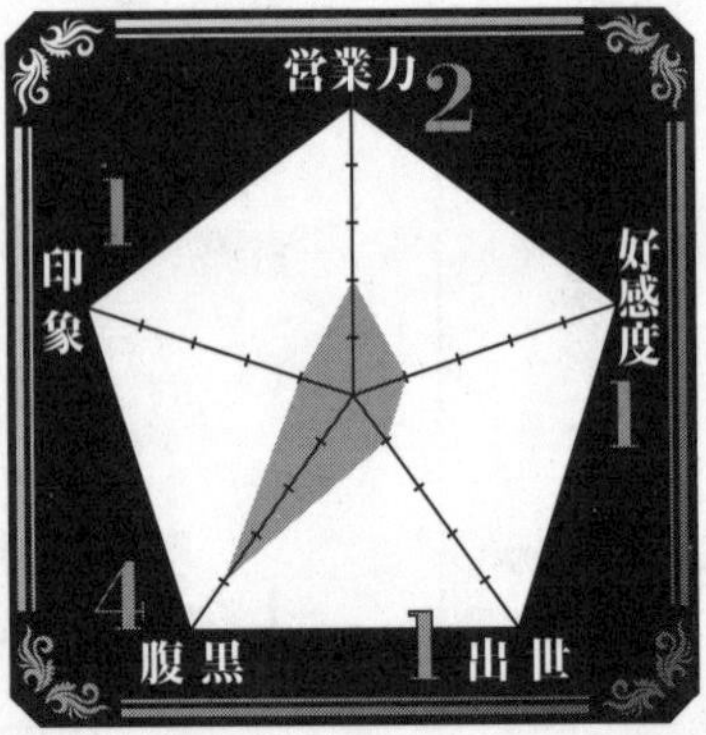

い人とし、逆に少なく見積もった人をリスク認知の低い人としたのである。その結果、怒りっぽい人ほど、現実の危険を過小評価することがわかった。彼らは、ガンにかかる人なんてそういない、心臓発作で死ぬ人だって少ないに違いないと考えたのである。

怒りっぽい、ケンカっぱやい人は危険を過小評価する傾向にあり、痛い目を見てからやっと「こんなはずじゃなかった」と気づく可能性が高いのだ。だから無鉄砲にズンズン突き進んでいってしまう。

人間、怒っているときには、危険やリスクのことなどまったく頭に入らなくなる。そこではたと立ち止まり、冷静に考えることができる。石橋を叩いて渡るタイプの人には、その先に待っている危険やリスクを察知することができるが、ケンカっぱやい人は立ち止まる前に行動に移してしまう。それが、後々に生命を脅かすほどのリスクだとしても、ケンカっぱやい人は立ち止まることができないのだ。

大胆に突き進み、失敗を恐れず果敢に挑んでいくというと、ポジティブなニュアンスが出てきて、悪い性格でもなさそうに感じるが、怒っているよりニコニコしていた方が人生長く楽しめるのだ。

悪魔の名言

怒りっぽい人は、無鉄砲になりやすいので注意‼

医者がいない方が病人はなぜか減る

心を操るキーワード

医者の意味

イリノイ州立大学医学部の准教授、ロバート・メンデルソンは「医者、病院、薬、医療機器という、現代医学を構成するこれらの9割がこの世から消えてなくなれば、現代人の体調はたちどころによくなるはずだ」と述べている。

さすがに9割は言いすぎだろうが、確かに医者というのは、本当に必要なのかと訝しむほど大量の薬を処方したり、効果の程がわからない

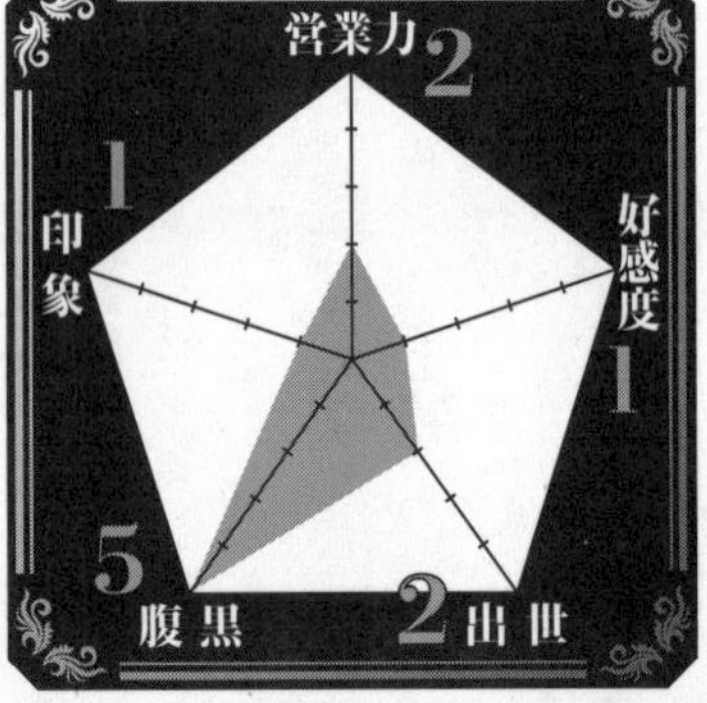

点滴を打ってみたりと、とかく余計なことをしがちだ（そうしないと病院が儲からなくて、医者の生活が成り立たない、などの理由がある）。

また、メンデルソンは、医者が仕事を辞めると世界は平穏になるというデータも報告している。

１９７６年、南米コロンビアの首都ボゴタ（旧サンタフェ・デ・ボゴタ）で、医者が52日間のストライキに突入し、救急医療以外は一切の治療を中止したことがある。すると驚くべきことに、死亡率が35％も減少したのである。また同じ年、ロサンゼルスでも医者がストライキを決行し、このときも死亡率が18％も低下したという。

だが、ストライキが終わると、死亡率は元の水準に戻ったそうだ。つまり、医者が余計なことをしなければ、私たちは健康でいられるのである。

確かに、医者という職業は崇高ではあるが、そんな医者本人が人格者かというと、それはまた別の話である。医者は余計なことをする、くらいの気持ちでいた方が健康でいられるのかもしれない。

悪魔の名言　医者と上手につきあった方が長生きする

前向きな人ほどPTSDに気をつけろ

心を操るキーワード

PTSD

精神状態が社会問題化したのをきっかけに、「PTSD（心的外傷後ストレス障害）」が初めて世間に認知された。

PTSDとは、危険時に放出される脳内物質が平時でも垂れ流される状態によって起こるホルモン異常や睡眠障害のことである。

PTSDは幼児虐待や性的暴行などの犯罪被害、交通事故や親しい人の突然の死などによっ

好感度アップ！

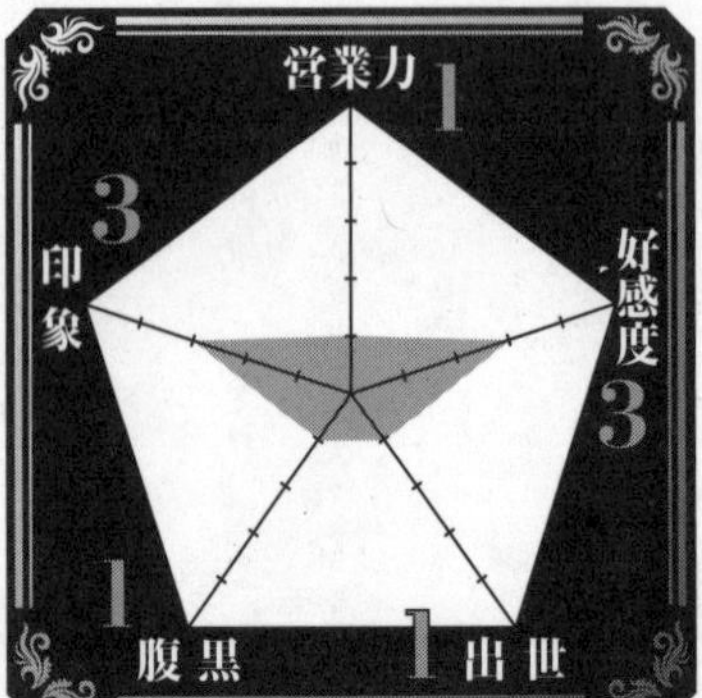

て引き起こされることが知られている。

もちろん、これらの被害に遭ったりトラウマになるような経験をしたからといって、全員がＰＴＳＤになるわけではないが、実は明るく前向きで、自立心の強い人ほどなりやすい傾向があるという。誰にも相談できず、すべてをひとりで背負い込んで、ひとりでがんばろうとすればするほどＰＴＳＤになるのだという。

傷ついたときこそ、人に頼ったり甘えたりするのは当たり前のことである。まずはそう心得ることがＰＴＳＤにならないための第一歩だ。

悪魔の名言

すべてを背負い込んでもいいことはない。時には人を頼るべし！

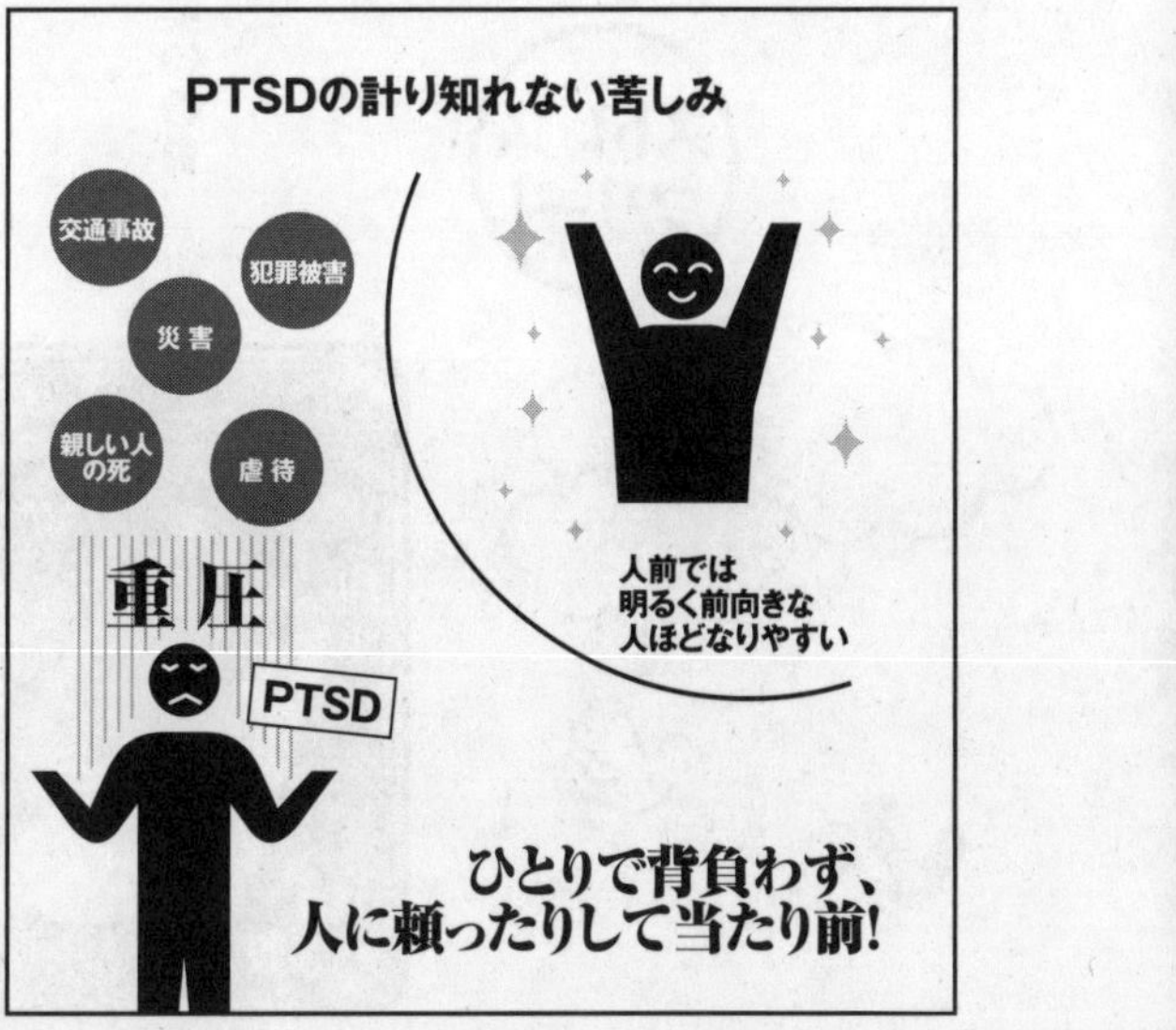
PTSDの計り知れない苦しみ
交通事故
犯罪被害
災害
親しい人の死
虐待
重圧
PTSD
人前では
明るく前向きな
人ほどなりやすい
ひとりで背負わず、
人に頼ったりして当たり前！

「つくり笑い」はガンになる⁉ 強制される笑いはストレス

心を操るキーワード **つくり笑いの負**

いつも陽気にニコニコと暮らしている人は、人間関係も良好でストレスフリー、笑うことは健康にもいいといいことずくめである。しかし、心から笑うのではなく、店員が客に見せるような愛想笑いやつくり笑いは、普通の笑いと違い、悪影響があるのだという。

ペンシルバニア州立大学の産業心理学者、アリシア・グランディは、キャビンアテンダント

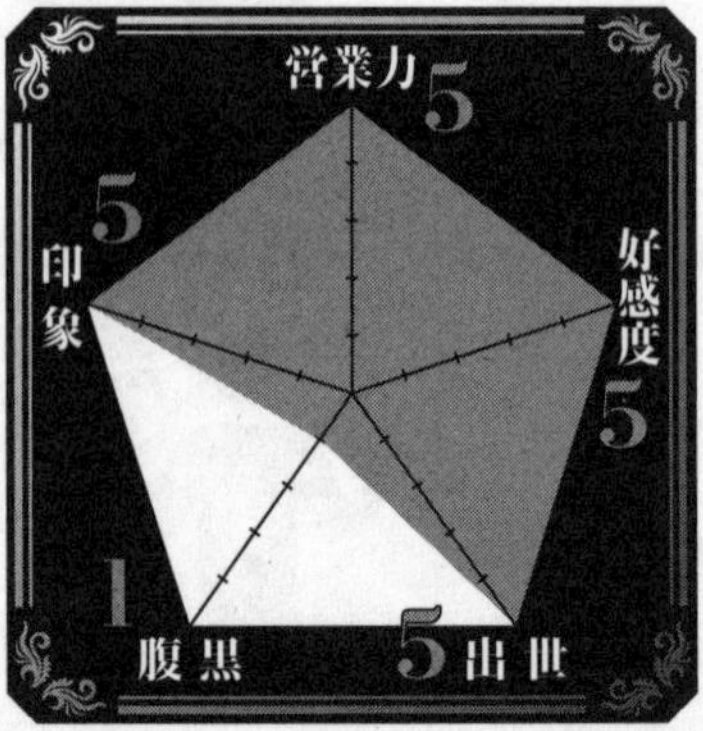

や社長秘書など、たえず「笑顔を強制されている人たち」についての調査を行った。

キャビンアテンダントや社長秘書は、笑うことが宿命づけられているような、いつでもつくり笑いをしなければならない職種だ。そんな職業の人たちについて調べると、他の職業の人に比べて、心臓病、ガン、高血圧のリスクが、2倍以上も高かったのだという。

つまり、「つくり笑い」は結構なストレスになるということだ。

ちなみに、グランディはアメリカだけでなく、フランスでも同様の調査を行い、フランスではつくり笑いの悪影響は少なかった、ということを発表している。それはなぜか。フランスでは、笑顔でサービスするかどうかは個人の裁量にまかされているので、アメリカのように、経営者から「もっと笑顔で！」と強制されることがないので、ストレスも生まれにくいのだという。

接客業に限らず、社会生活を営むときに笑顔というのは最強の武器になる。いっそつくり笑いなどやめてしまい、心から気持ちのいい笑顔を見せることが、ビジネスにも健康にも最良なのだ。無理して笑ったところで、相手にも「つくり笑顔だな」と気づかれてしまうだけなのである。

悪魔の名言

つくり笑いのストレスが病気の元にもなる

犯罪を一番起こすのは「長続きしない人」

心を操るキーワード　犯罪の原理

画一的な教育で「他人と同じことが良い」という時代が終わり、今や多様な価値観の時代。個性を尊重する現代社会ならではの複雑になった人間関係に、ストレスを感じている人も多いだろう。その結果、現代人ならではの心の病が増えているのは周知の通り。

ドイツの精神医学者、シュナイダーは、そんな心の病を10類型にわけている。

危険回避!!

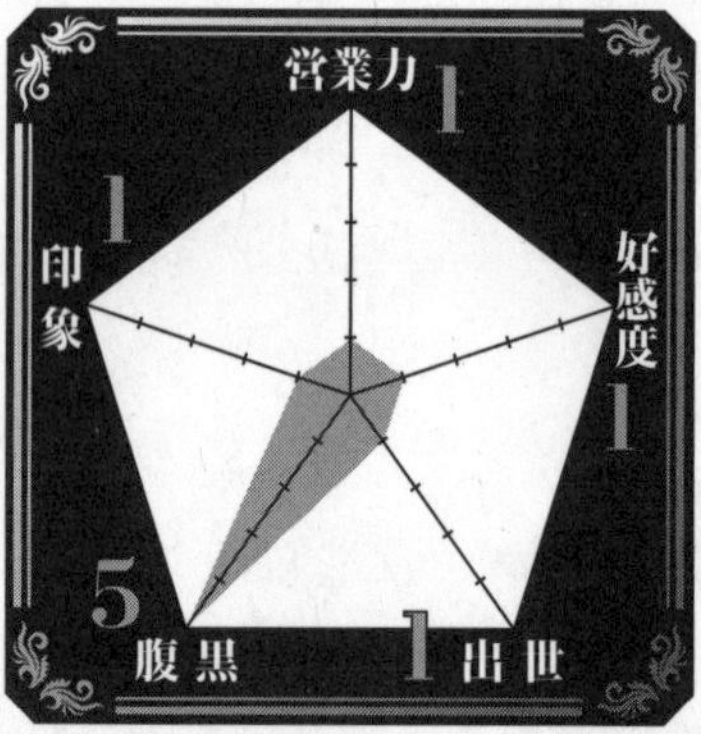

意志薄弱者（飽きやすく持続性がない）、軽躁者（活動的だが興奮してトラブルを起こしやすい）、爆発者（怒りやすく興奮すると暴力を振るう傾向がある）、自己顕示者（目立ちたがりでうそつき）、情報欠如者（同情、良心などの感情に欠ける）、狂信者（固定概念が強く、人生をかけることも惜しまない）、気分易変者（不機嫌になりやすく、その解消に大酒を飲んだり犯罪を犯す）、自信欠如者（小心者だが自意識は強い）、抑うつ者（悲観的で不機嫌）、無力者（神経質で無気力、常に身体的な症状を訴える傾向がある）。

ここに挙げた類型はあくまで典型例であり、程度の差こそあれ、いくつかのタイプに当てはまる人も多い。ただ、この中で最も犯罪者に多いのは、軽躁者でも爆発者でも気分易変者でもなく、意志薄弱者である。彼らの、学校を中退したり仕事が長続きしなかったりと、社会性に欠ける点が主な理由だと考えられている。ちなみに、詐欺師に多いのは自己顕示者、凶悪犯に多いのは情報欠如者、万引き犯に多いのは気分易変者だと言われている。つまり、犯罪のすべての始まりは、精神の偏りからくる精神病質が原因であるとも言えるのだ。

悪魔の名言

長続きしない人は社会性に欠けるという欠点があるので要注意

飛ぶ夢・食事の夢を見た人は欲求不満に注意

心を操るキーワード　夢の深層心理

夢がその人の精神状態と密接に関わっているというのは、「夢に『赤い服』が出て来たら女に注意」の項目で述べたが、他にも夢が象徴すものを紹介していこう。今回は、夢の中で「したこと」が深く関係してくる。

●飛ぶ　現状に感じている不満や劣等感から解放されたいという表れ。自由になりたいという気持ちを暗示する。

交渉力アップ

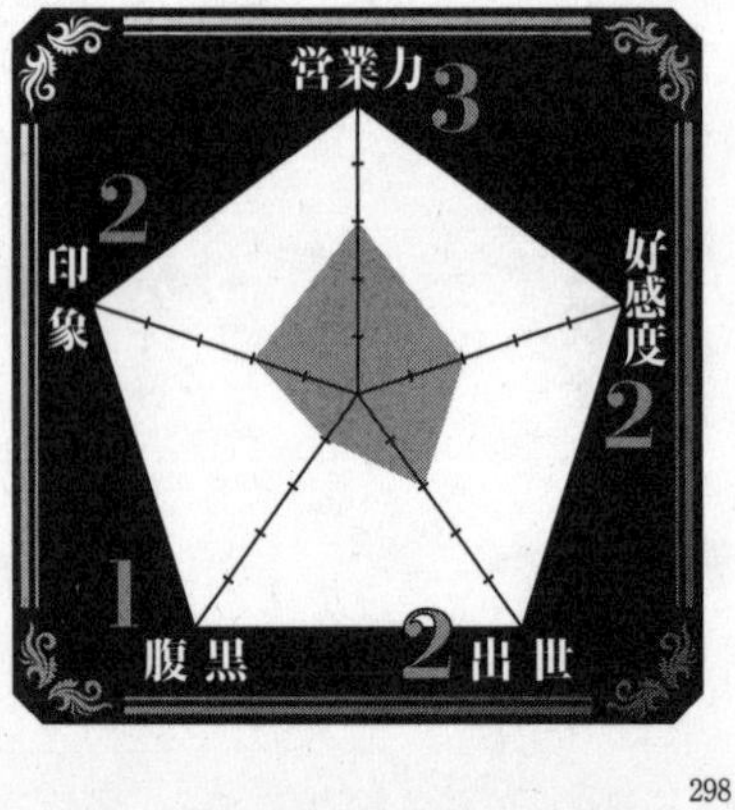

●殺す　知人を殺す夢は、相手との関係を好転させたいという表れ。自殺は自己再生への願望で、見知らぬ人を殺すのも自殺と同じ意味。

●歌う　楽しく歌うのは、現状で感じているストレスの表れ。うまく歌えないのは、対人関係の悩みで、誰かが歌っているのは、恋愛への欲求の高まりを表す。

●落ちる　目標に対し、焦りを感じている表れ。高所から落ちるのはプライドの損傷、誰かが落ちる場合は、その人への愛情の強さを表す。

●食事をする　食べる夢は欲求不満を表す。

●排泄する　実際の尿意と無関係の場合、ストレス発散の表れ。誰かが排泄するのは、その人への羨望や嫉妬の高まりを表す。

飛ぶ夢や落ちる夢はよく見る人がいるが、実は心に逸物《いちもつ》を抱えている場合が多いようだ。夢の意味を理解して、人や自分が見た夢の意味を考えてみよう。

悪魔の名言

深層心理は、夢の中で「したこと」により、ある程度わかる

夢を見ないという人は危険思想の持ち主かも？

心を操るキーワード

夢を見る理由

人は必ず夢を見る。これまでの分析によれば、一晩に3~5回の夢を見ているという。「ほとんど夢を見ない」という人もいるだろうが、それは「実は見ているのに覚えていない」だけである。睡眠中には脳の中の記憶に関するシステムも休み状態にあるため、途中で起こされるか、目が覚めるかしない限り、その記憶は消えてしまいがちなのだ。

腹黒テクニック

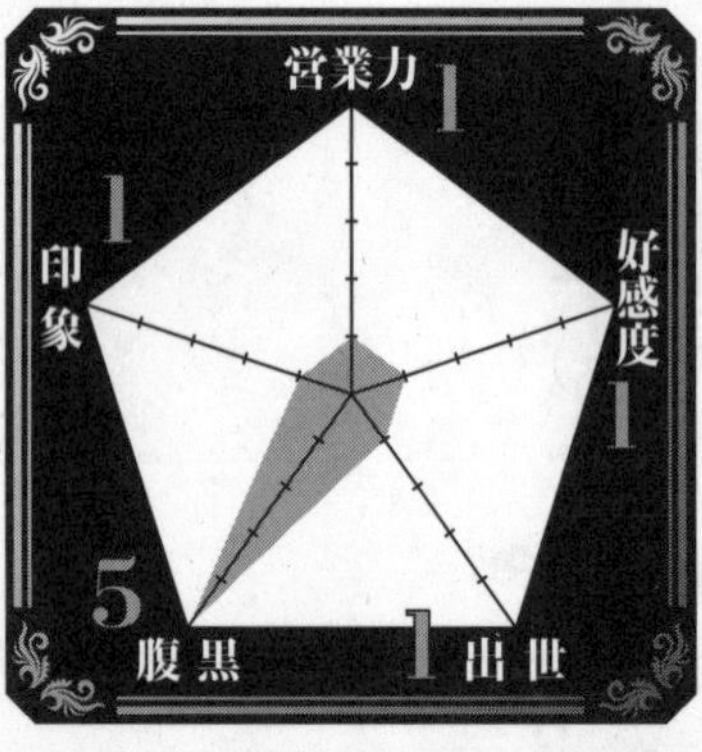

しかし、長期に渡って夢を見た記憶がないと感じる人は、心に赤信号が灯っていると考えていい。

心理学者のフロイトは、人間が夢を見る理由を「人間の心の奥底にある無意識の願望や不安が、眠っているときに夢の中に表れているのではないか」と分析した。つまり、目が覚めているとき、無意識では抑圧されているが、眠っている最中にはその抑圧が弱まり、願望や不安が顔を出すというのだ。

願望や不安が表れる夢は、それがあまりにも過激であると、脳が自発的にその夢の記憶を残さないという検閲機能を発揮していると言われている。

そもそもが消えてしまいがちな夢の記憶を、さらに消去しようとする検閲機能が働いているということは、その人はとんでもない夢を見続けているということなのだ。

つまり、あまりにも過激な願望や、深刻すぎる不安をいつまでも抱え続けている、というのが「夢を見た記憶がない」ということの正解ともいえよう。

「ここ最近、夢を見ないなぁ」と感じている人は、現実の自分を見つめ直す必要がある。夢を記憶しないということで深刻な悩みが心の奥底に眠っている可能性が高いからだ。

悪魔の名言

夢を見ないのは逆に過激な欲望や深刻な不安を抱えているからかも

聞き役に徹して相手の「怒り疲れ」を待て

心を操るキーワード　傾聴

クレーム処理は、クレームが持ち込まれてから30分で勝負が決まるという。ここでの30分をうまく対応できれば、すべては丸く収まるのだ。

クレーム対処での禁句は、相手を刺激するような反論だ。「おっしゃることはわかるのですが……」とか「それはそうなんですけどね……」などとうっかり口にしようものなら、さらなる怒りを呼びかねない。下手すると裁判沙

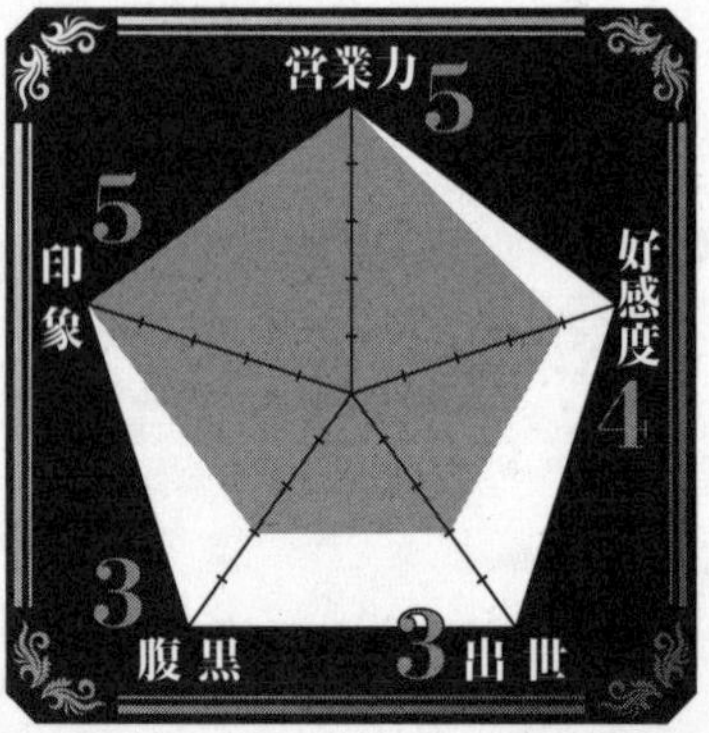

汰にまで発展するクレーム処理は、勝負の30分で絶対に決着をつけなければならないのだ。

というのも、わざわざクレームを持ち込んでくる相手というのは、たいてい頭に血がのぼり、理性などキレイに吹き飛んでいるからだ。また、相手を否定したり反論するということは、クレームを持ち込んだ側からすると、「不誠実」という印象を与えてしまう。

クレームには、少なくとも30分は聞き役に徹するべきである。聞き流したり、だんまりを決め込んでもいけない。聞き役に徹するというのは、「おっしゃる通りです」、「お詫び申し上げます」などの謝罪を相づちのように述べることである。

謝罪の相づちを打たれることで、クレームを持ち込んだ相手は、こちらの誠意を感じるようになる。そうなるとだんだん冷静になってきて、「怒り疲れ」のような状態になるのだ。こちらが聞き役に徹することで、相手に頭を冷やす時間を与えたというわけである。冷静になってもらえば、あとはお互い理性的に話し合いができるから、話の折り合いもすぐつくというわけだ。

悪魔の名言

相手が頭に血がのぼっているうちはとにかく「おっしゃる通りです」で

ライバル心の強い交渉相手には戦わずして勝て

心を操るキーワード

無視の肯定

交渉や議論が得意な人は、１回目の交渉の際に、本題とはあまり関係のない質問を最初にぶつけてくることがある。これは、交渉相手がどれくらいの力量を持っているのかを推し量るためなので、油断してはならない。

しかし、あえて議論から降りるという手段に出れば、これを逆手にとることも可能なのだ。

例えば相手が「小耳に挟んだのですが、お宅

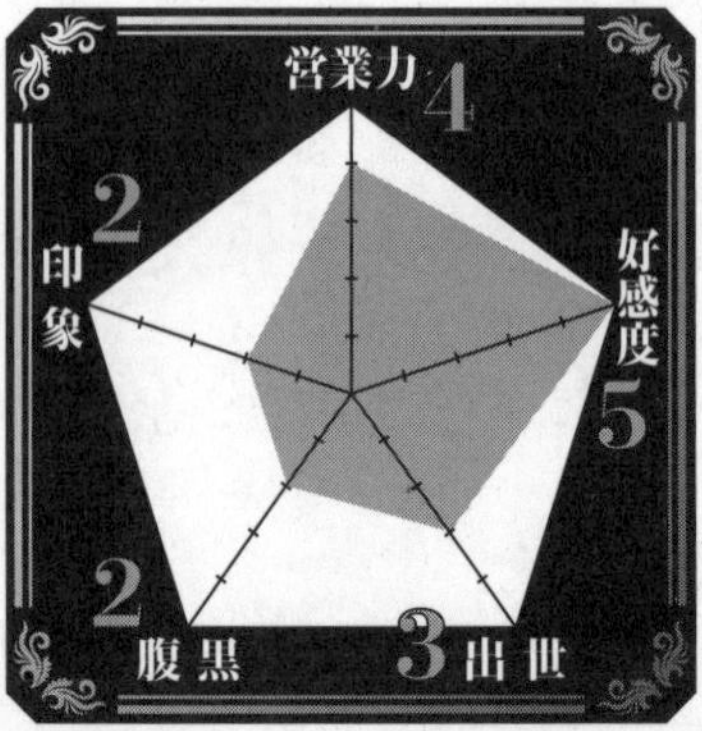

の会社と付き合いのあるA社が大きいプロジェクトを立ち上げたそうですね。これからどうなると思います?」という質問をしてきたとしよう。ここであなたが馬鹿正直に相手の土俵に乗ってしまうと、相手の闘争心を煽るのがオチ。ではどうするのか。

「まだお答えしないほうがいいと思います。始まったばかりで成果が出ているわけではないですから」と含みを持たせて答えればいいのだ。「答えない」という言葉で、本当はあまり知らなくても、十分な知識を備えているように偽装でき、「成果が出ているわけではない」という言葉ではぐらかせつつ、いい加減な判断はしないことを相手に悟らせることができる。自分が議論の中心になろうと質問をけしかけたライバル心の強い質問者に「こいつは手強い」とわかり、不安になるだろう。こうなれば、心理的にこちらが優位に立ち、勝ったも同然となるのである。

この、答えになっていない答えというのはかなり有効に使えるうえに、相手に「こいつは一筋縄ではいかないな」と思わせることができるのだ。下手なことを話して墓穴を掘るよりは、最初から論じないポーズを貫いて、戦わずして勝つのが得策である。

悪魔の名言

面倒な交渉では、あえて論じないことで「こいつは手強い」と思わせよ

口達者なライバルはイチャモンで打ち負かせ

心を操るキーワード
言いがかりの効果

頭の回転速度には個人差がある。ものすごく早く回転する人もいれば、回転は遅いが、時間をかけてじっくり突き詰めて考えて、正しい結論を得る人もいる。しかし、頭の回転が遅いと、時間が限られている会議などの席上では、弁の立つ人に議論の主導権を取られてしまう。

弁の立つ人に丸め込まれないために使えるのが、相手の話にいちいちイチャモンをつけるこ

交渉力アップ

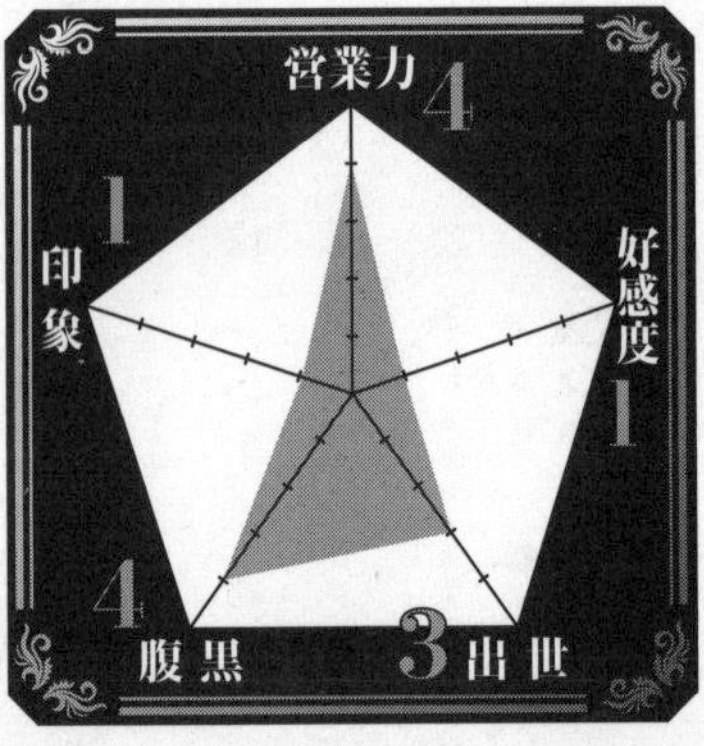

とだ。相手の主張にとにかく噛み付くのである。もちろん、チンピラレベルの噛み付き方では意味がない。それどころか、相手の言葉尻をとらえるようなイチャモンは、周りからの反感を買うだけだ。さらには「言いがかりをつけてるのか！」と逆に追い込まれてしまう可能性もある。

そこで相手の主張の根幹部分につけるイチャモンが一番効果的である。例えば、会議で新しいイベントの計画案が出されたとしよう。すかさずあなたは「なんの根拠があってのことですか？　この時期に始めるべきだという客観的データの裏付けはあるんですか？」と問うのだ。

逆に、あなたの意見に対して異を唱える人がいたら、「反対する根拠はなんですか？」とすかさず問えばいい。それに対して答えがないのなら、「根拠のない反対はご遠慮願います」と相手をやり込めるのだ。相手が答えたら、「私はそう思わない」と前置きをして、自分の主張を述べればいい。

自分の主張したいことの根幹部分にイチャモンをつけられると、人は不安になり、どんなに自信のあった主張だとしても、その主張に対する自信をなくしてしまう。それに乗じて、弁の立つ人をひるませて、議論の主導権を握るのだ。

悪魔の名言

弁の立つ人の主張に「根拠は？」と噛み付き、相手が主張する気力を削げ

COLUMN

ワンポイント

危険を感じる脳の働き

脳は危険を感じるとノルアドレナリンという脳内物質が働くのだ。スリリングな体験をしている時、危ない目にあっている時、緊張している時に働く脳内物質である。ノルアドレナリンは逃走と闘争の脳内物質と言われ、危険を察知すると逃げるか戦うかの二者択一の選択を脳に迫る。だから、逃走している時と喧嘩している時はこのノルアドレナリンが出まくっている。

そしてノルアドレナリンはただ逃げたり戦ったりすることを促すだけではなく、どういった選択をすべきかという「集中力」を促す。さらにこの集中力によってワーキングメモリーという大量の情報の中から何をなすべきかという判断力を発揮するのだ。

そういう意味では、ノルアドレナリンを出す作用というのはワーキングメモリーを鍛えてくれるので大変有用だ。たくさんの危機的状況を乗り越えることで、瞬時の正しい判断力を鍛えることになる。

しかし、ノルアドレナリンにもネガティブな側面がある。時に暴走しやすいということ。この暴走がはじまるとキレたり、犯罪行為を起こしてしまうこともあるのだ。よく働く社員が突然犯罪を起こしてしまうのもこのノルアドレナリンの暴走が理由である場合が多い。

ネットにおける炎上やまつり現象も実は、このノルアドレナリンの暴走によるところがあるのだ。

深層心理を見破る心理テスト 危険回避編

問題1

デパートで買い物をしていたら、高価そうな財布を拾いました。中に入っていたものはどれでしょう？

A 小銭がいっぱい	B 札束がたくさん
C カードがぎっしり	D レシートのみ

深層心理を見破る心理テスト 危険回避編

あなたの本当の金銭欲がわかります。

財布の中のお金は、自分の本当の金銭欲求です。あなたが欲深いかどうかがこのことからわかります。

A 小銭がいっぱい 欲はない方

小銭が入っていると答えた人は、あまり欲がない素朴な性格をしていると言えます。質素な生活を好みますが、時には欲を出して努力してもいいかも。

B 札束がたくさん 成り上がり願望強し

札束がたくさんと答えた方は、成り上がり願望のある意欲満載の人です。あんまりつんのめると失敗した時にきついのでほどほどに。

C カードがぎっしり 賢く儲けたい

カードがいっぱい入っているというあなたは、努力しないでがっぽり儲けたいタイプです。株や為替にハマるとうまくいくのかもしれません。

D レシートのみ 悲観主義

レシートしか入ってないというあなたは、ちょっと悲観的すぎるネガティブ思考です。もう少し前向きになってがんばりましょう。

深層心理を見破る心理テスト 危険回避編

問題2

知人と約束していて、ホームで待っています。その人は電車のどのあたりに乗ってきますか？

A 先頭車両	B 中間
C うしろの方	D 乗ってなかった

あなたの他人への期待度がわかります。

知人が乗っている場所は、あなたの他人への期待値を表しています。あなたが他人にどれだけの事を求めているかがわかります。

A 先頭車両 リーダータイプを期待

先頭車両に乗っていると考えたあなたは、相手に対して先頭に立って先導してほしいと願っています。リーダーを欲しています。

B 中間 余裕のある人期待

中間車両は余裕を表しています。相手にはそそっかしくない余裕のある人間でいてほしいと願っています。

C うしろの方 安定感を期待

後部車両に乗っていると予想したあなたは、相手に安定感を求めています。落ち着きのある確かな意見のある相手を望んでいます。

D 乗ってなかった 対人恐怖？

乗っていないということは、実は会いたくない、人に期待するどころか関わるのも嫌だと思っているかもしれません。対人恐怖症の可能性があります。

深層心理を見破る心理テスト 危険回避編

問題3

近くの友人に呼ばれて家にやってきたが、インターホンを押しても誰もドアを開けに来ない。あなたはどうしますか？

A 強引に開けてみる	B 大声を出して呼んで開けてもらう
C 裏口にまわってみる	D あきらめて帰る

深層心理を見破る心理テスト 危険回避編

あなたのトラブル対処法をあらわしています。

出て来ない知人への対応法は、トラブルが起きた時のあなたの対処の仕方を表しています。

A 強引に開けてみる 力わざ派

強引に開けるあなたは、トラブルが起きた時に割と強引に押し通してしまいます。それで解決できなかった場合に大きな問題になるので注意。

B 大声を出して呼んで開けてもらう 説得する派

大声を出すあなたは、相手を説得して納得するまで話すタイプです。根気のいる作業ですが、一番有意義な方法かもしれません。

C 裏口にまわってみる あっさり派

裏口を探すあなたは、割とすぐに気持ちを他に切り替えて別の方法で解決法を考えるタイプです。ともするとあきらめやすいところもあります。

D あきらめて帰る 負けをすぐ認める派

あきらめて帰るあなたはトラブルに関わることが大嫌いです。関わるくらいなら帰りたい、そう思うタイプです。友達なくしますよ。

参考文献

『悪用禁止！　悪魔の心理学』監修／齊藤勇（宝島社）
『図解でわかる深層心理のすべて』編著／齊藤勇（日本実業出版社）
『人づきあいがグンとラクになる人間関係のコツ』監修／齊藤勇（永岡書店）
『図解　心理分析ができる本』著／齊藤勇（三笠書房）
『板ばさみの人間関係から抜け出す技術』著／齊藤勇（こう書房）
『なぜか仕事がうまくいく人の「図解」ビジネス「心理」テクニック』著／齊藤勇（ＰＨＰ研究所）
『恋の深層心理テスト』監修／齊藤勇（宝島社）
『本当は怖い心理学』監修／齊藤勇（イースト・プレス）
『本当は怖い心理テスト』監修／齊藤勇（イースト・プレス）
『本当は怖い心理学ＢＬＡＣＫ』監修／齊藤勇（イースト・プレス）
『図解雑学　恋愛心理学』著／齊藤勇（ナツメ社）
『人を魅了する暗示の技術』著／内藤 誼人（ＫＫベストセラーズ）
『危険な世の中を上手に渡る心理術』著／内藤 誼人（河出書房新社）
『人は「暗示」で9割動く！』著／内藤 誼人（だいわ文庫）
『いやな上司はスタバに誘え！』著／西田一見（ビジネス社）
『生活の心理学』著／西川好夫（日本放送出版協会）
『植木理恵のココロをつかんで離さない心理テク』監修／植木理恵（宝島社）

『他人の心がカンタンにわかる！　植木理恵の行動心理学入門』監修／植木理恵（宝島社）
『「しぐさ」を見れば心の９割がわかる‼』著／渋谷昌三（三笠書房）
『人は99％「心理トリック」で動かせる！』著／樺　旦純（三笠書房）
『脳からストレスを消す技術』著／有田秀穂（サンマーク出版）
『男と女の超ヤバイ心理テスト』（サプライズＢＯＯＫ）
『ビジネス、恋愛にいますぐ使える一行交渉術』（鉄人社）
『人には言えない！　禁断の「腹黒」処世術』（宝島社）

編集	坂尾昌昭（株式会社G.B.）
	有田ハンタ（株式会社 スタジオアジール）
執筆協力	児玉陽司　西井美紗　永野久美　有田ハンタ
表紙デザイン	森田千秋（G.B. Design House）
本文デザイン、DTP	川口智之　寺井祐貴　水國奈津美（Ductdesign Co.,Ltd.）
イラスト	水國奈津美（Ductdesign Co.,Ltd.）

齊藤勇（さいとう　いさむ）
立正大学心理学部教授。主な著書に『対人心理学トピックス100』（誠信書房）、『図解雑学人間関係の心理学』『図解雑学恋愛心理学』『図解雑学外見心理学』（ともにナツメ社）、『図解　心理分析ができる本』（三笠書房）、『恋の深層心理テスト』（宝島社）など。

悪魔の心理操作術

2012年11月22日　第1刷発行
2020年11月21日　第3刷発行
監修／齊藤勇

発行人／蓮見清一
発行所／株式会社　宝島社
〒102-8388 東京都千代田区一番町25番地
電話／営業　03-3234-4621
　　　編集　03-3239-0928
　　　https://tkj.jp
振替／00170-1-170829　（株）宝島社
印刷・製本　株式会社 光邦

ISBN 978-4-8002-0433-2